모티베이터
MOTIVATOR

모티베이터

동기를 부여하는 사람

MOTIVATOR

조서환 지음

위즈덤하우스

모티베이터

초판 1쇄 발행 2011년 6월 8일   **초판 17쇄 발행** 2023년 3월 6일

지은이 조서환
펴낸이 이승현

출판2 본부장 박태근
MD독자 팀장 최연진
디자인 강경신

펴낸곳 ㈜위즈덤하우스 **출판등록** 2000년 5월 23일 제13-1071호
주소 서울특별시 마포구 양화로 19 합정오피스빌딩 17층
전화 02) 2179-5600 **홈페이지** www.wisdomhouse.co.kr

ⓒ 조서환, 2011

ISBN 978-89-6086-450-4 13320

motivator

위기를 기회로 만드는 셀프 모티베이터가 되자

2009년 초 KTF 부사장으로 있을 때였다. KT로의 통합이 급물살을 탄다는 얘기가 나왔다. 부사장이었던 나는 소위 '고위직'이라는 이유 때문에 혹시나 하고 혼자 불안해했다. 예감이 썩 좋지 않았다. 그래도 '설마 나 같은 대한민국 마케팅계 유명인사를 어떻게 하겠어' 하면서 방심했다. 아니, 자위했는지 모른다. 하지만 그것은 엄청난 착각이었다.

인사 문제에 관련해서는 뚜껑을 열어봐야 안다는데, 불길한 예감은 정확히 맞았다. 회사는 나에게 보직을 주지 않고 '연구위원'이라는 한직 발령을 냈다. 생애 처음 겪는 당혹스러운 일이었다. '감히 나를'이라는 오만한 생각까지 했다.

전해인 2008년도 내 업적은 KTF 창사 이래 전무후무한 최고의 성과였다. 그러나 어느 누구도 내 성과에 대해 자랑스러워하지 않았고 내 얘기를 들으려 하지도 않았다. 1년간은 매달 월급을 줄 테니 일하지 말고 놀면서 대기하라는 것이었다. 기가 막혔다.

나는 한번도 놀아본 경험이 없어서 노는 연습이 되어 있지 않은 사람이다. 그래서 무엇을 하고 놀까, 노는 방법이 걱정이었다. 하지만 갑자기 놀면 죽을 것만 같았고, 나는 놀지 않기로 결심했다. 오히려 예전보다 훨씬 더 바쁘게 굴기로 했다. 무엇을 하든 최선을 다해 열심히 뛰기로 했다.

'하늘은 스스로 돕는 자를 돕는다'고 했던가. 나는 나의 포지셔닝을 어떻게 '마케팅' 해야 할지 고민했다. 남이 알아줄 때까지 점잖게 기다릴 것인지, 아니면 스스로 지인들에게 터놓고 알릴 것인지를 두고 선택해야 했다.

가끔 뉴스를 통해 겨울에 동사凍死하는 사람들을 본다. 움직여야 산다. 춥다고 움츠린 채 졸면 동사로 죽을 수 있다. 나는 긍정의 자세로 나 자신을 스스로 모티베이팅하기 시작했다.

우선 내가 회장을 맡고 있는 사단법인 아시아태평양 마케팅포럼에 나의 포지션을 알렸다. 소문은 삽시간에 퍼지기 시작했고, 역발상 마케팅의 효과는 매우 컸다. 많은 회사에서 CEO 영입 제의가 들어오고, 내가 시간이 많다는 것을 안 기업체들에서 끊임없이 특강 요청이 들어왔다. 또한 많은 회사에서 컨설팅 의뢰가 들어왔으며, 강의 후 내 책에 대한 단체주문이 쇄도했다.

매사에 최선을 다하면 반드시 보답을 받는다는 확신을 갖게 된 시기였다. 'Never give up! Never never give up! Never never

never give up!' 정신적으로 가장 힘들었을지도 모를 인생의 정점 50대 중반에 나는 오히려 가장 즐거운 비명을 질러야 했다.

인생은 참 묘하다. 세상을 겁내지 않고 돌진하면 일이 순조롭게 풀린다는 것을 다시 한 번 크게 배웠다. 동시에 나머지 내 인생에 대해 고민했다. '대학교수로 갈까? 직장인 대상 강의와 교육사업을 해볼까? 마케팅 컨설팅 펌을 경영할까? 제조업을 할까?' 등등. 결국 여러 대안 중에서 나는 최종선택을 했다. 내가 가장 즐길 수 있는 '사업'을 선택한 것이다.

글로벌 마케팅은 나의 꿈이었다. 그래서 전 세계 72개 나라에 진출해 있는 세라젬 그룹과 함께하기로 했다. 그리고 내가 하고 싶은 일이요, 인류가 존재하는 한 계속 시장이 커질 수밖에 없는 화장품 사업을 하기로 했다. 사원에서 부사장까지는 '연습'이었다고 생각하자. 사장이 돼서 진짜 내 실력대로 '실전'을 해보자고 결심했다.

나의 저돌적인 독특한 성격은 여기서도 나타나 창업은 일사천리로 진행됐다. 2009년 10월 31일자로 KT에 사표를 제출하고, 바로 그 이튿날인 11월 1일에 세라젬에 입사해서 2010년 2월 9일 약 3개월 만에 중국과 한국에서 각각 한 개씩 작은 회사를 인수했다. 그리고 세라젬 헬스앤뷰티라는 이름으로 창업했다.

3개월은 보통 사람이 회사의 분위기를 파악하고 적응하기에도 힘든 짧은 허니문 기간이라고 말한다. 짧은 기간이지만 나는 계속 일을 저질렀다. '생각하고 난 후 뛰면 늦는다. 뛰면서 생각해야 한다.'

물론 나는 알고 있었다. 보통 월급쟁이라면 이런 리스크를 안으려 하지 않는다는 것을. 실수하면 내 명성도 잃을 수 있다는 것을.

그러나 나는 월급은 받지만 월급쟁이로 사는 것은 거부한다. 기왕이면 100퍼센트 오너^{owner} 입장에서 생각하고 오너십^{ownership}을 가진 최고경영자로서 의사결정 하면 일이 쉽고 빠르다. 그렇게 해야 크고 작은 많은 일들을 극복하고 성공에 이르러, 마침내 내가 바라는 세계 최고의 회사를 만들 수 있다.

얼마 전, 중국 흑룡강성 신문사에 근무하는 우리 동포 김명숙 기자와 인터뷰를 한 일이 있는데, 그녀가 인터뷰 막간에 들려준 호박벌 이야기가 생각난다. 호박벌은 몸길이가 2센티미터에 불과한데, 한여름 동안에는 일주일에 1,600킬로미터를 난다고 한다. 놀라운 사실은 애당초 호박벌은 몸통 구조가 날 수 있게 되어 있지 않다는 것이다. 몸은 뚱뚱한 데다 날개의 길이는 너무 짧고 얇아서 공기의 저항을 이겨낼 수 없다는 것이다. 그런데 나를 더욱 놀라게 한 것은 이 호박벌은 자기가 날 수 없게끔 태어났다는 사실을 모르고 있다는 것이다. 오로지 꿀 따는 것 외에는 아무 생각도 않고 이 꽃에서 저 꽃으로, 저 꽃에서 이 꽃으로 그 작은 몸을 계속 굴리며 아침부터 저녁까지 쉬지 않고 꿀 따는 데만 집중한다.

나는 이 호박벌 이야기를 들으면서 문득 나 자신에 대해 생각했다. 시골에서 태어나 돈도, 배경도, 비빌 언덕도 없이 오로지 호박벌처럼 꿀을 따겠다는 목표만을 세우고 쉬지 않고 뛰었던 것이다. 나에게 주어졌던 여러 가지 주변환경은 어찌 보면 일류로 살기에는 좋은 조건이 되지 못했다. 하지만 그러한 처지를 모른 채 오로지 초일류로 살겠다는 흔들림 없는 목표가 있었기에 오늘의 내가 있게 된 것이다.

　미물인 호박벌도 목표가 뚜렷하게 있는데 어찌 사람들이 목표 없이 성공할 수 있을까? 또한 우리가 여행을 할 때 행선지를 뚜렷이 정해야 목적지에 이르듯, 인생도 목표가 있어야 제대로 반듯하게 살 수 있다. 인생에 목표가 없으면 표류하고 길을 잃기 십상이고, 작은 어려움에도 쉽게 포기하기 때문이다. 나아가야 할 목표가 있을 때는 항해 시 겪는 거친 풍랑과 고난을 극복할 힘이 생긴다. 그러나 목표 없이는 불가능하다.

　따라서 요즘의 젊은이들에게 바라는 것이 있다면, 우선 분명하고 확실한 자기만의 인생 목표를 세우고 전진하라는 것이다. 그러면 절반은 성공한다. 아니, 이미 성공한 것처럼 즐겁게 살 수 있다. 이 책은 갖은 풍랑과 역경을 극복하고 수습사원에서 12단계의 승진을 거쳐 사장에 이르기까지 스스로를 동기 유발하면서 살아온 한 사람의 이야기다.

　이 책을 통해서 직장에서는 부하, 동료와 상사에게 그리고 가정에서는 가족 구성원들에게, 또한 본인 스스로에게 왜 모티베이터가 되어야 하는지를 깨닫게 되기 바란다. 또한 이 책이 젊은이들에게는 인생에 있어서 성공의 길잡이가 되어주고, 힘들어 포기하고 싶은 사람들에게는 꿈과 희망을 주며, 세상 사는 것 자체가 자신 없고 재미 없는 사람들에게는 에너지 넘치는 자신감을 회복시켜 주는 계기가 되기를 희망한다.

　끝으로, 언제나 나를 믿어주고 힘들 때마다 사랑으로 감싸며 응원해준 나의 아내 김경옥에게 다시 한 번 감사의 마음을 전한다. 또한 항상 바쁜 아버지를 이해하면서 예쁘고 착하게 잘 자라준 딸 선숙이와 언제나 듬직하고 믿음직한 멋쟁이 청년인 아들 재영이와 기쁨을 함께 하고 싶다.

2011년 4월 중국 청도에서

조서환

motivator

마음을 움직이는 사람,
모티베이터

최근 들어 마케팅에 대한 관심이 예전에 비해 엄청나게 늘어났다. CEO들은 말할 것도 없고, 대학생이나 신입사원들도 마케팅에 대한 관심이 대단하다. 나는 이들이 마케팅에 그렇게 열광하는 이유를 곰곰이 생각해봤다. 아마도 무에서 유를 창조하는 놀라운 부가가치와 새로운 무언가를 만들어낸다는 흥미진진함 때문일 것이다. 그런데 나는 오랫동안 마케팅을 해오면서, 오히려 마케팅이 새로운 어떤 것이 아니라 '우리 삶 자체가 마케팅이고, 마케팅이 또한 우리 삶'이라는 생각을 가지게 되었다.

20년 넘게 마케터로서 수많은 히트 브랜드를 만들 수 있었던 비밀은, 움직이지 않던 소비자의 마음을 끊임없이 두드려 결국 불을 지핀 결과였다. 그런데 재미있는 것은 이러한 마케팅의 궁극적인 활동들이 우리 일이나 삶에도 고스란히 적용된다는 점이다.

아내의 마음을 감동시키고, 상사의 마음을 감동시키고, 부하직원의 마음을 감동시키고, 소비자의 마음을 감동시키면 관계도 즐겁게 맺고, 일에서도 폭발적으로 큰 성과를 성취할 수 있다. 나는 비즈니스에서는 시스템과 기술과 자금도 중요하지만, 바로 '사람'이 가장 중요하다는 확고부동한 철학을 가지고 있다. 훌륭한 직원들이 많고, 이들에게 탁월한 리더십을 발휘할 수 있는 기업은 부동의 1등을 차지하고, 그렇지 못한 기업은 도태되는 것이 비즈니스의 생리다.

이제는 섬세하게 마음을 다독일 줄 아는, 사람을 아는 '지혜로운 자'들이 성공의 전면에 서게 될 것이다. 그들은 모두 동기를 부여해 사람들을 성공의 문 앞으로 함께 데리고 가는 탁월한 모티베이터^{motivator}라는 공통점이 있다. 이 책에 오랫동안 수많은 브랜드를 성공시키면서 내 나름대로 터득한 소비자를, 동료를, 사람을 감동시키는 모티베이터의 요소들을 정리했다.

이 요소들은 마케팅 원칙이기도 하면서 어떻게 보면 지극히 당연한 우리 삶의 원칙이기도 하다. 이 책을 통해 왜 모티베이터가 되어야 하는지 그 필요를 느끼기 바란다.

2008년 1월

조서환

CHAPTER 01

Heart   지극한 간절함이 마음을 움직인다

Attitude   실행력이 곧 능력이다

Work   나만의 성공 스토리를 만들라

조서환

Heart

지극한 간절함이
마음을 움직인다

Love | Responsibility | Self Respecting | Mind Contro | Confidence | Courage | Positive Thinking | Passion

타고난 모티베이터, 아내

나는 혈기 넘치던 스물세 살의 나이에 육군 소위 신분으로 부대에서 사고로 오른손을 잃었다. 내가 쓰러졌던 순간도 생생하게 기억이 난다. 들 것이 있는 곳까지 가는데 환장할 지경이었다. 피가 팍 하고 터져 나오면서, 머리는 깡통 찌그러지듯이 마구 오그라들고, 목이 지지직 타들어가는 것이 정말 죽을 것 같았다.

"물… 물… 물…." 정신없이 물을 찾자 누군가 내 입술에 제 침을 발라줬다. '더럽게 왜 침을 바르나'라고 생각하면서도 그것을 빨아먹었다. 차는 전속력으로 달려가고, 헬리콥터는 막 뜨려고 들썩들썩 하는데, 거기서 하얀 천사들이 내려오는 모습까지 보고 의식을 잃었다.

사고 후 얼마가 지났을까. 의식이 깨어난 순간 누가 "눈 떴어요" 라고 말하는 소리를 들었다. 눈을 딱 뜨니 아버지가 울면서 병실로 들어오시는데, 그냥 눈물을 뚝뚝 흘리는 것이 아니라 "아이고 이놈아, 으흐흐… 으흐흐…" 이러시면서 반쯤 뒤집어지신 것 같았다.

사실 나는 아버지에 대해서는 좋은 느낌이 별로 없었다. 항상 권위적이고 독한 모습, 혼내시던 모습만 기억에 있고 웃으시는 모습은 별로 본 적이 없었다. 그래서 내 기억에 아버지는 항상 잘못된 것을 혼내시는 분, 그리고 가정에서 웃음이란 거의 없는 분이었다.

다만 아주 가끔씩 나에 대해서만은 칭찬도 하시고, 허허허 웃기도 하셨다. 초등학교 2학년 때쯤 내 손을 잡고 서울에 다녀오신 아버지가 식구들한테 내 칭찬을 하셨다.

"허허허, 얘는 서울 데리고 가도 서울 놈들하고 하나 다를 게 없어. 서울 시내를 지가 앞장서서 나가는 거야. 어깨 쫙 펴고 명동에 백화점들도 막 휘젓고 돌아다니고. 얼굴도 그렇지, 이놈 크게 될 거야."

아버지는 어려서부터 내가 싹수가 있는 놈이라고 생각하셨다. 나는 누가 "너 커서 뭐가 될래?" 하고 물어보면, 네다섯 살 아주 어릴 때도 "서울군수요, 서울군수"라고 대답했다. 서울군수가 뭔지도 모르면서 그렇게 말하고 다니니까 할머니도 아버지도 '얘는 서울군수 될 놈'이라고 항상 말씀하셨다.

그 시골에서 아이들 모아놓고 춤 경연대회를 하면 나는 항상 빠지지 않았다. 집안 식구들이 모이면 내가 춤도 덩실덩실 잘 춘다고 나를 방 가운데다 집어넣었고, 내가 춤을 추면 큰형과 작은형은 박수를 쳐줬다. 그러다 보니 어려서부터 내 의식 속에는 '나는 서울 놈들하고 맞붙어도 하나도 밀릴 게 없다'는 생각이 있었고, 그때부터 자신감이

커졌다.

평생 그렇게 독하고 강한 분이라고 생각했던 아버지가 나를 보고 눈물을 흘리시는데 마음이 찡했다. 아버지는 손이 없는 내 모습에 한 5분 정도를 어쩔 줄 몰라 하셨다.

"아버지, 군인 생활은 더 못하겠지만, 저 살아 있지 않습니까."

나는 깨어나자마자 아버지의 눈물을 보고 아버지를 위로하기 시작했다. 그리고 대학에 들어가서 공부하고 싶다는 이야기를 꺼냈다. 그랬더니 아버지는 "내가 전 재산 다 팔아서라도 너 뒤 대줄 테니까 제발 제대로 좀 살아다오"라고 말씀하셨다. 자살을 할까봐 걱정하신 것이다. 그래서 "반드시 멋지게 살 테니까 걱정하지 마세요, 아버지"라고 아버지를 위로했다.

그렇게 며칠이 지나고 고통에도 어느 정도 익숙해지자 애인 생각이 났다. 머리며 팔에 붕대를 칭칭 감고 누워 있는 미라 같은 모습을 보여주려니 갑자기 겁이 덜컥 났다. 한 달 전 면회 왔을 때만 해도 오른손이 있었는데, 한 손이 없는 상태로 그녀를 어떻게 만날지 걱정이 되기 시작한 것이다.

사고 소식을 들으면 세 가지 중 하나일 것이다. 내 머릿속에는 세 가지의 시나리오가 그림처럼 그려졌다. 첫째, 나를 본 순간 놀라서 도망칠 것이다. 둘째, 나를 본 순간 이게 웬 날벼락이냐고 엉엉 울 것이다. 셋째, 하도 기가 막혀 그냥 멍하니 말문이 막힌 채 서 있을 것이다. 하지만 세 가지 중 어떤 것이 맞든지 내 가슴은 미어질 것이었다.

연락하자니 두렵고, 안 하자니 보고 싶고, 자존심이라면 자존심이고 사랑이라면 사랑인데 나의 다친 모습을 보여주는 것은 지금까지 살면서 유일하게 두려운 일이었다. 그러다가 내 가슴은 그녀가 보고 싶어서 거의 미칠 지경이 됐다.

결국 힘들게 연락을 해서 그녀가 왔다. 그때 나는 왼손에는 링거를 꽂고, 오른팔은 붕대로 칭칭 감아 공중에 매단 채 누워서 어머니가 떠먹여주는 밥을 먹고 있었다. 고향 뒷산에 흐드러지게 핀 산도라지꽃 빛깔의 코트를 입은 하얀 얼굴의 그녀가 통합병원 문을 열고 들어서는데, 그 모습이 눈부시게 예뻤다.

그렇게 예쁜 그녀가 내 모습을 보자 아무 말 못하고 그냥 우두커니 서 있는데 가슴이 미어졌다. 세 번째 시나리오가 맞은 것이다. 그녀는 나를 본 순간 멍해져서 우두커니 서 있기만 했다. 병실 안 분위기가 갑자기 어색해졌다. 어머니는 밥을 먹여주시다가 멈췄고, 병실에 있던 몇몇 사람들은 우리 두 사람을 위해 슬슬 자리를 피해줬다.

나는 속으로 간절히 아직도 나를 사랑하는지 묻고 싶었다. 그것도 정말 급히 묻고 싶었다. 하지만 자존심 때문에 입이 떨어지지 않았다. 자존심보다 더한 것은 두려움이었다. 만일 나를 사랑하지 않는다고 하면 어쩌나. 한 달 전에는 물론 나를 사랑한다고 했지만, 지금은 상황이 전혀 달라졌다. 괜히 물어봤다가 아니라고 하면 어쩌나, 두려움이 엄습했다.

나는 아무 말도 못하고 그저 입을 굳게 다문 채 그녀를 쳐다보고만 있었다. 아니 어쩌면 그녀가 쉽게 대답하지 않도록 시간을 주고 싶었는지도 모른다. 사람들이 나간 뒤 오랫동안 무거운 침묵이 흘렀다. 그 사람은 우두커니 서서 계속 날 바라보고 있었고, 나는 내 처지보다 그녀가 왜 그렇게 안타깝고 딱해 보이는지, 마음이 너무 아팠다.

날 사랑하는지 묻고 싶다가도, 이 사람을 보내줘야 하는데 나랑 헤어지면 누가 사랑해줄까 싶기도 하고, 그 짧은 시간에 별별 생각이 다 머릿속을 오갔다. 그렇게 말없이 서로 바라만 보다가 한 30분쯤 지났을까 마지막 남은 용기를 짜내어 겨우 입을 열었다.

"아직도… 나… 사랑해?"

그랬더니 그녀는 말없이 고개를 크게 두 번 끄덕였다. 고개를 끄덕이는 모습이 얼마나 예쁜지 꼭 천사 같았다. 세상을 다 얻어도 그보다 기쁠 것 같지 않았다. 기쁨과 행복으로 가슴이 터질 것 같았다. 불행의 깊이만큼 행복을 느낀다고 하지만, 정말 그때 느꼈던 행복감은 말로다 표현할 수 없을 정도였다. 그 모습은 지금도 앞으로도 영원히 잊지 못할 것이다.

하지만 가슴이 터질 것 같은 기쁨도 잠시, 정신을 차리고 나니 '이건 너무 이기적이다. 오른손잡이가 왼손 하나만 가지고 이 예쁜 사람을 행복하고 유복하게 해줄 수 없을 텐데, 진짜 사랑한다면 가난에 찌들어 살게 할 수 없다. 이제 그만 이 예쁜 사람을 보내줘야 한다'는 생각이 들었다.

나는 그 자리에서 "난 당신 사랑할 수 없어. 그러니 얼굴 봤으면 이걸로 정리하고 끝내자"라고 거짓말을 했다. 그러자 그 사람이 눈시울이 빨개지면서 울먹이는 목소리로 차분하게 이야기를 했다.

"지금까지는 당신한테 내가 필요 없었는지 몰라요. 그런데 지금부터는 당신 곁에 내가 있어야 해요."

그 말을 듣는 순간 '확인했다'는, 좀전의 행복에 버금가는 커다란 행복이 다시 밀려오기 시작했다. 이 소중한 사람을 어떻게 하면 행복하게 해줄까. 다른 생각은 들지 않았다. 어떻게든 이 사람을 행복하게 해줘야겠다는 생각이 가슴 저 깊은 곳에서부터 태산만큼 큰 파도처럼 밀어닥쳤다.

그때부터 '내 안에 잠들어 있던 거인'이 깨어났다. 당시 대학에 영문학과가 별로 없어 영어를 잘하는 사람이 귀한 데다, 내가 워낙 영어를 좋아했기 때문에 나는 영문학과에 가기로 결심하고 병실에서 편입시험 공부를 시작했다.

아픈 몸에도 한 달 동안 예상시험문제를 모두 외워버렸다. 참으로 희한한 것이, 한 번 지독하게 마음먹으니까 세 번 정도 읽으면 그냥 다 외워졌다. 그때 아내는 나보고 '천재'라고 했고, 다른 사람들도 나를 가리켜 '사람이 아니다'라고 했을 정도였다.

아내는 직장을 그만두고 병원 옆에 방을 얻어 하루 종일 나를 간호했다. 아내가 얼마나 지극정성이었는지, 나중에 들으니 내가 간호장교하고 결혼했다고 소문이 날 정도였다.

영어를 외우는 것 말고 또 하나 어려웠던 점은 왼손으로 글씨를 쓰는 일이었다. 링거 꽂은 손으로 펜을 잡고 글씨를 쓰는 것은 쉽지 않았다. 하지만 시험을 필기로 치르기 때문에 사실 글 쓰는 일이 더 시급했다. 삐뚤삐뚤 이걸 언제 연습해서 능숙하게 쓰나 답답한 생각이 들었지만, 내 머리가 있고 왼손이 있다면 이런 것쯤이야 문제없다고 마음을 고쳐먹었다. 게다가 영문과 교수를 해서 입으로 먹고 산다면, 굳이 오른손을 많이 쓰지 않아도 될 것이라고 생각했다. 애인은 옆에서 간호해주고, 나는 열심히 시험 준비를 하면서 꿈처럼 며칠이 지나갔다.

그러던 어느 날 소문을 듣고 장인어른이 병실로 찾아오셨다. 와서 보니 육군 소위가 완전 산산조각이 나서 화상 입은 사람처럼 온 몸에 하얀 붕대를 휘감고 있는 데다, 팔 역시 붕대로 칭칭 감아 침대에 묶인 채 움직이지도 못하고 있으니 기가 막힌 표정이었다. 더 기가 막힌 것은 당신의 스물두 살짜리 예쁜 딸이 그런 놈을 간호하고 있다는 사실이었을 것이다. 눈앞에 펼쳐진 상황에 눈이 뒤집힌 장인어른은 아무런 말씀도 하지 않고 아내에게 명령하셨다.

"가자!"

장인어른은 아내를 끌다시피 데리고 나가셨다. 억지로 아버지를 따라 나간 아내는 차 안에서 계속해서 아버지를 설득했다.

"아버지, 좋은 예는 아니지만 만일 엄마하고 아버지하고 행복하게 잘 지내시다가 아버지가 어쩌다 손을 다치셨다면 아버지는 엄마가 어떻게 했으면 좋으시겠어요? 엄마가 아버지를 버리고 떠난다면 아버지는 어떠시겠어요? 나는 그 사람 전부를 사랑했지 오른손을 사랑한 것이 아니에요. 그 사람은 정신이 건강한 사람이에요. 게다가 손 하나는 있잖아요. 얼마나 다행이에요. 내가 지금까지 본 그 사람은 반드시 일어날 사람이에요."

아내는 끊임없이 장인을 설득했지만, 그 말이 장인어른 귀에 들릴 리가 없었다. 딸이 끝까지 고집을 피우자 결국 장인은 '내 딸을 할지, 나가서 그 녀석 아내를 할지' 둘 중 하나를 선택하라고 했고, 설득하다 지친 아내는 나를 선택해 집을 나왔다.

물론 그때 내가 아내를 설득해서 돌려보내는 것이 옳았는지 모른다. 하지만 내 욕심이건 하나님께서 아내를 내게 보내셨건 나는 돌려보내지 않았다. 반대로 내가 행운아라고 생각했다. 기적처럼 사랑이 내게로 왔기 때문이다.

그 덕분에 사랑도 성공도 놓치지 않을 자신이 생겼다. 아내가 내 곁을 떠나지 않았기 때문에 나는 그녀를 세상에서 최고로 행복하게 만들어주겠다는 목표가 생겼다. 그 때문에 삶에 지치지 않을 수 있었고, 앞으로 행복해질 수 있다는 기대와 자신감을 갖게 되었으며, 어느 누구 앞에서도 이 예쁜 마누라를 자랑스럽게 이야기할 수 있게 됐다.

그리고 아버지의 눈물 역시 나로 하여금 '정말 이 양반을 더 이상 울게 해서는 안 되겠다'는 생각을 하게 했다. 아버지는 내가 병원에 있는 동안 원서접수 같은 바깥에서 처리할 일들을 발 벗고 뛰어다니면서 기쁘게 해주셨다.

아버지는 살아생전에 내가 손을 다쳐서 불편하게 사는 것을 가장 안타까워하셨다. 그러니까 어떻게 보면 가장 큰 힘은 아내였지만, 아버지 역시 두 번째라고 할 수는 없었다. 결국 아버지는 노후를 내게 의지해서 사셨다. 내가 광주와 대전에서 근무하느라 3년간 다른 형제들에게 아버지를 뺏긴 동안을 제외하고는, 아내가 까다로우신 아버지를 워낙 잘 모셨기 때문에 우리 집에서 20년 넘게 평안하게 사시다가 돌아가셨다.

그렇듯 아내는 불편한 나를 돌보고, 온갖 걱정 끝에 스트레스로 몸져누워 계신 내 어머니를 오랫동안 모신 뒤에 아버지까지 모셨다. 아내는 부모님 보살피는 일부터 집안 대소사에 이르기까지 항상 즐거운 마음으로 일을 다해냈다. 내가 보기에도 안타까울 정도였다.

또한 아내는 지혜로움 또한 대단하다. 다른 어떤 사람, 어느 누구에게서도 해답을 찾지 못하는 고민들도 그녀에게 상의하고 의견을 구하면 기막힌 정답을 제공해준다. 아내가 시키는 대로 하면 틀림없다. 중국에서 주로 생활하는 요즘도 때때로 사업상 어려움에 부딪히는 나에게 제갈공명 같은 해답을 제공해준다. 그런 의미에서 아내는 내 개인 컨설턴트이자, 개인 멘토요 어드바이저이다. 아내는 품성이 착하고 온화한 그야말로 타고난 모티베이터임에 틀림없다.

책임감을 즐기면
소중한 사람들이 기쁘다

결혼은 일사천리로 진행됐다. 할 것은 다 해야 한다는 주위의 성화에 결혼식 전에 간단하게나마 약혼식도 했다. 결혼을 하면서 엄청난 책임감이 몰려왔다. 그때가 대학교 2학년 때였는데, 그해에 큰딸 선숙이를 낳았고, 그다음 해에 아들 재영이를 낳아서 4학년이 되기 전에 아이 둘의 아버지가 됐다. 임신한 사실을 알았을 때 아내는 독실하게 하나님을 믿는 사람이라서 고생스럽겠지만 아이를 절대로 지우지 않겠다고 했고, 결국 나도 어려운 사랑 속에서 가진 아이들인데 그 열매를 감히 지우는 것은 말도 안 된다고 했다. 또 빨리빨리 낳는 것이 유리하겠다는 생각도 들었다. 그렇게 4학년 이전에 둘을 낳았더니, 나 포함해서 부양해야 할 사람이 갑자기 네 명으로 늘었다.

　돈벌이는 없고, 국가유공자 연금이라고 해봐야 생활하기에는 너무 적어서 유학은 어림도 없었다. 자연히 교수가 되는 꿈은 고스란히 무너졌다. 내 처지에 유학은 불가능하겠다 싶어 취직을 하기로 마음먹었는데, 성적은 나쁘지 않아서 시험이든 서류전형이든 척척 붙었지만 항상 마지막 면접에서 떨어졌다. '손 다쳤다', '국가유공자 본인이다'라는 말을 꺼내는 순간, 바로 면접에서 떨어졌다는 것을 육감적으로 알 수 있었다.

그때만 해도 영문과를 졸업하면 10월 전에 80~90퍼센트가 거의 취직을 했고, 10~11월에 취직하는 사람들은 가장 늦은 축에 속했다. 모두들 진로를 정했는데 나만 취직이 안 돼서 속이 타들어가던 중, 11월에 애경에서 영문과에 한 사람 추천의뢰가 들어왔다. 동기들이 다 취직을 했기 때문에 내가 지원할 차례였다.

어차피 입사하면 다 밝혀질 일이겠지만 그래도 우선은 제대로 면접이라도 보자는 생각에 손 다친 사실을 숨기고자 했다. 입사원서에 국가유공자라는 표시를 안 하고, 국가유공자 증명서도 내지 않았다. 그랬더니 서류전형을 패스하고, 면접을 보라는 연락이 왔다.

그런데 서류에 있는 가족 난은 속일 수가 없었다. 국가유공자 증명서야 안 내면 그만이지만 이력서에서 처자妻子는 뺄 수가 없었다. 의수義手는 겉으로 크게 표시가 나지 않아 아무도 알아보지 못한 것 같았는데, 한 면접관이 '벌써 아내도 있고 자식도 둘이나 되는데, 왜 그렇게 결혼을 일찍 했느냐'는 질문을 했다. 갑작스러운 질문에 어떻게 둘러대야 할지 몰랐던 나는 할 수 없이 다시 진실을 이야기하고 말았다.

"사실은 육군 소위 때 다쳐서 군에서 제대했는데 혼자 생활하기 어려워 애인과 바로 결혼을 했고, 살다 보니 애가 생겨서 낳았는데 애를 낳은 것이 일하는 데 지장을 주나요?"

"지장은 안 줍니다. 다만 학생이 벌이도 없이 어떻게 애들 둘에 부인까지 부양합니까?"

그래서 연금 조금 나오고 형제들이 보태주고 있고, 오른손은 의수라고 고백했다. '의수'라는 말이 떨어지자 바로 그 자리에 있던 면접관 예닐곱 명의 눈이 내 오른손으로 쏠렸다. 좌불안석이라고 그 시선이 너무 따가워 빨리 일어나고 싶은 생각밖에 들지 않았다. 상처받은 자존심과 굴욕감은 물론이고, 이런 설움을 살아 있는 동안 계속 당하면서 사회의 오만과 편견 속에서 살아나갈 수 있을까 생각하니 끔찍하기까지 했다.

하지만 무엇보다 무서운 것은 면접은 이미 중단됐고, 더 이상 아무도 말을 하지 않는 것이었다. 묻는 말이 없으니 대답할 말도 없고, 나나 저쪽이나 그냥 가만히 있기만 했다. 그러자 상황을 종료시켜야겠다고 생각했는지 믿음직스러운 여성 한 분이 입을 열었다. 나중에 알고 보니 그분이 바로 장영신 회장이었다.

"아까 누가 도와준다고 했어요?"

형제들이 도와준다고 대답하자, 형님은 뭐하시는지, 아버님 어머님은 계시는지 등 가족관계를 몇 가지 묻더니, "집에 가서 부모님 모시고 편하게 살아요"라며 위로 아닌 위로를 했다. 정중히 집에 가서 애나 보라는 말이었다.

그렇게 면접이 끝나고 전철을 타러 갔다. 뚜벅뚜벅 전철역을 향해 걸어가는데 속된 말로 뚜껑이 열리기 시작했다. 집에서 기다리고 있을 아이들과 나를 사랑하는 아내가 떠오르는데, 도저히 발길이 떨어지지 않았다. 억지로 전철 표를 끊고 구로역에 들어갔지만, 그때 기분으로는 구로역에서 집까지 아무래도 제대로 갈 수 있을 것 같지가 않았다. 아버지가 그렇게 신신당부를 했는데 나쁜 생각까지 들었다. 그러자 누군가 나에게 무책임한 나쁜 놈이라고 혼내는 것 같은 느낌이 들었다. 죽으려면 미리 죽든지 왜 애들까지 낳아놓고 그 예쁜 사람을 고생시켜 놓고 죽느냐고 혼내는 것이었다. 그냥 집으로 갈 수는 없다고 생각했다.

전철을 기다리다가 전철이 승강장에 들어오는 것을 보고 있는데, 갑자기 정신을 차려 보니 나도 모르게 전철 표를 철로 위에다 확 던져버리고 다시 회사를 향해 뛰어가고 있었다. 회사 앞에 도착했더니 문에서 막았다. 처음에는 수위 아저씨가 막고, 다시 비서실에서 막고, 계속 막았다. 그래서 '신입사원 면접 봤던 사람인데, 아까 꼭 해야 할 말을 못해서 그러니 잠시 들여보내 달라'고 애원을 했다.

손 다친 줄 알았으면 들여보내지 않았겠지만, 젊은 사람이 하도 애원을 하니까 전화로 물어본 뒤 길을 열어줬다. 그렇게 해서 면접장에 들어갔는데, 나를 보더니 순간 다들 멈칫하고 놀라는 것 같았다. '신입사원이라고 해서 누군가 했더니 저놈이었어?'라는 표정으로 나를 쳐다봤다.

내가 거의 끄트머리 번호였기 때문에 면접은 이미 끝났고, 면접관들은 좋은 인재들을 많이 뽑았다고 커피를 마시며 이야기를 나누던 중이었다. 그런데 내가 들어가자 완전히 찬물을 끼얹은 것처럼 됐다.

막 달려가느라 내 얼굴이 빨개져 있었기 때문에 상이군인이 소주 한 병 마시고 행패 부리러 온 줄 알고 약간 겁먹은 것 같기도 했다.

"꼭 드릴 말씀이 있는데 앉아도 되겠습니까?"

멈칫했지만 이내 앉으라고 했다. 나는 앉아서 차분하게 이야기를 시작했다.

"우선, 저는 깡패 노릇을 하거나 교통사고로 오른손을 다친 것이 아닙니다. 내 민족 내 겨레를 위해 자의든 타의든 군에 갔고, 또 희생했다고 생각합니다. 왜 내가 여러분에 의해 면접이 중단되는 설움을 받아야 하는지 묻고 싶습니다.

두 번째, 여러분의 입사지원서에는 분명히 하단에 국가유공자 우대, 괄호 열고 10점 가점이라고 쓰여 있습니다. 여러분이 써놓고 여러분이 이걸 지키셨습니까? 지키지 않으셨습니다.

세 번째, 여러분은 두 손이 있어도 글씨 쓸 때 양쪽 손에 펜 잡고 동시에 글 쓰지 않습니다. 왼손잡이는 왼손으로 글씨 쓰고, 오른손잡이는 오른손으로 글씨 씁니다. 여러분들과 제가 뭐가 다릅니까? 이전에는 오른손으로 글씨를 썼지만, 지금은 왼손잡이가 됐을 뿐입니다.

물론 제게 차 밑에 들어가서 양손으로 차를 고치라거나, 무거운 짐을 나르라고 하면 못합니다. 그러나 머리를 쓰는 일이라면 솔직히 말해서 여러분이 저보다 머리 좋다는 증거 있으면 대보십시오. 손으로 일하는 것이 아니지 않습니까. 머리로 일하는 것이죠. 여러분들이 저보다 머리 좋다는 증거가 없다면, 저를 떨어뜨린 것은 사실 어떤 명분도 없습니다.

마지막으로, 여러분도 군대에 가 있거나 갈 예정인 자식들이 있을 텐데, 남북이 대치된 상황에서 앞으로 어떤 상황이 전개될지 누가 예측하겠습니까. 혹시 저 같은 입장이 돼서 왔을 때 여러분의 자녀라면 저한테 했던 것처럼 면접 중간에 내보내겠습니까. '그렇게는 못하지'라고 한다면 이것은 사회정의가 아닙니다.

저는 합격시켜 달라고 애원하는 것이 아닙니다. 사회 엘리트층이라면 이래서는 안 되기 때문에 이야기를 하고 싶었습니다. 혹시 저와 같은 사람이 또 면접을 보러 오면 그 사람들에게는 최소한 따뜻하게라도 대해주십시오. 그렇지 않아도 힘들어하는 사람들인데, 그렇게 갑작스럽게 면접을 중단하고, 또 위로 같지 않은 위로를 하는 것은 해서는 안 될 행동입니다. 이것은 상처 나서 아파하는 사람에게 상처 난 부위를 더 때리는 격입니다. 회사 발전하기 바랍니다."

이렇게 말하고 일어나서 터벅터벅 걸어 나오는데 누가 나를 불러 세웠다. 장영신 회장이었다. 사실 그때는 그분이 회장인지도 몰랐고, 웬 여성분이 나를 부르나 뒤를 돌아봤다. 그런데 껄껄껄 멋지게 웃으면서 다음과 같은 말로 갑작스럽게 상황을 반전시켰다.

"영문과 나오셨다고 했지요? 지금까지 쭉 얘기한 거 영어로 한번 해보세요."

누구인지는 모르지만 참 통 큰 여자라는 생각을 했다. 사실 나도 화가 나서 쏟아붙인 얘기라, 내가 말하고도 내가 무슨 얘기를 했는지 잘 기억이 안 났다. 그러나 그 상황을 반전시키고 영어로 해보라니, 내 이야기니까 영어로 못할 것은 없지만 하자니 창피하고, 안 하자니 실력 없다고 할 것이고 진퇴양난이었다. 더구나 뽑아달라는 이야기가 아니라 사회정의 차원에서 이야기했다고 해놓고 영어로 이야기한다면, 뽑아달라고 구걸하는 것도 아니고 참으로 난감했다.

그래도 안 하는 것은 내 마음이지만, 실력 없다는 말을 들으면 내 뒤에 올 사람들에게도 안 좋을 것 같았다. 그리고 무엇보다도 내 자존심을 건드리는 것 같아서 일단 영어로 내가 한 이야기를 옮겼다. 또 순간적으로 '어차피 내가 영어를 해도 알아들을 사람도 없을 텐데'라는 배짱이 나를 강하게 만들었다. 아주 무시해버린 것이다. 그것이 어쩌면 내게 용기를 줬는지도 모른다. 그런데 나중에 알고 보니 장영신 회장은 미국에서 유학했던 분이었다.

그렇게 영어로 내 이야기를 죽 하는데, 중간에 장 회장이 말을 끊더니 "나 혼자 뽑는 건 아니니까…"라고 말을 한 뒤 이제 가보라고 하면서 얼굴이 환해지는 것을 보았다.

발걸음은 집으로 향하는데 마음은 영 들어가기가 싫었다. '저 사람이야 어디에 내놔도 틀림없이 살아남을 사람'이라고 믿어주는 아내한테 민망하기도 하고, 매일 떨어지는 모습만 보여주니 속도 상했다. 그래서 그날 저녁 집에 안 들어가고 친한 친구 두 명을 불러서 술을 엄청나게 많이 마셨다.

그러면서 면접 때 있었던 일을 다 이야기했다. 그랬더니 '진짜 너 그렇게 다 말했냐'고 친구들이 묻더니, 친구 하나가 '만일 그 이야기를 다 했으면 네 용기에 합격시킬지도 모른다'고 말했다. 나는 '기분이 나쁘다. 합격시켜도 안 간다'고는 했지만, 내심 '정말 열심히 일할 수 있는

데, 그렇게라도 합격만 된다면 얼마나 다행일까'라고 생각했다.

그런데 그 이튿날 바로 전보가 왔다. 합격통지서였다. 나중에 알고 보니 회사에서 중역들이 손들기를 했는데 우연히 가부可否 동수同數였다고 한다. 반대한 사람들은 '천지에 널린 게 사람인데 회사 이미지가 있지, 손 하나 없는 사람을 왜 뽑냐'는 의견이었고, 찬성하는 사람들은 '사회정의를 실현하려면 이 사람을 뽑아야 한다. 어차피 국가에서 명령이 내려와서 몇 사람 뽑아야 한다. 그러니 스스로 찾아온 의지 강한 실력가를 뽑아야 한다'는 의견이었다. 그래서 결국에는 회장이 캐스팅 보트casting vote를 던져서 뽑기로 했고, 장영신 회장이 합격에 표를 던진 것이다.

합격통지서를 받는 순간 하늘에서 먹구름이 다 걷히는 것 같았다. 마침 예비소집일에 공교롭게 고등학교 선생님 자리가 났다. 원래 꿈은 교수였으니 학교로 갈지 애경으로 갈지 갈등이었다. 어떻게 하면 좋을지 아내에게 상의를 했더니 '당신 성격은 비즈니스맨이지 선생님 체질은 아닌 것 같다'고 조언을 해줘서, 결국 애경으로 결정했다.

애경으로 가기로 결심을 하고 나니 '안 가겠다고 했는데 합격을 시켜놓아서 큰일 났다. 가면 이거 창피해서 어쩌나' 하는 생각이 들었다. 하지만 용기를 내어 예비소집일에 가보니, 손 하나 없는 장교 출신의 신입사원이 들어왔는데, 말도 엄청나게 잘하는 것이 앞으로 힘들게 생겼다는 소문이 이미 다 나 있었다.

정말 어렵게 입사에 성공했다. 내 어찌 어영부영 일할 수 있겠는가. 이 회사가 고마워서 그리고 사랑하는 가족을 위해서 한 팔이지만 팔 세 개 가진 사람같이 열심히 일했다. 사실 회사 입사에 성공했다고 모든 것이 해결된 것은 아니었다. 인생이 그렇듯이 산 넘어 또 산이라 했던 말이 생각났다.

애경에 입사하기는 했지만, 나보다 일을 열심히 하지 않은 동기들은 연말 인사고과에서 A, B를 받고 훨씬 더 열심히 일한 나는 C, D를 받았다. 눈이 뒤집혔다. 그때 가장 눈이 뒤집힌 이유는 자존심이 상했기 때문이었다. 무엇보다 가장으로서 아내나 아이들한테 내 책임을 다한다고 생각했고, 최소한 아내만큼은 나를 세상에서 제일 멋지고 책임감 있는 남편이라고 굳게 믿고 있는데 C, D를 받아서 다른 사람보다 월급을 적게 타 가장으로서의 책임을 다하지 못했다는 좌절감이 매우 컸기 때문이었다.

월급이야 액수 차이가 크지 않을 수 있지만, 그때 느낀 분노나 좌절 같은 감정을 잘못 다스리면 계속 자신감을 잃어버려 미래의 원대한 꿈에 걸림돌이 될 수 있었다. 그래서 사실상 모든 일에 최선을 다해서 그러한 어리석음을 사전에 만들지 않고 그냥 쭉쭉 뻗어가는 것이 가장 좋다고 생각했다.

그때 포기하지 않고 극복할 수 있었던 힘은 '내가 낙담했다간 주변 사람이 괴로울 테니 그래서는 안 된다'는 생각 때문이었다. 손을 다치고 나서 힘들고 괴로울 때도 더러 있었지만, 나 혼자만 아팠으면 됐지 그 티를 내서 주변 사람들을 힘들게 해서는 안 된다고 생각했다. 사실 보는 사람들이 환자보다 더 힘들다. 그래서 괴로워도 의도적으로 껄껄 웃고 큰소리치면서, 주변 사람들이 '이 사람 뭔가 자신이 있나 봐'라고 생각하도록 노력했다. 그렇게 주변 사람들을 편하게 해주면 그 혜택은 사실 나한테 돌아온다. 그로 인해서 결국 내가 기쁨을 얻기 때문이다.

책임감은 일에서나 개인에게나 가장 중요한 덕목이다. 나 하나무능한 것으로 끝나면 괜찮은데, 나의 무능함으로 인해서 주변 사람들이 괴롭다면 무능함은 무책임이 된다. 혹시 무능한 사람이 좋은 위치에있다면 그 자리를 빨리 다른 사람에게 넘겨주는 것이 낫다. 책임 없는자리에 있으면 적어도 다른 사람을 괴롭히지는 않는다. 특히 가장의 무능함은 가족처럼 소중한 사람들을 정말 괴롭게 만든다.

사는 것이 자기만 편하기 위해서는 아니다. 나는 아내를 책임져야 된다는 생각을 참 많이 했는데, 어떻게 보면 아내가 나한테 그런 책임감을 줬는지도 모른다. 아내는 항상 '난 당신을 믿는다. 그러니까 모든 걸 맡기겠다'고 했다. 그렇기 때문에 나는 절대 흔들릴 수 없었고, 힘들고 괴로울 때는 '내가 힘들어하면 이 사람이 괴로워서 안 돼'라고나 자신을 다잡았다. 지금은 그렇지 않지만 처음에는 '웬만한 것은 이사람한테 표현조차 하지 말아야겠다'는 생각을 많이 했다.

회사일도 마찬가지다. 내가 리더십을 발휘해야 할 위치에서 제대로 발휘하지 못하면 아래 직원들이 불행하다. 예를 들어 군대에서 축구시합을 할 때 이긴 전리품은 다 소대원을 주는데, 거기서 지면 소대원들의 기가 확 죽어버린다. 반대로 이긴 팀은 '파이팅' 하면서 사기가 하늘을 찌른다. "소대장 누구야? 아, 조서환 소위. 그 똑소위 밑에 있으면되지." 그렇기 때문에 가정에서도 회사에서도 반드시 자기 책임을 다하겠다는 강한 책임의식을 가져야 된다. 나 아니면 이 사람들 큰일 난다는 생각을 가지면, 그 생각만으로도 이미 자기도 기쁘고 사람들도 기쁘게 만든다.

책임감은 강하거나 독한 것과는 다르다. 책임감이 강한 사람은 굉장히 힘들 것 같지만, 절대 그렇지 않다. 해나가면서도 즐겁다. 책임감이 분명하고 열심히 하는 사람들은 끈질기고 독하고 고래심줄처럼 질길 것 같지만, 그렇지 않다. 굉장히 유연하고 풍요로우며, 양보심 강하고 여유가 있다. 그러니까 양보도 하는 것이다. 그래서 책임감 없는 사람이나 불안하고 초조하지, 책임감 있는 사람은 오히려 더 즐겁다.

머리 좋은 사람이 열심히 하는 사람 못 따라가고, 열심히 하는 사람이 즐기는 사람 못 따라간다고 하는데, 마찬가지로 책임감도 즐기면 최고의 효과가 난다. 내 가족이 나로 인해서 행복해지는 것을 즐기는 것이다. 내가 번 것을 아들, 딸, 아내 세 사람이 풍요롭게 쓰는 것을 지켜본다. 내가 벌어왔는데 아무도 써줄 사람이 없으면 벌어도 무슨 재미가 있겠는가.

즉, 내 책임을 다하는 것이 소중한 사람을 기쁘게 하는 일이다. 항상 소중한 사람을 기쁘게 만들어야지 우울하게 해서는 안 된다. 그런데 사실 그러지 못하는 사람들이 훨씬 더 많다. 그러지 못하는 이유 중 가장 큰 것은 능력이 없어서가 아니라 마음 자세 때문이 아닌가 싶다. 부정적인 마음을 갖지 않는 것, 긍정적이고 적극적인 마음 자세를 갖는 것이 중요하다. 실제로 능력 차이는 큰 문제가 아니다.

진정한 자존심은 성공하는 것이다

애경에 입사한 뒤 나는 매일 공항으로 호텔로 바이어를 마중하고 다녔다. 그런데 내가 매일 밖으로 나돌아 다닌다고 내 상사는 나를 무척이나 싫어했다. 그것이 내 일이었지만 윗사람은 내가 매일 밖으로 나돌아 다니는 것이 못마땅했던 것이다.

그래서 인사고과 때마다 나는 항상 C나 D였다. 학점도 C, D는 싫어했는데 매번 C나 D가 나오니까 호봉도 동기들의 절반밖에 안 됐고, 급여도 꽤 차이가 났다. A와 D는 1호봉과 4호봉 차이인데, 계속 D를 받으니까 호봉 격차가 크게 벌어졌다.

나는 C나 D를 맞을 정도로 업무태도가 형편없거나 일에 소홀하지 않았지만, 윗사람은 나의 약점을 이용했는지 모른다. 어차피 누군가는 C, D를 받아야 하는데 그럴 바에는 D를 줘도 못 나갈 내게 준 것이다. 직장생활을 하다 보면 인사고과에서 C, D를 받을 수도 있다. 하지만 '그 사람은 D를 줘도 딴 회사로 못 가고, 여기서 꼼짝달싹 못할 사람'이라고 생각하고 D를 준 것이다. 만일 내가 일도 안 하고 업무자세도 나빴다면 D를 받아도 할 수 없지만, 딸린 자식이 둘이나 되는 손 하나 없는 놈이 어디를 가겠나 싶어 D를 몰아준 점은 아무리 생각해도 그 당시는 야비하다고 생각할 수밖에 없었다.

그럼에도 내가 회사를 그만두지 않았던 첫 번째 이유는 미래에 대한 자신감 때문이었고, 두 번째는 가족에 대한 강한 책임감 때문이었다. 누구나 마찬가지겠지만 나 역시 지금까지 어려운 일이 생길 때마다 아내와 아이들을 생각한다. 아내와 아이들의 믿음은 나를 강인함으로 똘똘 뭉치게 만드는 힘이었다.

처음에는 'D가 웬 말인가' 하는 무너지는 자존심에 정말 죽고 싶었다. 더 속상한 것은, 입술을 깨물며 꾹 참을 뿐 하소연할 곳이 없다는 것이었다. D라고 생각해서 D를 줬다는데 할 말이 없었다. 그러나 진리는 통한다. 오히려 오기가 발동했다. 더 열심히 했다. 남들이 알아주든 말든 본질에 입각해서 열심히 했다. 그렇게 열심히 하다 보니 일은 더 잘됐다. 특히 마케팅 성과가 탁월해서 회장으로부터 공로상을 받게 되고, 그 후 과장에서 부장 업무로 특진까지 하게 됐다. 그리고 나서 많은 헤드헌터의 표적이 됐다.

만일 처음에 무너지는 자존심을 견디지 못하고 회사를 그만뒀다면 지금 내 모습은 어떻게 됐을까. 누가 보든 안 보든 진실하게 일하는 것이 얼마나 중요한지 깨닫는 소중한 계기였다. 진정한 자존심이란 무엇인가. 그것은 책임감이요, 악조건마저 자신을 강하게 단련시키는 토대로 역전시키는 것이다. 무조건 분에 못 이겨 회사를 그만두는 것이 아니라, 극복책을 세우고 그에 따른 전략을 세우는 것이다.

진정한 자존심은 이루어내는 것이요, 성공하는 것이요, 이를 통해 내가 우뚝 솟아 다른 사람이 나를 존중하게 만드는 것이다. 쓸데없는 자존심이나, 알량한 지식, 사회적 지위 때문에 봐야 할 것을 제대로 못 보는 것이 아니라, 핵심을 놓치지 않는 것이다. 그리고 이는 내가 사회적으로 어떤 역할을 할 것인가에 따라 판단해야 한다.

대학 때 이미 결혼을 한 나는 당시 보증금 50만 원에 월세 2만 5천 원짜리 방에서 살았다. 그런데 아주 친한 친구가 평창동에 살아서 친구들끼리 그 집에 몰려가서 공부도 하고, 놀기도 하고, 학회활동도 하곤 했었다. 아버지가 건설회사 사장으로 어마어마한 부자였던 그 친구는 돈의 소중함이나 절실함이 나에 비해 별로 없었다.

이 친구가 대학을 졸업하고 금융회사에 입사를 했는데 상사와 크게 싸우고 회사를 그만뒀다. 직장생활을 하다 보면 상사한테 혼나는 것쯤이야 별것도 아니고, 더욱이 당시 내 상황은 상사한테 혼났다고 회사를 안 다니는 것이 가당치도 않았다. 하지만 친구는 크게 자존심이 상해서 '내가 여기 아니면 못 먹고 살겠냐. 아무한테도 간섭받지 않는 일을 하겠다'며 회사를 그만두고 물려받은 재산으로 테니스장을 차렸다. 그 후 테니스장을 경영하다가, 비디오 보는 것을 좋아한다고 비디오방을 차리기도 하고, 책 읽기 좋아한다고 독서실을 차리기도 했다.

재산은 엄청났지만 내리 30년간 계속해서 돈을 까먹다 보니, 이제는 돈을 벌지 않으면 안 될 상황까지 이르렀다. 친구는 결국 보험 세일즈를 시작했다. 보험 세일즈를 하더라도 나름대로의 철학과 독특한 세일즈 기술이 있어야 하는데, 아직은 이러한 것들이 갖춰지지 않아 굉장히 어려움을 겪고 있다. 하지만 궁하면 통한다는 말도 있듯이, 가족의 생계를 책임진 가장으로서 모든 자존심 다 버리고 금방 자신만의 세일즈 전략을 개발해낼 것이 분명하다.

　가족의 생계가 위협받을 때 버려야 하는 자존심이라면 진정한 자존심이 아니다. 사람들과의 갈등 때문에 또는 자존심 때문에 하던 일을 매번 그만둔다면 다시 한 번 나를 돌아볼 필요가 있다. 진정한 자존심은 책임감을 갖는 것이고, 사랑하는 가족을 지키기 위해서라면 길 위에서라도 무엇이든 팔 수 있는 각오가 돼 있어야 하기 때문이다.

나로 인해
세상이 빛난다고 생각하라

애경에 입사해서 나는 머리가 좋다고 기획관리실의 기획담당으로 발령을 받았다. 당시는 마케팅이라는 말은 안 썼다. 기획관리실은 주로 해외 기술제휴, 조인벤처 등을 담당했는데, 나중에 히트 상품이 된 럭스 비누 등을 기술제휴로 들여오기 위해 사전 준비 작업을 하고 있었다. 그때 왔다 갔다 했던 외국인들도 대부분 조인벤처 설립을 준비하기 위해 들어온 사람들이었다.

나는 말이 기획담당이지 하는 일은 공항에 가서 피켓 들고 있다가 외국인이 도착하면 택시 태워서 호텔로 데려다주고, 다시 버스를 두세 번 갈아타고 회사로 돌아오는 것이었다. 그리고 회사에서는 하루 종일 번역을 했다. 각종 계약서, 기술제휴 계약서, 조인벤처 계약서, 영국이나 미국에 보낼 텔렉스 기안 등을 번역했다.

내가 통역사나 번역사로 입사한 것도 아니고 이러한 것들이 내 일이라는 생각이 도무지 들지 않았다. 심지어 내가 손을 다쳤다고 우습게 보고 이런 심부름만 시킨다는 생각까지 들었다.

그런데 어느 날 갑자기 어떤 생각이 내 정신을 번쩍 들게 했다. '야, 이 멍청한 녀석아! 그게 아니야. 너는 지금까지 수없이 많은 외국인들과 영어로 이야기할 수 있었어. 다른 사람들은 학원에서 돈 주고 영어를 배우는데 너는 공항에서, 택시 안에서, 호텔에서 생생한 비즈니스 영어를 배울 수 있었는데 뭐가 불만이야. 딴 사람은 돈 내고 시간 투자 해가면서 배우는데, 너는 회사 돈으로 택시 타고 다니면서 하잖아.'

갑자기 생각이 바뀐 것이다. '오, 진짜네. 남들은 돈 주고 영어를 배우는데 나는 돈을 받아가면서 미국 발음, 네덜란드 발음, 스위스 발음, 아프리카 발음 등 각 나라 억양들을 모두 섭렵하네.' 그렇게 생각하니까 갑자기 힘이 나기 시작했다.

전에는 한 손으로 피켓을 드는 것이 너무 무거웠다. 손이 두 개라면 오른손으로 들다가 왼손으로 바꿔 들기도 하겠지만, 나는 죽으나 사나 한 손으로 들고 있어야 하니 팔이 빠질 것처럼 아팠다.

그런데 생각을 바꾸니까 팔도 안 아팠다. 가끔 허리춤이나 팔 사이에 끼우는 등 나름대로 요령도 생겼다. 이제는 오히려 의국에서 또 누구 안 오나 기다려지기까지 했다. 생각 하나 바꾸는 것이 참으로 무서웠다.

그때부터는 회사에서 번역하는 일도 즐거웠다. 속으로 이렇게 생각했다. '회사에서 가장 중요한 서류는 내가 제일 먼저 본다. 또 해외에

보내는 중요한 서류들을 영문으로 번역하려면 내 손을 거쳐야 한다. 이보다 더 중요한 일이 어디 있겠는가.'

이전에는 왼손으로 한 자 한 자 글씨를 쓰는 것이 짜증도 나고 팔도 엄청나게 아팠는데, 내가 중요한 일을 한다고 생각하니 오히려 왼손이 더욱 강해지는 것처럼 느껴져서 기분이 좋아지기까지 했다. 긍정의 힘이었다.

한번 긍정의 힘을 경험한 뒤로는 매번 힘들 때마다 마인드컨트롤을 활용했다. 2001년에 20년 이상 피워온 담배를 끊었는데, 처음에는 너무나 힘들어서 끊을 수 있을 것 같지가 않았다. 끊기는 끊어야겠는데 끊을 수도 없고, 담배를 끊는 고통보다 못 끊으면 어쩌나 하는 걱정 때문에 더 큰 스트레스를 받았다.

그렇게 별의별 짓을 다 해도 끊지 못했던 담배를 끊었던 것은 생각을 바꾼 뒤였다. 스스로 끊임없이 '나는 금단현상이 없다'고 주문을 걸었다. 금단현상이 분명히 있는데도 불구하고 '금단현상이 없다', '운이 좋다'고 생각했다. 담배 끊을 때만 그런 것이 아니다. 자꾸 나 스스로를 '복이 많은 사람'이라고 말하고, 그렇게 계속 생각하다 보니 실제로 복이 왔다. 운칠복삼運七福三이라는 말이 생각날 정도로 일이 잘 풀려나갔다.

골프를 칠 때도 마찬가지다. '오늘 날씨도 꾸물꾸물하고 어쩐지 잘 안 맞을 것 같다'고 생각하면 틀림없이 잘 안 된다. 하지만 잘 안 돼도 '뭐, 저런 것쯤이야' 하면서 팍 찍으면 그 자신감에 의해 트러블 샷도 잘되는 경우가 대부분이다. 일도 삶도 똑같다. 어려워도 '이까짓 것'

하고 긍정적으로 생각하면 일이 잘 풀린다.

진짜 힘들 때, 살면서 이거 정말 왜 이러지 싶을 때, 어느 누구도 해결해주지 못하고 딱 자기 자신만 셀프컨트롤 할 수 있을 때 나는 이렇게 생각한다. '어, 이상하다. 난 복이 많은 사람인데, 뭐 더 좋은 일이 있으려나.' 그러면 희한하게도 그게 맞아떨어진다. 똑같은 상황을 놓고도 어떻게 보느냐에 따라서 결과는 많이 달라진다.

나는 생각이 모든 것을 지배한다고 본다. 그래서 옳다는 확신이 생기면 절대 흔들리지 않는다. 틀렸다고 결정이 난 뒤에 인정하면 되지 그 전부터 옳은지 그른지, 실패하면 어떡하나 미리 걱정하지 않는다. 조바심이나 초조함은 자신감을 상쇄시키고, 자기 확신이 없으면 목표를 향해서 가는 데 주저할 수밖에 없다.

전쟁 시 적군이 설치해놓은 지뢰는 전쟁에서 사실 큰 역할은 못한다. 대량살상무기처럼 크게 폭발하는 것도 아니다. 삽 한 번 푹 떠서 묻으면 되기 때문에 심기도 좋지만, 어디 묻혀 있는지 모르게 놓기 때문에 찾기도 불가능하다. 그런데 이것이 공격할 때는 크게 방해가 된다. 아니 공격을 할 수가 없다. 지뢰를 검침하면서 가야 하니까 전진을 못하는 것이다. 마찬가지로, 일상에서 우리가 과감하게 돌진해야 될 때 그렇게 하지 못하는 것은 확신이 없기 때문이다.

어렸을 때 다리도 없는 시내를 건널 때 보면 여기서부터 저기까지 2미터는 되어 보였다. 그 시내를 자신 있게 뛴다면 괴력을 발휘할 수도 있는데 스스로 '못 뛰어, 물에 빠질 거야'라고 생각하니까, 발이 땅에 달라붙거나 건너더라도 결국 물에 빠지고 만다. 아니면 돌아오면 된다. 그것을 미리 걱정하느라 하지 않는다든지, 해도 불안하게 한다면 즐거움이 없어진다. 그처럼 삶의 자세가 긍정적이고 확신에 차 있으면 자기 자신도 편하다. 확신에 찬 사람들은 매사가 즐겁다. 자기 확신이 체화되면 사람들을 자기 페이스로 이끌어나갈 수 있다.

회사생활도 마찬가지였다. 회사에서 매번 특진만 해왔던 나는 KTF에 들어가서 처음으로 지방발령을 받아봤다. 제일 서러웠을 때는 광주로 발령을 받았을 때였다. '감히 날 지방으로 보내다니' 하는 오만한 마음이 있었기에 처음 이틀 정도는 정말 괴로웠다. 당시는 국내에서 손꼽히는 마케팅 전문가로 자부하고 있었고, 그 누구도 나를 이렇게 대한 적이 없었기 때문에 나로서는 처음 겪는 일이었다. 내가 힘없다고 느껴진 것은 그때가 처음이었다. 내게 힘이 없다고 느끼는 자체가 비애스러웠다. 처음에는 아내에게도 무척 부끄러웠다. 이 사람을 지방으로 데리고 갈 생각을 하니 앞이 캄캄했다.

그런데 한 이틀 정도 지나니까 걱정할 필요가 없다는 생각이 들었다. '어차피 이렇게 된 일, 이 기회를 잘 활용하라는 하나님의 뜻일 것이다. 이렇게 잠시 쉬어갈 기회를 주는구나. 아내와 다시 신혼을 즐길 기회를 주는구나. 또 여태까지 아내가 혼자 모셨던 아버지를 형제들이 한 번씩 모실 기회를 주는구나' 이렇게 긍정적으로 생각했다. 생각을 바꾸니까 굉장히 행복해졌다. 아내와 신혼 때처럼 데이트도 하고, 토요일과 일요일을 함께 보냈다. 또 전라남북도와 제주도까지 내 책임 구역이었기 때문에 그 지역의 구석구석을 구경할 수 있었다. 그 기회가 아니었다면 평생 가보지 않았을 수도 있는 윤선도의 보길도, 나비 축제의 함평, 「목포의 눈물」의 목포, 꽃피는 유달산, 땅끝 마을, 군산, 익산, 전주 콩나물 밥집 등등 거의 다 가봤다. 서울에 있었다면 갈 여유조차 없었을 텐데 지방에서 근무했기 때문에 가능했다. 오히려 행운이라고 생각했다.

이 세상의 모든 것, 나에게 닥친 모든 상황을 긍정적으로 봐야 한다. 부정적으로 생각하면 한도 끝도 없지만, 긍정적으로 생각하면 모든 생활이 윤택해진다.

onfidence

자신감도
실력이다

애경에 입사한 지 3년쯤 지난 어느 날 장영신 회장으로부터 유니레버
와의 조인벤처 기념식에서 통역을 하라는 지시가 내려왔다. 대리 진급
무렵 테스트를 하려는 것이었다. 그것이 조인벤처 기념식의 원고도 없
는 영어통역이었다.

    그때 나는 영어통역이 내가 하는 일에서 크게 벗어나지 않으므
로, 어떤 이야기를 하건 원고 없이 통역이 가능한 것을 장영신 회장이
알고 있다고 판단했다. 그래도 혹시 잘못하면 망신을 당할 수 있으니
만일에 대비해서 회장이 이야기할 만한 내용을 모두 글로 썼다.

    '조인벤처를 하게 돼서 영광이고, 세계적으로 유명한 브랜드를
도입하게 돼서 영광이고…' 등등 나름대로 회장이 할 만한 이야기를 영
어로 옮긴 뒤 그 내용을 전부 외웠다. 그리고 혹시 몰라 영어로 쓴 것을

안주머니에 넣고 회사에 출근했다. 둘 중 하나일 것이다. 한 문장 한 문장 회장이 한 말을 옮기는 것이라면 20일 동안 해도 문제없다. 말하고 통역하고, 말하고 통역하는 것은 일도 아니다. 하지만 회장 혼자 한꺼번에 연설을 다 하고 요약하라고 하면, 그때는 내가 외운 것을 모조리 읊으면 된다고 생각했다.

그리고 기념식이 시작되었는데 두 번째가 맞았다. '와, 기가 막히다. 나는 정말 운이 좋다'는 생각이 들었다. 거의 5분 정도 회장 혼자 연설을 하더니 생각나는 대로 요약해서 전해주라고 했다. 그 즉시 나는 일사천리로 머릿속에 외웠던 것들을 다 내뱉어버렸다. 직원들은 불안해하다가 내가 발표를 마치자 우레와 같은 박수를 터뜨렸다. 그때부터 나는 '영어 조'라는 별명을 얻었다.

당시는 1980년대 초였기 때문에 외국에서 공부하는 것이 쉽지 않았고, 지금처럼 어학연수가 자유롭지 않을 때여서 영어, 국어 둘 다 알아들을 사람은 회장밖에 없었다. 영국인들은 영어만 알아듣고, 한국인들은 한국말만 알아들을 테니 내가 틀렸다고 이야기할 사람은 아무도 없을 것이었다. 또 요약하라고 했기 때문에 조금 틀려도 큰 문제는 없다고 생각하고 자신감을 가졌다.

조인벤처 기념식에서 스타가 된 뒤 사람들은 모르는 영어는 죄다 내게 물었다. 그들은 내가 밤새 외운 것은 모르고 그냥 머리가 천재라고 생각했다. 어떻게 저걸 요약해서 막힘없이 술술 이야기하는지 신기하게 여겼다. 그때 나는 진정한 용기는, 필요할 때 막힘없이 능력을 발휘하도록 실력을 갖췄을 때 비로소 나온다는 사실을 절실하게 깨달았다.

인정을 받으면 받을수록 새록새록 용기와 자신감이 생겼다. 그러면서 자신감의 중요성을 깨달아갔다. 자신감은 동기유발의 근원이고, 세상을 살아가는 데 가장 중요한 키워드다. 무엇을 하든 딱 한 가지 갖춰야 할 것이 있다면 그것은 바로 자신감이다. 자신감만 있으면 세상에 안 될 것이 하나도 없다. 안 된다고 생각하는 것이 유일한 문제다. 그리고 자신감을 갖추려면 먼저 실력을 갖춰야 한다.

자신감을 얻은 다음부터 내가 담당하거나 맡은 제품들은 모조리 큰 성공을 거뒀다. 럭스 비누와 비놀리아 비누는 대성공이었다. 다만 썬실크 샴푸가 아직 성공을 못하고 있었다. 썬실크 샴푸를 이대로 둬서는 안 되겠다 싶어서 제안을 했다.

썬실크 샴푸는 유명한 남자 미용사와 무명의 여자 탤런트를 매치시켜 광고하는 것이 전 세계 유니레버의 공통이었다. 그런데 한국 사무소에 있던 내가 여기에 반기를 들었다. '이 캠페인은 한국 상황에는 적합하지 않다. 우리나라 사람들은 예쁜 탤런트를 굉장히 좋아하는 반면, 미용사는 이발사와 비슷하게 인식되고 있다. 이렇게 해서는 고급화를 지향할 수 없다.'

물론 당시 외국에서는 쟈끄 데상쥬 같은 유명한 헤어 디자이너나 헤어 스타일리스트의 명성이 유명한 변호사나 저명한 박사에 결코 뒤지지 않았다. 우리나라에도 진출한 쟈끄 데상쥬를 프랑스에서 만났는데, 백발이 성성한 노인인데 공항에서도 장관들이 출입하는 곳으로 다닐 정도로 권위를 인정받았다. 하지만 당시만 해도 우리나라는 그렇지 못했다.

그래서 나는 본사의 원칙을 수용하되 유명 헤어 디자이너와 무명 연예인이 아니라 유명 탤런트를 기용하자고 했다. 본사에서는 절대 안 된다고 했고, 나는 다시 논리를 댔다.

'어차피 텔레비전 광고에 나오면 예쁜 여자 탤런트는 하루아침에 스타가 된다. 갑자기 유명해지면 그때 자를 수 있겠나? 못 자른다. 텔레비전 광고에 나와서 유명해지면 자르고 다시 무명 쓰고, 유명해지면 또 자르고 그럴 수 없다. 그래서는 일관성consistency을 유지할 수 없다.'

유니레버 본사에서 가만히 생각해보니까 여기 정서가 이해가 됐는지, 드디어 국제적인 룰을 바꾸면서 지역상황에 맞추라는 지시가 왔다. 그래서 바로 찰리정과 고현정을 모델로 썼고, 썬실크 샴푸 역시 대박이 났다. 자신감이 없었으면 할 수 없는 일이었다.

다이알에서 근무하다가 회사를 옮길 때도 나의 자신감은 빛을 발했다. 다이알이 한국에서 철수한다는 말을 내가 제일 먼저 듣게 되었다. 나는 '철수를 하는 것은 좋은데 우리 직원들의 보상은 확실히 해주고 가라'고 주장했고 결국 6개월씩 보상을 받았다. 직원들로서는 6개월 월급 더 받고 다른 곳으로 옮기니까 더 이상 좋을 수 없었다.

당시 다이알이 12월쯤 철수할 예정이었는데, 9월쯤에 2년 동안 마케팅 책임자를 못 뽑고 있는 회사가 있다는 말을 다이알에서 함께 일했던 오세현 상무에게서 들었다. 어느 헤드헌터도 사람을 못 갖다낸다고 했다.

"그래? 거기가 어딘데?"

"로슈요. 사장이 리버헤어라는 스위스 사람인데, 엄청나게 까다로워서 지원하는 사람마다 우습게 봐서 뽑지를 못하고 있답니다."

"그럼 그 전화번호 나한테 일러주라."

그 말을 듣고 나서 헤드헌터가 누구인지도 몰랐지만 헤드헌터를 통하지 않고 내가 직접 전화를 했다. "저는 다이알사 마케팅 이사입니다. 귀사에서 마케팅 디렉터를 찾고 있다는 말을 들었습니다. 괜찮으시다면 직접 만나서 제가 얼마나 똑똑한 사람인지 보여드리고 싶습니다"라고 했더니, 생각 밖으로 굉장히 반가워했다. 비밀이 보장되는 팩스 번호를 알려줄 테니 나의 이력서를 보내달라고 했고, 이력서를 보냈더니 바로 날짜를 정해주며 인터뷰를 하자고 했다.

지정한 날짜에 면접 장소로 갔더니 인터뷰를 하기 위해 스위스에서 내 직속 보스가 날아와 앉아 있었다. 한국 사장은 병원파트 헤드로 내 리포트 라인이 아니었고, 나는 약국영업 즉 OTC^{Over the Count}파트의 컨트리 매니저^{Country Manager}, 헤드 자리였다. 말은 이사지만 실질적으로 OTC파트 사장이나 다름없고, 다만 나이가 어려서 이사라는 타이틀로 옮기는 것이었다. 직속 보스가 스위스에서 비행기를 타고 날아온 것을 보면 '괜찮은 사람이 있으니까 한번 봐라. 드디어 나타난 것 같다'고 서로 커뮤니케이션을 한 모양이었다.

질문은 딱 한 가지였다. 내가 성공시킨 브랜드 하나를 정해서 처음부터 끝까지 어떻게 했는지 말해보라고 했다. 기가 막힌 질문이었다. 역시 복이 많았다. 나는 하나로 샴푸 이야기를 했다. '컨셉은 내가 먼저 정했지만 제품은 두 경쟁사에서 먼저 나왔다. 빠른 것은 1년 먼저, 그 다음이 6개월 먼저 나왔기 때문에 세 번째로 들어온 입장에서 나는 이 두 경쟁사를 이용하는 전략을 짰다. 브랜드 네임을 보호받을 수 있도록 바로 상표등록을 했고, 컨셉 테스트, 홈 유즈 테스트^{HUT}, 애드버타이징 테스트를 모두 한 뒤 출시해서 6개월 만에 시장을 석권하고 1위로 올라갔다. 모두 나의 전략에 의해 이렇게 할 수 있었다….' 이런 내용을 거의 1시간 동안 영어로 거침없이 이야기했다.

이야기를 다 들은 한국 로슈의 리버헤어 사장이 '연봉은 얼마를 원하는가?'라고 물었다. 그래서 내가 원하는 액수를 말했더니 입을 딱 벌리고 하마처럼 닫지를 못했다.

"그것은 내 월급이오."

그래서 내가 말했다. "사장님 연봉이 얼마인지는 관심 없고, 제가 받아야 할 자격이 그 금액이라고 생각합니다. 예산이 부족해서 줄 수 없다면 값싼 사람을 찾아보십시오."

그랬더니 리버헤어 사장 얼굴이 벌게졌다. "그런 오만한 소리가 어디 있소?"

"사실입니다. 저 오만하지 않습니다. 저 비싼 사람입니다. 월급 싼 사람들은 굉장히 많고, 제가 소개시켜 드릴 수도 있습니다."

리버헤어 사장은 엄청나게 화가 나 있었다. 그러자 옆에 앉은 내 직속 상사가 될 사람이 그를 툭툭 치면서 더 이상 말을 못하게 막고는 내게 계속하라고 했다. 그러면서 "당신은 충분히 그 정도 받을 수 있을 것 같소. 그럼 로슈에 와서는 어떻게 하시겠소?"라고 물었다.

나는 아주 자신감 있게 대답했다. "가서는 제가 알아서 할 테니 걱정 마십시오. 저는 마케팅의 귀재입니다."

"당신은 약에 대해서는 잘 모르지 않소."

"저는 제품에 대해서만 모를 뿐이지 마케팅에 대해서는 잘 압니다. 그러니 그건 걱정하지 마십시오."

결국 나는 최종적으로 합격했다.

왜 로슈에서는 2년 동안 적임자를 못 뽑았을까? 적임자가 없다는 것이었다. 아니 얼마나 사람이 많은데 적임자가 없다는 말인가. 필요한 능력이 소위 약을 잘 아는 사람이었을까? 아니었다. 마케팅 이론에 도가 튼 사람이었을까? 역시 아니었다. 그들이 말하는 자질은 바로 자신감이었다. 인터뷰할 때 로슈의 사장은 지금까지 2년간 적어도 30~40명은 인터뷰했지만 마음에 드는 사람이 한 명도 없었다고 했다. 대한민국에서 마케팅 잘하는 사람들은 다 봤다는 말인데, 마케팅 지식이야 둘째 가라면 서러운 사람들이고, 출신이나 학벌도 빠질 것이 없었을 것이다. 그런데도 많은 사람들이 소위 '퇴짜'를 맞은 이유를 분석해본다면 바로 자신감이었다. 자신감은 그렇게 여러 번 내 인생의 결정적인 전환점turning point을 만들어주었다.

당당하게 도전하면
용기는 저절로 생긴다

애경에 있을 때 굉장히 해박하면서도 까다로운 이사님이 계셨다. 그는 일단 결재서류를 들고 가면 결재서류의 내용보다 먼저 더 큰 것을 봤다. 예를 들면 얼마나 자신감 있는가, 얼마나 확신에 차 있는가, 그리고 얼마나 내용에 통달하고 있는가 이런 것들이었다.

처음에 그것을 몰랐던 나는 결재를 받으러 가면 나름대로 설명을 잘한 것 같은데, 결재는 안 해주고 토씨 하나 틀린 것을 가지고 서류를 막 집어던지기에, 날 미워하는 줄 알고 그분 앞에는 가기가 싫었다. 결재는 받아야 되는데 가기는 싫고, 그래서 지금 애경유화 부회장으로 있는 당시 부규환 과장에게 당신이 사인했으니까 가서 결재도 받아달라고 부탁을 했다.

그런데 부규환 과장은 가더니 정말 5분도 안 돼서 사인을 받아왔다. 그것도 토씨 하나 안 고치고 그대로 받아왔다. 어떻게 그렇게 빨리 받았을까 너무 신기해서 그 비결을 물어봤더니 굉장히 대답이 간단했다. "바로 해주던데, 뭘."

부규환 과장은 가서 설명도 많이 안 하고 이렇게 당당히 이야기했다고 한다. "이거 아무런 하자도 없는데 왜 결재 안 하셨어요? 빨리 해주셔야 움직입니다." 이사는 그 얼굴 표정에서 서류를 안 봐도 사인할 만하다고 읽은 것이다.

그때 나는 누구한테 뭔가를 보여줄 때는, 안 보여주면 모를까 큰소리치면서 아주 당당하게 내가 진짜 전문가라는 태도를 보이는 것이 무엇보다 중요하며, 또 실제로도 그래야 상대방이 옴짝달싹 못한다는 것을 배웠다. 여기에 '만일 질문을 잘못하면 나한테 망신을 당할 것'이라는 위압감까지 풍길 수 있으면 더욱 효과적이며, 굉장히 프로페셔널하고 자신감 넘치고 그 분야의 왕자 같은 표정만 지어도 상대방은 이미 얼거나 신뢰를 갖는다.

상대방이 괜히 엉뚱한 질문을 하면 망신당할까봐 아예 질문도 못하게 만드는 정도의 권위를 그 분야에서 가지고 있으면 최고이고, 이것은 결재뿐만 아니라 우리 삶에서도 마찬가지라는 생각을 했다.

나도 처음에는 이사가 집어던진 서류를 줍느라 정신없었고, 이사는 그런 나를 뒤에서 패고 다녔지만, 눈 부릅뜨고 큰소리 뻥뻥 치는 사람은 똑같은 사안을 갖고도 결재해준다는 사실을 부규환 과장에게 배운 뒤부터는 굉장히 당당해졌다.

사람 관계도 대개 이와 같다. 무섭다고 피해버리거나 눈도 마주치지 않으려고 하면 이미 그 사람한테 진다. 나는 이런 사실을 알고는 나중에는 미리 연습까지 해갔다. 그 다음부터는 그 이사가 결국 나를 제일 좋아하게 됐다.

용기라는 것은 위험이나 두려움을 무릅쓰고 무언가를 하는 것^{risk taking}이다. 두려워도 한번 해보고, 한번 또 해보면 '아하, 이쯤이야' 하면서 몸에 체화가 된다.

아주 쉬운 예로, 윗사람일수록 핸드폰으로 엄청나게 전화가 많이 올 것 같아서 나까지 전화를 하면 안 된다고 생각하지만 사실은 반대다. 오히려 핸드폰 잘 안 울린다. 누구나 그렇게 생각하기 때문이다. 그런데 우리는 지레 겁을 먹고 할 말이 있어도 전화를 안 한다. 그래서 혼자 틀린 상상을 하면서 아무것도 못하고 있다가 중요한 일을 그르치게 된다. 큰일이건 작은 일이건 일단 부딪혀야 한다. 내가 부딪혀서 해봤지만 저쪽에서 아니라고 하면 그때 그만두면 된다. 그래서 일을 성취해내는 데 있어서 용기는 매우 중요하다.

Positive Thinking

지금 할 수 없으면
영원히 할 수 없다

처음에 애경의 장영신 회장이 골프를 하라고 했을 때 '아니 회장님이 나를 약 올리나. 한 손밖에 없는 사람한테 골프를 하라니'라면서 당연히 골프는 안 된다고 생각했다. 그런데 장영신 회장은 나를 더 이상 꼼짝 못하게 하는 말을 했다.

"다른 사람에게는 이런 소리 못하겠는데 당신에게는 할 수 있어. 당신이라면 해낼 거야."

그러면서 바로 선배 중역에게 전화해서 골프화, 골프채 등 장비 일체를 사주라고 하면서 3개월 뒤에 머리를 얹을 수 있게 하라고 했다. 물론 그때는 골프를 어떻게 치는지도 전혀 모르고, '머리를 얹는다'는 말이 무슨 의미인지도 몰랐지만, '너라면 해낼 것'이라는 말이 계속 머릿속을 떠다녔다. 나는 회장님이 하신 말씀이 무서워 스스로 이렇게 생

CHAPTER 01

각했다.

'지금은 할 수 없지만 할 수 있다고 생각하자. 지금 할 수 있다고 생각하지 않으면 난 영원히 골프를 못 칠 거야.'

그래서 새벽에 나가서 1시간 연습하고, 퇴근해서 다시 1시간, 그리고 저녁밥 먹고 또 1시간을 연습했다. 이렇게 하루에 3시간씩 꾸준히 연습하니 세 달 뒤에 놀라운 일이 일어났다. 머리 얹는 날 100대 초반을 치는 사람은 거의 없다는데 나는 9번 채 하나만 가지고 103개를 쳤다. 그때 만일 내가 '할 수 있다'고 생각하지 않았으면 어땠을까?

팔을 다치고 나서 육군 소위로 제대해서 대학에 다시 들어갔는데 왼손으로 글씨 쓰기가 너무 힘들고 짜증스러웠다. 그때 '다리를 다쳤으면 글씨 쓰는 데 전혀 지장이 없었을 텐데 하필 손을 다쳤을까' 하는 원망스러운 생각이 들었다. 그런데 다리가 불편한 사람들을 보면, 다리를 다쳤다면 불이라도 났을 때 도망가기 어려우니 다리를 다치지 않은 것이 천만다행이라는 생각이 들었다. 그러다가 또 글씨가 잘 안 써져서 짜증이 나면 왼손이 다치지 왜 오른손이 다쳤을까 원망스럽기도 했다.

요새는 만일 왼손이 다쳤으면 큰일 날 뻔했다는 생각을 한다. 그 좋아하는 골프를 못 쳤을 테니 말이다. 다행히 오른손을 다쳤기 때문에 골프를 치게 돼서 주말을 즐겁게 보낼 수 있게 됐다. 정말 '인생 새옹지마'임에 틀림없다.

하지만 바쁘게 살다 보면 사실 오른손이 다쳤는지 왼손이 다쳤는지 심지어 내가 다친 사람인지 생각할 겨를조차 없다. 언젠가 한 방송사에서 인터뷰를 하는데 다쳤다는 생각을 할 틈이 어디 있냐고 했더니 인터뷰어가 막 웃은 적이 있다. 이렇게 '할 수 없을 것 같아도 할 수 있다고 생각하는' 적극적이고 도전적인 삶의 자세는 마케팅의 성과를 바꾸는 것은 물론이고, 사람의 운명까지도 바꾼다.

간절히 원하고,
해내지 않고는 잠들지 말라

애경에서 다이알로 회사를 막 옮겼을 때의 일이다. 첫 출근을 했는데, 그날이 마침 광고제작 설명회를 하는 날이었다. 이미 광고 스토리보드는 물론이고, 광고제작 바로 전 단계까지 모두 마친 뒤 미국 본사의 승인까지 받아놓은 상태였다. 중국계 말레이시아 사람인 태생탄 사장이 광고제작 회의에 들어오라고 해서 첫 출근 한 날 바로 광고제작회의에 들어갔다.

그런데 광고 스토리에 '향기 좋고 오래 쓰는 비누' 이런 말들이 잔뜩 들어간 것이 어디서 많이 본 스토리였다. 생각해보니 바로 내가 비놀리아 비누 브랜드 매니저 할 때 썼던 그 카피 그대로다. 게다가 내가 알기로 다이알 비누에서 가장 핵심 단어는 항균$^{killing\ germ}$인데, 정작 중요한 이 단어는 한마디도 언급되지 않았다. 그래서 내가 질문을 했다.

"저게 비놀리아 비누와 차이가 뭡니까?"

대답을 못하고 머뭇거리기에 조심스럽게 태생탄 사장한테 말했다.

"이거 오늘 광고제작 회의 해야 됩니까?"

"이미 미국 본사에서 스토리보드가 승인이 났습니다."

"저는 승인할 수 없습니다."

그러자 사장은 자기가 승인을 했고, 미국에서도 승인을 했는데, 오늘 온 마케팅 디렉터가 첫 출근 해서 오자마자 승인할 수 없다고 하니까 깜짝 놀랐다. 그리고 더 놀란 사람들은 바로 광고대행사 사람들이었다. "무슨 소리야. 승인 다 났다는데…"라고 하면서 외국인 크리에이티브 디렉터를 포함해 AE 모두가 웅성웅성 술렁대기 시작했다.

"승인 못하는 이유가 있습니다. 차별화가 안 됩니다. 그리고 다이알 고유의 헤리티지|heritage, 전통적으로 물려 내려오는 브랜드 고유의 유산|가 없습니다."

그러자 광고대행사 AE 하나가 대답했다.

"아, 잘 모르시는군요. 우리나라는 법적으로 공산품에 '항균'과 같은 용어를 못 쓰게 되어 있습니다."

그러면서 법 조항을 가져다 펼쳐서 그 부분을 탁탁 치면서 보여 줬다.

"보세요. 그래서 이걸 피하려고 '향기 좋고 오래 쓰는 비누|last long, nice fragrance' 이런 식으로 가는 겁니다."

"아닙니다. 그렇게 해서는 승인할 수 없습니다. 첫 번째 반드시 제품이 차별화되어야 하고, 두 번째 포지셔닝이 뚜렷해야 합니다. 고급 제품이냐, 밸류 포 머니$^{value\ for\ money}$ 제품이냐, 아니면 값싼 제품이냐 확실히 포지셔닝을 하지 않으면 안 됩니다."

그 용기도 가상했고, 굉장히 힘 있고 확신에 찬 목소리로 '승인할 수 없다'고 하니까, 가만히 듣고 있던 태생탄 사장은 처음에는 무척 당황했다. 하지만 곧 제대로 마케팅 중역을 뽑았다고 생각하고 있음을 눈빛에서 읽을 수 있었다.

"미스터 태생탄, 지금부터 제가 이 회사의 마케팅 디렉터입니다. 마케팅 전 과정이 제 지휘 하에 진행되어야 합니다."

"그럼 미국에서 승인받은 광고는 어떻게 합니까?"

"그것도 제가 프로세스를 다시 밟겠습니다."

그러면서 나는 태생탄 사장의 표정을 봤다. 너무너무 좋아했다.

나는 미국 본사에 편지를 보냈다.

'항균 비누가 지금까지 미국에서 써왔던 다이알 비누의 헤리티지고, 패키지에도 그렇게 쓰여 있는데 법 때문에 이것을 없앨 수 없다.'

그러자 미국에서 답변이 왔다.

'한국에는 반미정서가 있는데, 광고 내보낸 다음 슈퍼에 있는 다이알 비누 다 걷어버리라고 하면 어떻게 하겠는가. 그때는 누가, 어떤 방식으로 책임을 지는가.'

그래서 태생탄 사장과 상의한 뒤 미국 본사에 이야기를 했다.

'그로 인해서 절대로 당신들에게 책임이 돌아가지 않는다. 당신들은 외국인이고 나는 한국인이니, 책임을 져도 내가 진다. 모두 내가 했다고 하라. 그러면 내가 이야기할 것이다.'

그 말에 모두들 안심을 했다.

그 다음 항균 효과에 관해 몇 십 년 동안 조사하고 테스트한 엄청난 양의 자료들을 가져다 전부 번역했다. 그리고 화학실험연구소에서 럭스 비누, 아이보리 비누, 다이알 비누를 가지고 실제로 어떤 것이 세균을 죽이는지 실험을 했다. 다이알 비누는 99퍼센트가 나왔다. 다른 제품들은 90퍼센트 정도로 항균 효과에서 다이알 비누에 훨씬 못 미쳤다. 세균을 씻어주는 것도 압도적으로 다이알 비누가 높았다.

우리나라 사람들은 공신력 있는 자료를 좋아하니까 화학실험연구소 연구결과와 번역한 자료를 산더미처럼 쌓아놓고 광고 스토리보드를 다시 제작했다. 그 다음, 허가를 안 내주려는 코바코|kobaco, 한국방송광고공사|를 설득해서 결국 '항균'이라는 단어를 쓸 수 있었다.

그래서 잊을 수 없는 CM송 "비누가 세균을 없애줘, 다이알 플러스~"라는 노래와 함께 그때부터 '세균'이라는 용어를 공산품에도 비공식적으로 사용하기 시작했다.

만일 그때 그냥 포기하고 적당히 타협했으면 아마도 다이알 비누는 고유한 포지셔닝을 할 수 없었고, 따라서 그렇게 성공을 거두지도 못했을 것이다.

항균 비누라는 독특한 포지셔닝을 할 수 있었던 것은 당시 나의 일에 대한 열정과 미국을 이기겠다는 오기 때문이었다. 사실 우리는 대개가 먼저 안 된다고 이야기하고, 또 그런 열정을 스스로 죽여버린다. 귀찮으니까 그러고 싶은지도 모르지만, 그래서는 안 된다. 반드시 문제를 해결하려는 열정과 실행력을 가져야 하는데, 열정은커녕 왜 열정을 가져야 하는지조차 모르는 경우가 많다.

다이알에서도 마찬가지다. 법이 항균이라는 용어는 못 쓰게 한다고 그냥 죽 흘러갔던 것이다. 대세 흐름에 지장이 없고 정말 나쁜 것이 아니라면 마케팅에서는 법도 잘 활용하고 응용해야 한다.

정말 간절히 원하고, 진심으로 하고자 한다면 그에 따른 창의적인 방법들이 나온다. 그러나 열정이 없다면 크리에이티브는 나오지 않는다. 이미 마음속에서 포기를 해버렸는데 무슨 크리에이티브가 나오겠는가.

마케팅을 공부하러 대학원에 다닐 때 가끔 윗분들이 저녁때만 되면 나에게 일거리를 줘서 퇴근을 못하게 했다. 그러나 나는 대학원 수업이 끝난 뒤 밤을 새워 일해서 이상 없이 일을 끝마쳤다. 목표를 이루기 위해서는 밤을 새울 수밖에 없었다.

하루는 퇴근을 하려는데 부장이 30페이지가 넘는 영문서류를 주면서 내일까지 번역을 해오라고 시켰다. 30페이지면 내 글씨 쓰는 속도로는 베끼기만 해도 하루가 꼬박 걸리는 적지 않은 양인데, 하룻밤만에 번역을 해오라니 난감하기만 했다. 하지만 나는 아이디어를 내서 아내를 옆에 앉힌 뒤 나는 부르고 아내는 받아 적게 해서 무사히 번역을 마칠 수 있었다.

다음날 아침 일찍 출근해서 부장 책상에 영문 자료와 국문 자료를 갖다놓고 잠시 화장실에 다녀오니, 부장이 나를 불러서 이게 어찌된 일이냐고 묻기에 밤새워 번역했다고 대답했다. 그러자 부장은 내 글씨체가 아니라고 의심의 눈초리를 보냈고, 밤새 나는 부르고 아내는 받아 적어서 일을 마칠 수 있었다고 자초지종을 설명했다. 그때 부장이 아주 감동을 했다. 나는 부장의 표정에서 '너처럼 열정적인 직원은 내가 어떤 일이 있어도 키워줄게'라는 마음을 읽을 수 있었고, 그해 말에 부장은 나에게 인사고과에서 A를 줬다. 그때 받은 A는 내가 승진을 하는 데 결정적인 요인이 됐다.

KTF 마케팅 전략 수장으로 옮길 때도 그 많은 경쟁자를 제치고 내가 뽑힌 이유가 뭘까 생각해봤다. 사실 객관적으로 보면 나를 뽑을 이유가 전혀 없었다. 나의 약점만 따져봐도, IT에 전혀 경력이 노출되지 않았고, 쟁쟁한 유학파들 가운데서 두드러진 학벌이 아니었으며, 내로라하는 굴지의 대기업에서 근무한 경력도 없었다. 그리고 핸드폰 분야의 경험도 없었고, 엎친 데 덮친 격으로 손도 하나 없었으며, 게다가 충청도 청양 시골 출신이었으니 아무리 찾아봐도 사장님의 시선을 끌 만한 사실이 별로 없었다. 하지만 그 답은 아마도 내가 인터뷰 과정에서 보여준 당당함, 열정, 자신감 그리고 전혀 손 잃은 사람 같지 않은 표정에 있지 않았을까.

면접 장소에서 골프를 어떻게 치는지 골프 시범까지 보였다. 그 유유자적함, 여유, 즉 약점을 약점으로 남겨두지 않고 오히려 화려한 강점으로 부각시킨 점이 통한 것이다. 내가 골프를 한 손으로 평균 87을 친다고 하자 지금은 국회의원이 된 당시 KTF 이용경 사장은 깜짝 놀랐다.

"우와, 한 손으로 87을 쳐요?"

"네."

더 이상 다른 이야기가 필요 없었다. 대단한 노력파, 지독한 성실파, 집념 있는 사람, 의지가 강한 사람 등 그 순간 손이 하나 없다는 큰 약점이 강점으로 미화되어 버린 것이다. 그리고 자기 자신과 비교하면서 '내가 그 입장이었다면 과연 저렇게 할 수 있었을까. 정말 대단한 사람이다'라고 점수를 더 주었을 것이다. 그들이 인터뷰했던 사람들 모두 KTF에 대한 지식은 비슷비슷할 것이고, 그렇다면 저런 지독한 사람을 뽑는 것이 오히려 회사의 난관을 극복하는 데 적임이라고 판단하지 않았을까 싶다.

노출된 약점은 이미 약점이 아니다. 극복책을 세우기에 따라서, 협상의 기술을 발휘하기에 따라서 우리가 일반적으로 생각하는 약점을 오히려 커다란 강점으로 승화시킬 수 있다. 그 열쇠가 바로 열정이다.

면접을 보던 날 오히려 당황했던 사람들은 사장 옆에 있었던 전무 두 명이었다. '저 사람 오면 시끄럽겠다, 시달리겠다' 이런 생각을 한다는 것을 그 다음 질문에서 알 수 있었다.

"리더십은 어떻게 발휘하겠습니까?"

"리더십에 관해서는 직원들 가슴에 활활 타오르는 불을 지피면 된다고 봅니다. 불쏘시개를 마련해서 불을 활활 지피는 조직은 절대로 죽지 않습니다."

자신감이 넘치니까 나중에 헤드헌터를 통해서 들은 인터뷰 결과에 균형 감각이 조금 부족하다는 코멘트가 있었다. 자신감 넘치는 사람한테는 쉬운 말로 '무게가 덜한 것 같다. 균형 감각이 덜한 것 같다'고 하는데 거기서도 똑같았다. 두 명의 전무 중 한쪽은 리더십을 물어봤고, 다른 쪽은 균형감각에 대한 것을 물어봤던 것이다.

그러나 결론은 그것까지 포함해서 나에게는 다른 사람들이 갖지 않은 뭔가가 있었고, 그래서 당시 이용경 사장은 나를 선택했던 것이다. 만약 나에게 다른 지원자들보다 더 많은 것이 있었다면 바로 '열정'이었다고 나는 생각한다.

Attitude

실행력이
곧 능력이다

Adhesive | Goal | Change | Execution | Curiosity | Challenge | Cope with Deficiency | Sincerity | Sense of Achievement | Ownership |

Strict | Sense of Humor | Faithful | Honesty | Combative | Detail | Loyalty | Mind Innovation | Coaching

안 된다고 미리부터 결론 내리지 말라

화장품 성분 중 레티놀은 피부에 바르면 주름 사이에 침투해 주름을 불려줘 피부가 탱탱해 보이는 효과가 난다. 이 레티놀 성분이 한때 선풍적인 인기를 끌면서 모든 화장품 회사가 레티놀 제품을 출시했다.

애경에서도 역시 레티놀 제품이 나왔었는데, 한번은 '시민사회모임에서 조사한 결과 각 화장품 회사들이 저급의 레티놀을 사용하고, 그 양마저 허위로 표기한다'는 보도가 9시 뉴스에 나간다는 정보를 입수했다.

언론보도는 한번 잘못 나가면 아무리 사과보도나 정정보도를 해도 수습할 길이 없으므로 보도가 나가기 전에 수습하는 것이 가장 좋은 방법이다. 나는 그 소식을 듣자마자 부리나케 지금은 CHD메딕스의 사장으로 있는 당시 서충석 전무를 모시고 튀어 나갔다. "뉴스가 나가면 회사가 큰일이라는 걸 알면서 차장이고, 전무고, 다들 그냥 있으면 어떡해. 빨리 따라와라." 그래서 서충석 전무를 모시고 KBS, SBS, MBC를 모두 돌아다녔다.

그런데 권위주의가 심한 KBS가 가장 문제였다. KBS에 도착했을 때 마침 앵커가 생방송을 준비하러 원고를 들고 들어가는 길이었다. 나는 앵커를 붙들고 그 보도가 잘못됐다고 분명히 이야기했으나, 앵커는 이미 때가 늦어 자신이 고칠 수 있는 상황이 아니라고만 했다.

"그런 게 어디 있습니까. 아닌데 그대로 보도하면 어떻게 합니까. 사람이 하는 일인데 못 바꾼다는 게 말이 됩니까."

"안 됩니다. 뉴스는 못 고칩니다."

"고치나 못 고치나 한번 봅시다."

KBS에서는 도저히 말이 먹히지 않았다. 꿈쩍도 안 했고, 아예 사람을 만나려고조차 안 했다. 담당자나 권위 있는 사람은 그런 일이라면 아예 만나주지도 않겠다고 했다. 담당 과학부 기자는 물론이고, 어느 누구도 만나주려고 하지 않는데 이거 안 되겠다 싶었다.

보도국장만이 고쳐줄 수 있을 것이라고 생각했다. 당시 보도국장이 지금의 류근찬 국회의원이었는데, 무조건 보도국장실로 들어갔다. 그 당시 책임자인 류근찬 국장은 단호하게 말했다.

"말도 안 됩니다. 뉴스는 못 고칩니다."

"못 고치는 게 어디 있습니까. 만일 이것이 보도되었을 때 기업이 입는 타격을 생각해보셨습니까. 그리고 만일 이 제품이 잘못 테스트돼서 레티놀 성분이 들어 있고 효과도 있다고 밝혀지면 그때는 어떻게 하시겠습니까? 이미 보도는 나갔고 그 다음은 사람들이 불매운동을 벌이기 시작할 텐데, 이렇게 되면 국장님 입으로 인해서 기업이 한순간에 엄청난 타격을 입습니다. 우리가 망하면 책임지시겠습니까. 무엇보다도 레티놀이 들어 있으면 어떻게 하시겠습니까."

이렇게 말하니 보도국장도 수긍을 하는 것 같았다. 그래서 내가 마지막으로 쐐기를 박았다. "만일 레티놀이 들어 있으면 큰일 아닙니까. 정말 이로 인해서 만약 우리 회사가 사기회사라고 낙인찍히고, 제품 전체의 불매운동이 벌어져서는 안 됩니다. 그러니 이 기사를 고쳐주십시오."

그러자 류근찬 국장이 명판정을 냈다. "시민의 모임에서 발표한 내용을 우리가 발표를 안 할 수는 없습니다. 단, '애경에서는 이렇게 주장한다'라고 보도하겠습니다."

"바로 그겁니다. '시민의 모임 주장은 이렇고, 애경의 주장은 이렇다. 즉 레티놀이라는 성분이 원래 시간이 지나면 날아갈 수 있으니 한 군데에서 그리고 샘플 하나만 가지고 테스트해서 결론을 내릴 것은 아니라고 한다'라고 보도해주십시오."

그래서 뉴스를 고쳤다. 그 시간이 9시 뉴스 시작할 시간으로, 모든 준비가 7시 이전에 다 끝난다는데 뉴스의 내용을 정정해서 내보냈다.

거기에서 놀란 것은 경영진들이었다. 장영신 회장도 놀랐지만, 제일 놀란 사람은 엉겁결에 따라왔던 서충석 전무였다. 입구에서부터 안 들여보내주는데도, 온갖 엄포와 심지어는 만약 이렇게 나가면 광고를 중단하겠다는 소리까지 하면서 그곳을 뛰어 들어가서 일처리를 하는 것을 보고 대단하다고 탄복을 했다.

류근찬 국장도 똑같은 이야기를 했다. KBS 입사 이래 나처럼 그렇게 자기 일에 집중하는 사람은 처음 봤다고 했다.

그런데 레티놀 검사를 다시 해보니 진짜 많은 제품에서 효과가 없었다. 그래서 나중에 류근찬 국장에게 전화를 했다. "죄송합니다. 다시 조사해보니까 우리 제품에는 레티놀 효과가 많이 없다고 합니다." 그리고 제품을 전량 수거해서 폐기해버렸다.

그러나 나중에 중요한 것은 '애경의 마케팅 상무이사의 주장은 이렇다'라는 말을 해야 '아하, 테스트는 다를 수도 있겠구나. 어느 기관에서 하느냐에 따라서 테스트 결과가 다를 수 있구나'라고 시청자들에게 인식시킬 수 있었던 사실이다.

물론 레티놀은 시간이 지나면 효과가 없어지는 것이 사실이다. 비타민 성분이라 녹아버린다고 한다. 그러나 어느 지역에서 몇 년 지났는지 모를 샘플 하나가 모든 것을 다 대변할 수는 없다. 그 샘플이 그런 것이지 다른 것도 그렇다는 것은 아니라는 이야기다.

즉, 설득력이 있어야 된다. 논리가 있어야지 억지를 써서는 안 된다. 첫째, 효과가 없다고 했는데, 그 진의는 누구도 알 수 없다. 시민의 모임에서 테스트한 사람만이 알 수 있다. 그러면 왜 테스트만 믿고 이쪽의 말은 안 믿느냐는 이야기가 된다.

둘째, 테스트한 샘플이 3년 지난 샘플인지 2년 지난 샘플인지 어제 만들어진 샘플인지 모르면서 전체를 대변하게 할 수는 없다. 언제 어디에 있던 제품인지 밝히지도 않고 무조건 레티놀이 효과가 없다고 해서는 안 된다. 더욱이 보도에 제일 먼저 나온 것이 애경이었다.

셋째, 만일 보도가 사실이 아닐 경우 이미 뉴스는 나갔고 자칫 삼양라면 사건처럼 되지 않는다고 장담할 수 없다. 삼양라면은 우지 파동 때문에 너무 억울함을 당했다. 비누에도 우지를 사용하기 때문에 잘 아는데, 공업용 우지가 따로 있고 식용 우지가 따로 있는 것이 아니다. 다만 정제한 순도에 따라서 정제 등급이 다를 뿐이다.

우지는 단지 소기름일 뿐인데 어느 정도로 깨끗하게 정제를 잘했느냐 이 차이는 있어도 '못 먹는 소기름'이라는 용어는 말이 안 된다. 그런데 마치 공업용 우지라고 표현함으로써 삼양라면은 그동안 쌓아놓은 신뢰와 명성, 또 1등 브랜드로서의 프라이드가 완전히 망가졌다. 무엇보다도 치욕스러운 것은 '기계에나 쓰는 공업용 우지를 먹는 음식에 넣었다'는 식품회사로서의 오명이었다.

그래서 법정까지 가서 끝까지 싸워 결국 삼양라면의 공업용 우지 파동은 '법적으로 아무런 잘못이 없고 삼양라면이 제대로 일을 했다'고 대법원 판결이 났지만, 이미 소비자들은 삼양라면을 외면한 지 오래였다.

나는 이 일을 겪으면서 안 된다고 미리 결론을 내놓고 시작하는 것은 참으로 위험하다는 사실을 절실히 깨달았다. '된다'는 확신을 가지고 뛰어드는 것이 무엇보다 중요하다. 그래야 가능성이 있다. 최소한 밑져야 본전이다.

*G*oal

어정쩡한 결과는
어정쩡한 목표에서 나온다

나는 여태껏 한번도 포기할까 그대로 추진할까를 두고 고민해본 적이 없다. 꼭 하고 싶은 일이거나 반드시 해야 할 일이라면 단 한 가지 선택 밖에는 하지 않았다.

'반드시 해낸다!'

'무슨 일이 있어도 성취하겠다'는 목표를 분명히 하고, 목표를 이루기 위한 다양하고 효과적인 방법들을 선택했다. 성취하겠다는 의지가 강하면 결국 창의적인 방법들이 생각날 수밖에 없다.

나에게는 아주 중요한 3C가 있다. 우선 지금 현재 상태에서 더 나은 쪽으로 발전하기 위한 변화Change다. 또 변하려고 노력하다 보면 도전Challenge을 안 할 수 없다. 도전을 해야 하는데, 이 도전을 효율적으로 성취하기 위해서는 반드시 창의력Creative이 필요하다. 삶의 공식은 거의 같다고 본다. 그러나 경험상 이들에 앞서 무엇보다 중요한 것은 성취하고자 하는 의지Willingness다. 성취하려고 하지 않는데 성취할 수 있는 것은 없다. 나는 뭐가 될 것이라는 뚜렷한 목표의식을 가진 것만으로도 90퍼센트 성공했다고 본다. 나머지 10퍼센트는 그 목표를 위해 얼마나 많은 노력을 하느냐의 차이다.

어렸을 때부터 내 꿈은 장군이었다. 8남매 중 다섯 째였지만 맏형보다 머리 하나가 더 컸던 나는 골목대장이었던 어린시절부터 학생회장으로 리더십을 발휘하던 고등학교 때까지 장군이 되겠다는 꿈을 한번도 버린 적이 없었다. 그런데 군대에서 갑작스러운 사고로 한 손을 잃으면서 한순간에 꿈이 사라졌다. 농사를 짓던 우리 집은 아버지도 형제들도 나를 전적으로 도와줄 만큼 부유하지 못했다. 그런데 내 인생 최대의 위기의 순간에 아내가 나를 구해줬다. 나만 사랑하고 위해주는 사람이 나를 믿고 내 곁에 남아준 것이다.

'이 사람을 행복하게 해주자.'

당시 내 삶의 가장 큰 목표는 그녀였다. 그리고 좋은 쪽으로 아주 많이 유명해지겠다고 결심했다.

'그녀를 위해 열심히 살아야 한다.'

이것이 내 삶의 목표였다. 어떻게 살 것이냐, 얼마나 노력할 것이냐는 오로지 목표를 이루기 위해 무엇을 할 것인가에 달려 있었다. 어영부영 살 수 없었다. 그래서 결혼할 때 아내에게 이렇게 이야기했다.

"내가 마흔 살 될 때까지만 참아주시오. 늦게 들어오거나 안 들어올 때도 많을 것이고, 함께 있어주지 못할 때도 많을 것이오. 하지만 아무리 힘들어도 의심하거나 원망하지 마시오. 대신 언제든지 사무실에 들러서 날 보고 가도 되오. 마흔 살 이전에는 반드시 경제적으로, 정신적으로, 육체적으로 편하게 해주겠으니 믿으시오."

사람들이 내 오른손만 쳐다볼 때도, 아무리 괴롭고 힘든 상황에 처해도 나를 지켰던 힘은 이 분명한 목표였다. 어려운 일이 닥칠 때마다 속으로 이렇게 생각했다. '이런 사소한 일에 신경 쓸 겨를이 없다. 목표가 저기 있으니까 나는 뛰어야만 한다.'

이렇게 생각하니 자투리 시간도 헛되게 쓸 수 없었고, 의미 없는 일들에 에너지를 낭비할 틈도 없었다. 이처럼 오로지 한 가지 목표를 향해 노력하다 보니 만으로 서른다섯 어린 나이에 마케팅 중역이 됐고, 계획보다 5년이나 앞당겨 경제적 안락함과 심리적 성취감을 모두 다 아내에게 선물할 수 있었다.

KTF 대전 본부장 전무 시절이었다. 내 핵심 참모로서 아주 유능한 마케팅 기획팀장이었던 이기환 팀장이 대리점 사장을 하겠다고 회사를 퇴직했다. 퇴직한다고 했을 때 '자네처럼 유능한 인재는 이 회사에서 중역이 돼서 회사발전을 위해 일해야 된다'고 붙잡았지만, 나가서 사장이 돼서 돈을 벌겠다는 목표와 의지가 단호했다. 어떻게 할지 구체적인 실행계획까지 상세하게 세워놓았다. 지금까지 쌓아온 경력 등 모든 것을 종합해봤을 때 자기를 따라갈 사람은 대한민국에는 없으며, 대리점 경영에서 일인자가 될 자신이 있다고 말하는데 잡을 수가 없었다. 잘할 것으로 믿어 의심치 않았다. 그 당시 KTF 팀장 몇 명이 함께 나갔는데, 한 팀장은 판매를 시작도 안 했고, 다른 팀장은 드디어 몇 십 명의 가입자를 해냈다고 했다. 하지만 목표가 분명했던 이기환 사장은 한 달 보름 만에 4,500명의 가입자를 달성했다고 연락이 왔다. 역시 내 눈은 틀리지 않았다. 기대한 것보다 훨씬 더 잘해냈다.

이렇게 뚜렷한 목표를 가지고 계획을 세워서 도전하는 사람은 빨리 이루기도 하지만 창의적인 아이디어도 많이 생기게 돼 있다. 또 아이디어를 과감하게 행동으로 옮길 수 있는 힘도 그러한 목표에서 나온다. 이기환 사장처럼 주위에서 '난 무엇을 하겠다, 혹은 무엇이 되겠다'는 뚜렷한 목표를 가진 사람들은 거의 모두가 성공을 했다. 간혹 뜻한 바를 완벽하게 이루지 못하더라도 적어도 중간은 넘게 성취해내는 모습을 수없이 목격했다.

심형래 감독의 영화 「디워$^{\text{D-War}}$」를 보고도 느낀 점이 참 많았다. 당시 KTF도 이 영화에 50억을 투자했지만, 스토리 전개나 내용 구성 면에서 보면 그렇게 잘된 영화라고는 평가하지 않았다. 평론가들 역시 나와 비슷한 생각인 것 같았다.

그런데 왜 이 영화가 성공했을까? 여러 가지 이유가 있겠지만 첫째는 심형래 감독 개인의 성공 스토리 때문이었을 것이다. 영구로 나와서 꼬맹이들이나 웃겼던 심형래가 엉뚱하게 영화감독을 한다고 「용가리」를 만들어 실패하고, 또다시 영화를 만들겠다고 목표를 세워서 도전했는데, 그 영화가 어떤지 보고 싶었을 것이다. 또 충무로에서는 보통 35억 들여 영화를 만드는데 그의 열 배를 더 들여서 만든 영화는 어떨까 하는 궁금증 또한 관객들을 자극하지 않았을까.

그리고 미국에서 한국 영화 최초로 1,700개 극장에서 개봉했다는데, 그 영화가 어떤지 소비자 입장에서는 궁금했을 것이다. 마지막으로는 영화를 본 사람들이 스토리는 별로 없는 것 같지만 순간순간 영화는 참 재미있었다고 하는데, 어떻게 재미있는지도 궁금했을 것 같다. 이러한 복합적인 요인 때문에 800만 관객을 삽시간에 모으지 않았을까 싶다.

그러나 무엇보다도 가장 큰 성공요인key success factor은 심형래 감독의 반드시 성공하겠다는 목표의식이었다. 「용가리」가 실패했을 때 사람들은 "역시 영구 영화야. 영화를 배우지도 않은 코미디언이 갑자기 무슨 영화야"라며 무시했지만, 심형래 감독은 위험을 감수할지라도 뚜렷한 목표를 세웠다.

'한국 영화 최초로 미국 시장에 진입하겠다!'

그리고 투자자를 모았다. KTF와 쇼박스 등등 300억을 모았던 것이다. 즉, 모든 것에 최우선으로 했던 것이 바로 '반드시 만들어내겠다'는 결심이었다. 마음을 먹으니까 돈을 모으게 되고, 돈이 모이니 컴퓨터 그래픽을 잘 만들 수 있었다. 그렇게 미국 전역에 뿌려지면서 애국심이라는 또 하나의 기대하지 않은 요소가 나왔고, 국민들로 하여금 도와줘야겠다는 동정심까지 일어나게 만들었다. 그러다 보니 모든 것이 다 도와준 것이다.

스토리가 엉성하다는 언론의 비판조차 사람들이 영화관을 찾도록 부추겼다. '스토리 엉성한 영화가 한두 개냐. 스티븐 스필버그 감독 영화는 뭐 스토리 있냐' '왜 스토리가 없는데 저렇게 재미있다고 그러는 거지? 어떻게 스토리가 없지?' 이러면서 사람들이 또 갔다. 결국 모든 것이 다 성공으로 연결됐다.

성공한 사람들을 가만 보면 그냥 있지 않는다. 현실에 절대 만족하지 못한다. 또 하나 더 하려고 하고, 더 좋은 것이 없나 찾아다닌다. 그렇게 끊임없이 목표를 세우고 달성한다. 정주영 회장은 '다른 사람들에게는 쓰레기로 보이는 것도 자신에게는 다 돈으로 보였다'고 말한 적이 있다. 즉, 목표의식이 있는 사람들한테는 돈이 보일 수밖에 없다.

오늘날 우리나라 조선소가 대호황이다. 세계에서 가장 큰 발주를 다 우리나라가 따내고 있다. 그게 다 목표의식이 강했던 정주영 회장 같은 사람들 덕이라고 본다. 사실상 허허벌판, 아무것도 없는 상태에서 이러한 위대한 업적을 이뤄낸 것이다.

변화는 두려운 것이 아니라
즐기고 창조하는 것

사람들은 내게 왜 자신이 위험을 떠안으면서까지 책임을 지려고 하는 지 참 무식하고 무모하다고 한다. '고통 없이는 얻는 것도 없다no pain no gain'는 말처럼 고통을 즐기면 대부분 그 대가로 하나를 반드시 얻는다. 그 쾌감을 아는 사람들은 나와 같은 성향을 이해하고, 그것을 모르는 사람들은 잘 이해하지 못한다. 그러다 보니까 보는 앵글에 따라서 나에 대한 평은 상당히 극과 극이다.

나는 안정적인 것을 아주 싫어한다. 내 성에 차지 않는다. 정 변 화가 없으면 책상이라도 돌려놓아서 변화를 주어야지, 그렇지 않으면 견딜 수가 없다. 그냥 있는 것은 아주 싫다. 뭔가 달라야 한다. 그러다 보니까 생활의 아주 사소한 부분에서도 변화를 즐기게 된다.

다양한 분야에서 마케팅을 했지만, 그때마다 헤드헌터가 오라니까 옮긴 것이 아니라, 내가 즐기기 위해서였다. 월급만 좇아다닌 것도 아니다. 애경으로 다시 돌아갈 때는 스카우트이긴 했지만 월급은 절반 이하로 줄여서 갔었다. 기준은 바로 변화였다.

즉, 나는 체화된 '변화 선호자' 또는 '변화 추종자'라고 할 수 있겠다. 그럼 도대체 그 저변에는 무엇이 있나 생각해보니, 새로운 것을 하고 싶다는 욕구였다. 이것이 마케팅이 딱 내 체질에 맞는 이유다. 총무 부서는 3년을 해도 5년을 해도 하는 일이 똑같다. 그런데 마케팅은 매 시간 다르고, 매일 다르고, 매주 다르고, 매달 다르고, 매년 다르다. 틀에 박힌 일이 아니라서 같은 일을 반복하는 경우가 거의 없다. 그러니까 나는 체질적으로 변화 없이는 살 수 없는 타고난 마케터인지도 모른다는 생각을 많이 했다.

변화를 좋아하는 사람들은 리스크 테이킹을 즐긴다. 위험을 떠안아야 쾌감을 느낀다. 쉬운 것은 아주 싫다. 하나로 샴푸는 시장 진입에 세 번째로 나와서도 성공했다. 왜냐하면 거기에서 쾌감을 느꼈기 때문이다. 변화가 두려운 일인 것 같지만, 사실 전혀 두려운 것이 못 된다. 체질적으로 변화를 즐기면 그렇게 즐거운 것도 없다. 실제로 쾌감이 있다.

대한상공회의소 마케팅연구회 회장으로 취임해서 첫 세미나를 할 때였다. 마케팅연구회 회장이라는 공식 타이틀을 달고 하는 것으로, 돈을 10만 원이나 내야 하는 유료 세미나였다. 여러 사람이 많이 도와줬지만 엄청나게 불안했다. 나에게 돈이 생기는 것도 아니고, 그렇다고 명성이 더 높아지는 것도 아니지만 나는 또 한 번 도전하고 싶었다.

속으로 150명을 계산했다. 온다고 확답을 한 사람들을 감안하고 봤을 때 150명을 예상했는데, 결과는 340명이 밀려왔다. 그때 생각한 것이 '나 혼자는 절대 못한다. 조직과 시스템을 이용해라. 그리고 어디에 자연스럽게 편승해라'였다. 그러니까 내가 다 할 수는 없고 아웃소싱만 된다면 그것이 최상이다.

우선 광고를 아웃소싱하자. 당시 내 저서의 제목이 『대한민국 일등상품 마케팅전략』이었는데, '일등상품 마케팅전략'이라는 타이틀을 걸면 자연스럽게 내 책을 연결시킬 수 있고, 출판사도 활용할 수 있다. 출판사는 어차피 책 광고를 하니까 거기에 '일등상품 마케팅전략 세미나'에 대한 내용만 넣으면 책과 세미나가 자연스럽게 시너지 효과를 낼 수 있다. 나중에 참석자 리스트를 보니까 그 광고가 내가 예측했던 인원에 또 다른 150명을 더 끌어왔다.

두 번째는 사람들에게 영수증 떼어주고, 호텔 예약하고, 또 당일에 호텔과 세부적인 사항들을 조율하는 것을 회장인 내가 직접 할 수는 없으니까 이것도 회장으로서 일을 잘 시키면 된다. 그 일도 출판사를 활용했다.

즉, 무리해서 약점을 보완하는 대신 강점을 살리기로 한 것이다. 지금 가지고 있는 강점을 살리면 1등을 하지만, 약점은 보완해도 2등이다. 그래서 내가 갖지 않은 강점을 다른 사람을 활용해서 보완한 것이다. 그렇게 하고 나니 예상했던 인원의 두 배가 훨씬 넘는 340명이 몰려왔다.

세미나를 준비하는 동안 많은 스트레스를 받았고, 은근히 걱정도 했다. 그 모습을 본, 나를 가까이에서 오랫동안 보아왔던 내 친구 이장우브랜드마케팅그룹의 이장우 회장이 이렇게 말했다. "넌 아주 위대한 리더다. 정말 대단하다. 난 죽어도 그렇게 못한다."

그런데 그 세미나 이전에 내 저서 『한국형 마케팅』으로 세미나를 한번 치른 경험이 있었다. 그때 나에게는 세미나를 하는 것이 아주 새로운 변화였고, 나는 도전해보고 싶었다. 그래서 기꺼이 그 변화를 받아들였고, 열정적으로 나 자신을 시험해봤으며, 결과는 대성공이었다.

첫 번째 세미나에서는 모든 진행을 전부 다 외부업체에 맡겼기 때문에 금전적으로 얻은 것은 아무것도 없었다. 두 번째 할 때는 출판사와 함께하면서 이익의 절반을 마케팅연구회 수익으로 가져올 수 있었다. 그 과정을 통해 금전적 이익은 많지 않았지만, 나는 노하우를 완벽하게 터득했다. 처음에는 '운이 좋아서 성공했다'고 생각했고, 두 번째는 기술이 좋았다고 생각했지만, 세 번째는 노하우가 된다. 모든 것들을 다 알게 됐다.

앞으로 언젠가 내가 현재 회장직을 맡고 있는 사단법인 아시아태평양 마케팅포럼에서 세 번째 세미나를 할 때는 답을 알고 시험을 치는 격이 될 것이다. 노하우가 이미 축적됐기 때문에 굳이 다른 사람 손을 빌려서 할 이유가 없다. 누구에게^{know whom} 할지, 언제^{know when} 할지, 어디서^{know where} 할지, 어떻게 조직력을 발휘할지 머릿속에 꽉 짜여져 있기 때문이다. 거기서 돈으로는 절대 살 수 없는 또 하나의 강한 자신감이 생긴다.

즉, 변화를 수용하고 만들어내는 사람만이 발전할 수 있다. 늦거나 빠르거나 정도의 차이는 있지만 그것 하나만은 분명하다. 그러나 그

과정은 '음, 이게 변화군. 내가 적응해야 하겠어'라는 생각이 들도록 친절한 사건이 생기는 것이 아니라, 매 순간 자기 앞에 닥친 새로운 도전들을 두려워하지 않고 받아들이고 즐기는 것이다.

변화에는 도전이 연결된다. 변화하려다 보면 안 해봤기 때문에 벽에 부딪힌다. 벽에 부딪히니까 그 벽을 넘기 위해서 끊임없이 노력하게 되고, 노력을 하다 보면 창의성이 없으면 안 된다.

사실 창의는 별것 아니다. 이 방법 해봐서 안 되면 저 방법 써보고 어떤 것이 가장 생산성 있는 방법인가를 찾아내는 것으로, 시행착오 없이는 찾아낼 수 없다. 그래서 변화에 적응하는 데 있어서 실행력이 아주 중요하다. '구슬이 서 말이라도 꿰어야 보배'라고 행동으로 옮기는 실행력 없이는 변화를 이끄는 리더가 될 수 없다.

그렇게 마음만 먹으면 자신감이 생기고, 세상을 내가 쥐락펴락할 수 있을 것 같고, 인생이 더욱 재미있어진다. 돈은 이것이 갖춰지면 가만히 있어도 자동적으로 따라오게 되어 있다. 공무원들이나 공기업들이 변화를 싫어한다고 하는데, 편한 것은 즐거운 일이 아니다. 오히려 괴로운 일이다.

내가 박사학위를 받는다고 했을 때도 사람들은 더 배울 것이 뭐가 있다고 박사학위를 받느냐고 했었다. 하지만 실제로 박사학위 덕분에 많은 것을 얻었다. 교수님들도 얻고, 교우들도 얻고, 무엇보다도 커리어Career가 완성되었다. 그리고 또 가끔 덤으로 '박사님이시네요' 이러면서 존경도 받는다.

어떤 사람들은 국내 박사인지 외국 박사인지 묻기도 하지만, 그건 본질이 아니다. 중요한 것은 내가 필요를 느끼고 도전해서 결국 성취해냈다는 점이다.

실무를 하면서 학위를 따는 것은 문과 무를 겸비하는 것이며, 이를 통해 이미지가 오히려 더 고양되고 완성된다. 내가 해봤다고 하는데, 누가 거기에 이의를 달 것인가. 그런 노하우를 일러준다고 다 잘하는 것은 아니지만 그래도 힘이 된다.

능률협회 조찬강연 연사로 초청을 받았을 때, 350명 정도 들어가는 리츠칼튼호텔 그랜드볼룸에 520명 정도가 꽉 찼다. 능률협회 조찬모임 역사상 가장 많은 인원이 왔다고 한다. 그들이 내 말 한마디에 웃다가 박수치다가 진지해졌다가 하면서 경청하는 것을 보면서 영광스럽다는 생각이 들었다.

강연하면서도 매 순간 '제대로 이야기해야지, 사실대로 이야기해야지, 진솔하게 이야기해야지, 그리고 영향력을 주도록 이야기해야지. 그래서 정말 돌아갈 때는 뿌듯한 마음으로 중요한 레슨을 얻어간다고 느끼게 해줘야지' 이런 생각을 했다.

그때 내가 느낀 보람은 '과연 끊임없이 변화를 추구하지 않았다면 이런 영광스러운 자리가 있었을까'였다. 근본을 따져보면 결론은 변화를 즐겼기 때문이었다. 영문과를 나온 다음 부족함을 깨닫고 경영학을 공부했고, 경영학을 전공한 다음 이것으로는 안 된다는 생각에 경영학 석사뿐 아니라 박사까지 했고, 그 외에도 끊임없이 자기계발을 하려는 노력이 있었기에 그런 자리가 가능했다는 생각을 했다.

그럼 앞으로 어떻게 할 것인가? 전문가 시대가 오고 있다. 또 하나의 변화가 이미 만들어지고 있으므로 그때를 또 대비해야 한다. 변화는 대비하기 위함이다. 변화에 순응하고 적응하는 사람들은 변화를 통해 지식과 경험을 얻고, 통찰력을 얻고, 축적된 직관을 얻는다. 축적된 경험과 지식으로 통찰력이 얻어지고, 통찰력이 생기면 실질적으로는 그 분야를 또 다루게 된다. 그리고 새로운 변화를 맞이하면 그것이 이제 우리 자신을 풍부하게 만든다. 언제 어디서 누구와 어떤 대화를 해도 대화의 재료가 충분한 완성된 사람으로 커나가는 것이 결국에는 다 변화에서 온다.

아이디어가 있으면
지금 당장 실행에 옮기라

'실행력을 갖췄다'는 말에는 여러 의미가 포함되어 있다. 우선 '자신감이 있다, 계획성이 있다, 위험을 떠안았다, 추진력이 있다, 아주 철저하게 실행에 옮겨 계획을 완성시키는 주도면밀성까지 있다'는 의미가 포함되어 있다. 그래서 실행력을 갖추지 않으면 비즈니스에서 되는 것은 사실상 아무것도 없다.

애경에 다시 갔을 때 화장품 시장에 뛰어들어 성공할 수 있었던 것은, 우선 화장품 시장에 뛰어들겠다고 결심을 한 뒤부터 구체적인 실행계획을 세우고 행동에 옮겼기 때문이었다. 나의 계획은 그 당시 치열하게 경쟁하는 화장품 시장에 일반 화장품을 만들어 내놓으면 실패할 것이 분명하니, 철저하게 시장을 세분화해서 차별화된 제품을 내놓는 것이었다. 그때 그냥 일반 화장품을 만들었다면 그것은 실행이 아니다.

안 하느니만 못하다.

나는 일반 화장품 대신 여드름 화장품인 에이솔루션$^{a\text{-solution}}$과 모공 화장품인 B&F를 내놓았다. 이 제품들은 세상에 아예 없던 제품들이었다. 물론 여드름 화장품이나 모공 화장품이 정말 있었으면 좋겠다는 말들은 다 했다. 그러나 실행으로는 옮기지 않았다. '이게 컨셉이 될까. 소비자한테 먹힐까'라고 생각만 하면서 실행은 안 했던 것이다. 그런데 컨슈머 리서치를 하니까 '그런 제품이 나오면 정말 좋겠다'는 결과가 나왔고, 구매욕구$^{buying\ intention}$도 아주 높았다.

그렇지만 많은 사람들이 구매욕구가 높다고 선뜻 리스크 테이킹을 하지는 않는다. '괜히 아이디어를 냈다가 나 때문에 망했다고 할지 모른다. 가만히 있으면 그냥 묻어갈 텐데 괜히 나서서 피해 볼 일 하지 말자.' 이렇게 '그냥 묻어가거나 또는 중간은 간다'는 생각을 많이 하는데 사실은 묻어서 못 간다. 오히려 실행에 옮기지 못하고 나중에 나락에 빠지게 된다.

아이디어가 아무리 좋아도 실행하지 않으면 소용없다. 아직 실행하지 않았다면 그 아이디어가 좋다고 이야기할 단계가 아니다. 그렇듯이 실행에는 주도면밀한 계획과 과감하게 위험을 감수하겠다는 각오가 필요하다. 위험도 예상할 수 있고, 측정할 수 있는 위험이어야 한다. 그래서 실행력을 갖춘 사람을 뽑고, 양육하는 것이 가장 중요하다.

|자신감|

그런데 비즈니스를 하다 보면 실행력을 갖추기 싫어서 안 갖추는 것이 아니다. 저변에 깔린 것은 사실 자신감이다. 괜히 했다가 자신한테 화가 미칠 것 같으면 사람들은 안 한다. 그런데 이 화가 미치는 것조차 경력이라고 생각하면 강한 실행력을 갖추게 된다.

자신감을 높이는 데는 '성공 체험'을 갖는 것이 가장 중요하다. 실행도 연습이 필요하다. 작은 일에라도 성공 체험을 해보고, 그 작은 성공 체험을 가지고 상사로부터 칭찬을 듬뿍 받아본 사람은 성공이 얼마나 소중한지 그 가치를 알고 작은 성공으로도 큰 자신감을 얻는다. 이를 통해 더 큰 성공을 그려볼 수 있고, 유사한 프로세스를 적용해볼 수 있으므로 더 큰 성공을 만들어낸다.

누구나 미래는 불확실하고 불안정하며 측정 불가능하다. 불확실한데도 불구하고, 어떤 사람은 미래를 대비해서 도전하고, 어떤 사람은 그냥 안주한다. 안주는 죽음이고, 도전해야 산다.

그래서 작아도 뭔가 해보는 것이 중요하고 거기에 최선의 노력을 다해 필사적으로 해냄으로써 스스로 성공 요건을 끄집어내야 한다. 지금까지 보면 대개 그런 필사적인 성공 의지와 성공 노력을 기울인 사람들은 결국 성공했다. 대부분의 사람들은 성공 의지가 강하지 않은데, 성공 의지가 강해야만 실행력도 나온다. 성공한 사람들의 공통점은 무엇보다도 성공 의지가 강한 데 있다.

물속에 뛰어들지 않으면 살아 펄떡이는 물고기를 잡을 수 없다. 일단 물에 들어가서 살아 있는 물고기를 손으로 잡아 쥐려는 노력을 해야지, 물에도 들어가지 않고, 헤엄도 치지 않고, 잡으려는 노력도 안 한다면 물고기는 잡을 수 없다. 아주 가끔 죽은 물고기가 떠오르면 잡겠지만 그런 경우는 거의 없다. 하고자 하는 것을 다 할 수는 없지만, 진짜 자신에게 필요한 것은 꼭 하겠다는 강한 의지를 갖고 실행에 옮기면 잠시 괴로워도 나중에는 기쁨이 훨씬 더 크다.

|자기 확신|

사실 자신감은 자기 확신에서 나온다. 그래서 자기 확신을 갖기 위해 소비자 조사도 하고, 홈 유즈 테스트도 하고, 각종 과학적인 마케팅 기법들을 동원한 뒤 '이 제품은 된다'는 자기 확신을 갖게 되면 강한 자신감도 생긴다.

특히 마케팅은 완전히 없는 것에서 뭔가를 만들어내야 된다. 없는 것을 만들어내는 방법은 수많은 교과서에 절차까지 자세히 나와 있다. 신제품 아이디어를 내고, 컨셉을 정하고, 시장 출시 가능성을 조사하고, 소비자 조사를 한다. 거기에 맞춰 실제 제품 샘플을 만들어서 소비자한테 나눠줘서 사용하게 하고, 잘못된 점이나 약점을 보완해 신제품을 만들면 된다. 이것을 모르는 마케터는 하나도 없다. 하지만 이 절차를 잘 안다고 해서 마케팅에 성공한다면 역시 실패할 마케터는 하나도 없다.

그런데 그렇지 못한 이유 중 가장 큰 것은 실행력이 뒷받침되지 않았기 때문이다. 예를 들어서 내가 이 제품이 성공한다는 확신을 갖고, 소비자 조사도 아무 편견 없이 공정하게 진행했다면 정말 제품을 만들어서 성공시킬 수 있는지는 '자기 자신'에게 물어봐야 한다.

그러나 샐러리맨들은 대개 그러한 위험을 떠안으려고 하지 않는다. 괜히 이야기했다가 망하면 내가 하자고 했으니까 책임지라고 할까 봐 두려워한다. 사실 어느 오너도 책임지라고 하지 않는데 지레 겁을 먹기 때문에 그러한 무소신, 무기력으로 흐른다.

제품도 그렇다. 제품에 컨셉을 넣고, 영혼을 넣고, 가치를 넣어서 소비자한테 사라고 보여주는데, 소비자들은 이 제품이 살 만한 가치가 있다고 느껴지면 그때서야 비로소 물건을 사기 위해 지갑에서 돈을 꺼낸다. 그런데 제품을 만든 사람이 '이 제품이 될까?' 갸우뚱한다면 소비자도 '내 돈을 내도 될까?' 갸우뚱할 수밖에 없다.

그래서는 안 된다. 강하게 '소비자 여러분, 걱정 말고 사십시오. 만족하실 것입니다'라고 크게 외쳐야 한다. 그래야 소비자가 물건을 사게 되어 있다. 확신이 없으면 크게 외칠 수도 없고 '만약 이게 망하면 광고비 다 쏟아 붓고 끝날 텐데요'라는 말을 한다.

유니레버에서 썬실크 샴푸를 만들 때 유니레버의 정책은 '전 세계 썬실크 향은 바꿀 수 없다'였다. 그래서 나는 강하게 윗사람을 설득했다.

"썬실크 향은 서구 사람들이 좋아하는 향이지, 우리나라 사람들은 그 향 안 좋아합니다. 우리는 그린 후레쉬를 좋아하고, 더 나아가도 그린 플로랄입니다. 우디 향이나 머스크 향은 별로 좋아하지 않습니다. 물론 샤넬 같은 명품 향수는 다릅니다. 왜냐하면 샤넬을 썼다는 것을 나타내기 위해서 일부러 바르는, 그저 동조화 현상일 뿐이기 때문입니다. 진짜 내 머리에서 나는 향은 소비자 조사를 해보면 그린 후레쉬, 그린 플로랄입니다.

당신들이 '글로벌로 생각하고, 현지 상황에 맞춰 행동하라Think globally, act locally'고 하지 않았습니까. 그렇다면 현지는 한국인데 한국은 그린 플로랄입니다. 샴푸에서 향이 얼마나 중요한데 전 세계 썬실크 향을 통일한다는 것이 말이 됩니까. 브랜드나 디자인은 전 세계가 같을 수 있지만 내용물만큼은 같아서는 안 됩니다."

나는 수차례 소비자 조사와 사용자 테스트를 통해 서양 사람들이 좋아하는 썬실크 샴푸의 향이 우리나라 소비자들에게는 거부감을 준다는 확신이 있었고, 그래서 본사를 강하게 설득할 수 있었다. 그래서 유니레버는 글로벌 전략을 바꿨다.

이처럼 마케팅은 지극히 상식에서 출발하기 때문에 누구나 어떻게 해야 할지는 알지만, 아는 것과 그것을 바로 실행에 옮기는 것은 큰차이가 있다. "시키는 대로 하면 되지, 네가 뭔데 다국적 기업인 유니레버의 글로벌 정책을 바꿔라 마라 해?"라고 말하면, 나도 반항했다가 월급 안 줄 것 같으니 "네, 알겠습니다"라고 말할 수도 있다.

하지만 월급은 그렇게 해서 나오는 것이 아니다. 그러니까 시키는 대로만 하면 샐러리맨이 되지만, 자기주장을 분명히 하면 비즈니스맨이 된다. 샐러리맨은 쌀과 라면을 살 수 있을 정도로만 돈을 준다고 '쌀라리맨'이라는데, 쌀라리맨은 조금 비애스럽다. 비즈니스맨이어야 한다. 비즈니스맨다운 생각으로 비즈니스를 하고, 그것을 통해 사회나 회사에도 기여를 해야 자기 자신도 큰다.

자기 확신이 없는 상태에서는 실행력도 절대 나오지 않는다. 대부분의 사람들은 실행할 때 망설이거나 못하거나 또 시키는 일만 하는

데, 실행력이 갖춰지면 시키는 일뿐만 아니라 자신이 먼저 필요한 일들을 척척 해내기 때문에 누구한테도 부림을 받지 않는다. 모두 다 자신이 주도해나간다.

골프 칠 때 보면 18홀 내내 주도해나가는 사람들이 있다. 반면, 18홀 내내 조용히 따라다니는 사람도 있다. 똑같은 돈을 내고도 주도하는 사람은 돈 가치를 100퍼센트 다 즐긴다. 하지만 따라다니는 사람들은 스트레스를 받는다. '아, 퍼팅이 잘못됐다, 드라이버가 잘못됐다'이러면서 핑계를 댄다. 그러나 즐기고 리드하는 사람들은 자기 자신이나 팀에 낸 돈보다 훨씬 더 많은 가치를 만들어준다.

신제품 개발도, 골프도, 세상 사는 이치도 모두 확률적으로 성공하거나 혹은 실패하거나 반반이다. 이때 가장 중요한 것이 바로 준비된 실행력이다. 된다는 확신을 갖고 거기에 적극적이고 긍정적 사고를 갖는다면 실패할 이유가 없다.

|전달하는 방식|

전달하는 방식도 대단히 중요하다. 자기 확신이 있으면 상대가 전혀 기분 나쁘지 않게 내가 하고 싶은 메시지를 정확히 전달해서 '아하 그렇구나'라고 느끼게 할 수 있다.

예를 들어 오너 기업에서는 오너의 숨소리에 따라서, 오너의 말 한마디에 따라서 제품의 모양이 달라지곤 한다. 나는 장영신 회장한테 가능하면 디자인 토론할 때 미리 코멘트하지 마시라고 했다. 회장님의 코멘트에 따라서 모양이 바뀐 완제품이 회장님이 원하는 것은 분명하지만, 소비자가 원하는 모양은 아닐 수도 있기 때문이다.

그래서 '회장님은 가능하면 디자인에 대해서는 테스트 결과를 보고 받으시고, 코멘트는 안 하시는 게 좋다'는 말씀을 드려야 하는데 대부분 그 소리를 못한다. '내가 감히 어떻게 회장님한테…' 이렇게 생각한다. 그러나 진짜 회장님을 위한다면 말하는 것이 옳다. 제품이 성공해서 히트 제품을 만드는 것이 회장님한테 기여하는 것이기 때문이다. 그 대신 소비자 테스트 결과는 반드시 그대로 보고하겠다고 약속하면 오너는 그러라고 할 수밖에 없다.

이미 외국 회사로 옮긴 나를 애경 장영신 회장이 다시 부른 이유는 회장님 주변에 소신 없는 예스맨들이 너무 많았기 때문이다. 뭐든 시키면 "예스!"다. 시키는 대로 하기는 했는데, 오너가 시켰으니까 결국 모든 책임은 오너에게로 돌아온다. 그래서 오너 입장에서는 내가 시켰어도 '그건 잘못됐고, 이러이러한 방향으로 가야 옳습니다. 저를 믿고 맡겨주시면 이런 식으로 일을 풀어내겠습니다'라고 해줄 사람이 필요했기 때문에, 나간 사람을 빨리 다시 오라고 했을 것이다.

당시만 해도 적자에 허덕였는데 빨리 흑자로 전환시키고 싶은 마음도 있었고, 무엇보다 하나하나 모든 것을 간섭하고 지시해야 하니 피곤하기도 했을 것이다. 누구한테 맡기고 좀 쉬고 싶어도 맡길 사람이 있어야지 맡길 사람이 없으면 쉴 수가 없다.

그래서 옛말에 종놈이 똑똑해야 상전 노릇을 제대로 한다고 한다. 그 이야기는 쉬고 싶고 폼 잡고 싶어도, 사고 치는 사람이 너무 많으면 수습하고 잔소리하기도 바쁘니까 폼 잡고 상전 노릇을 제대로 할 수 없다는 말이다. 무게 잡고 돌아다니면서 "여봐라, 이것 좀 해봐라" 그러면 알아서 척척 해줘야 상전 노릇도 제대로 할 수 있는 것이다. 그래서 소신 있고, 자신감 있고, 실행력이 강해 실제 결과로 보여주는 사람이 필요했기 때문에 나를 다시 오라고 했던 것이다.

개인도 마찬가지다. 우리 모두 담배가 100퍼센트 몸에 해롭다는 것을 안다. 지금 열심히 담배를 피우고 있는 사람도 담배가 몸에 해로운 것을 알고, 끊고 싶은 생각도 있고, 해마다 수도 없이 금연을 시도하지만 못 끊는다. 고비를 못 넘기기 때문이다. 담배 끊는 사람은 독하다고 하지만 그것은 근거 없는 말이고, 실제로는 실행할 의지가 없는 것이 문제다. 실행할 의지도 없고, 실행할 자신도 없는 데다, 막상 실행해도 순간적인 고통을 못 견디는 것이다. 영어공부도 마찬가지다. 영어가 필요한 것도 알고, 잘하고 싶기도 하지만 '술 마시느라 또는 게을러서' 등 이러저러한 핑계를 대며 영어공부 못하는 걸 정당화시킨다.

내가 20년 뒤에 한 10년 당겨서 죽는 것은 지금 실감할 수 없지만, 지금 당장 괴로운 것은 와 닿는다. 그 순간적인 만족 때문에 사실은 미래를 망친다. 우리가 실행력을 말할 때, 예를 들어서 10분의 1의 고통을 참으면 10분의 9의 보상을 받을 수 있는 좋은 계기가 온다고 해도, 실제로 10분의 9는 덜 보이고 10분의 1이 괴로워 실행에 못 옮긴다. 하지만 고통 없이 거저 얻어지는 것은 아무것도 없다. 그래서 목표를 뚜렷이 세우고, 명분이 서면 곧바로 행동으로 옮길 수 있는 용기와 결단력이 통합된 것이 실행력이다.

무한한 호기심이
마케팅의 시작이다

마케터에게 호기심은 굉장히 중요하다. 마케팅은 호기심에서 출발해서 호기심으로 끝난다고 해도 과언이 아니다. 그 호기심으로 인해서 문제 해결 방법을 찾기 때문이다. 그런데 호기심은 달나라에 가는 것처럼 대단한 것이 아니다. 가까이 있는 사물을 다른 측면에서 보면 어떤 결과가 나올까 하는 작은 호기심으로, 어느 누구도 손대지 않았고 어느 누구도 생각하지 않았던 것에 관심을 가지는 것이다.

만약에 사람들이 '나비'라는 단어를 꺼냈을 때 정말 '노스탤지어, 고향, 푸른 초원, 노랑나비, 그 위에 한가하게 풀 뜯는 소' 이런 것들을 같이 생각하게 될까? 또 그러한 정서를 보여주면 사람들이 올까? 이런 궁금증으로부터 출발하는 것이다.

'된다'는 확신이 들기 시작하면 되는 요소들을 좍 나열하게 마련이다. 왜 천지가 허허벌판인데 하필 함평군의 허허벌판에만 나비가 날까? 여기에 어떻게 3백만 명이 몰려왔을까 보면, 바로 호기심을 실행에 옮겼기 때문이다.

이동통신도 마찬가지다. '주식을 사고팔아야 되는데 바빠서 증권사 왔다 갔다 할 시간이 없으니, 그냥 핸드폰을 꾹꾹 누르기만 해도 주식을 사고팔 수 있는 그런 방법은 없을까? 주식시장과 계좌를 연결시키면 된다. 좋다, 개발해보자.' 즉, 개발의 시작은 바로 마케팅적 호기심에서 비롯된 것이다. 킬러 어플리케이션Killer Application들은 모두 호기심에서 나온 것이다. 인간이 호기심을 갖는 순간 모두 다 정복된다고 보면 된다. 결국 마케팅은 호기심이 얼마나 큰가에 비례해서 정복할 수 있는 능력도 커진다고 보면 틀림없다.

네비게이터가 통신업체와 제휴해서 전화번호만 찍으면 목적지를 안내해준다. 또 핸드폰 버튼만 누르면 길안내를 해주는 K-ways 같은 서비스도 처음에는 '핸드폰 하나로 길 안내도 받을 수 있으면 얼마나 좋을까' 하는 단순한 호기심에서 시작했을 것이다. '핸드폰 따로 사고 네비게이터 새로 살 필요 없이 핸드폰으로 모든 걸 해결하면 편리할 텐데. 네비게이터보다 저렴한 핸드폰이 전화기 역할도 하면서, 길 안내도 해주면 정말 편리하겠다'는 호기심 말이다.

따라서 요새 핸드폰 요금은 문화생활 요금이라고 해야 한다. 전화만 한다면 전화요금이겠지만, 우리가 하는 것은 무선인터넷이요, 길 안내 서비스요, 또 은행업무가 모두 포함되기 때문이다.

하나로 샴푸를 만들 때도 처음에는 호기심에서 출발했다. 샴푸와 린스를 하나로 합쳐놓은 제품이 나오면 얼마나 편리할까? 이런 궁금증이 드는 순간 곧바로 현재 애경그룹 전무로 있는 당시 R&D 브랜드 매니저 이종기 박사에게 가능하냐고 물어봤다. 그랬더니 '물론이다. 외국은 그런 제품이 있다'고 하기에, 어떤 원료가 샴푸에서 바로 린스 효과를 가져올 수 있는지 그 포뮬레이션을 한번 입수해보라고 부탁했다. R&D에서 된다고 하면 마케팅하기는 쉽다.

그런데 리서치를 통해 컨셉 테스트를 하는 동안 리서치 자료가 유출됐다. 리서치 회사가 조사하는 것을 경쟁사들이 눈치 챈 것이다. 선수를 빼앗겨 제일 먼저 태평양에서 투웨이 샴푸가 나왔고, 그 다음 LG에서 랑데부 샴푸가 나왔다. 이미 선수를 빼앗긴 나로서는 어떻게 할까 고민하다가 결국 똑같이 '샴푸와 린스가 하나로, 하나로 샴푸'로 가면서 컨셉으로 차별화했다.

저들은 '바쁜 아침 샴푸와 린스를 따로 할 시간이 없다. 그렇기 때문에 한꺼번에 샴푸와 린스가 하나로 합쳐진 랑데부 샴푸로 감자. 그리고 빨리 회사로 가자'였다. 그래서 강석우가 발로 세탁기 문 닫고 엉덩이로 치고, 변우민이 안경 막 밟고 난리가 났다.

그러나 나는 이것은 호기심의 문제라고 생각했다. 즉, 소비자는 샴푸와 린스가 하나로 합쳐지면 린스를 따로 쓴 것과 같은 효과가 있을지가 궁금할 것이다. 그렇다면 그 원리를 설명해주는 것이 좋을 것 같았다.

그래서 바쁜 아침을 이야기하지 않고 모발 하나를 뽑아서 샴푸로 때를 좍 빼주고, 그 위에 린스로 코팅을 해줬다. 그것이 100퍼센트

적중했다. 즉 소비자 입장에서 보고, 소비자 눈높이에서, 어떻게 소비자의 호기심을 채울까 생각하고 그대로 광고한 것이 아주 획기적이었다. 그리고 마지막에 모델이었던 채시라가 '하나로~' 하면서 검지를 올리는 것으로 마무리했다.

모델로 채시라를 쓰게 된 것도 「샴푸의 요정」이라는 드라마에 나온 것을 그냥 넘기지 않고 봤다가 바로 쓰겠다고 결정을 한 것이었다. 그리고 MBC에 근무하는 지인을 통해 그녀가 드라마 「여명의 눈동자」에 캐스팅됐다는 말을 들었는데, 「여명의 눈동자」가 폭발적인 인기를 끌면서 하나로 샴푸에도 더욱 좋은 영향을 미쳤다.

에이솔루션도 시작은 호기심이었다. 여드름은 피지분비가 넘쳐 모공이 막혀서 생기므로, 모든 화장품이 딥클렌징을 하면 모공도 깨끗해지고 여드름도 방지해준다고 광고를 했다. 그러나 '모공이라는 단어 하나를 별도로 떼어놓으면 어떨까? 여드름이라는 단어를 별도로 떼어놓으면 어떨까? 만약 그렇게 했을 때 소비자들은 얼마나 많은 반응을 보일까?'라는 호기심에서 출발을 했다.

실제로 소비자 테스트를 했더니 다음과 같은 반응들이 나왔다. '우와, 여드름 치료 화장품이 나오면 기가 막히죠. 난 모공이 커서 나이 들어 보이는데….' '모공이 크니까 서른밖에 안 됐는데 서른네 살로 보여요. 모공을 좁히는 화장품이 나오면 좋겠어요.' 그렇다면 중요한 것은 모공이라는 단어 하나다. 그래서 모공 화장품 B&F가 성공을 거뒀고, 에이솔루션은 여드름 화장품으로 성공했다.

마케팅은 결국 호기심과 상상력으로 출발해서 호기심과 상상력으로 끝난다. 하나로 샴푸뿐만이 아니다. 비놀리아 비누도 마찬가지였다. 대부분이 무른 비누였다. 그런데 웬만해서는 거품도 잘 안 나는 이런 딱딱한 비누가 나와서 성공할 수 있을지 의문이었다. 사람들은 무른 것만 봤기 때문에 대부분 성공하기 어렵다고 했다.

더군다나 '타원형 타입으로 주먹만 해서 물에 닿는 면적도 적은데 누가 저걸 쓰냐'는 반응도 많았다. 그러나 역시 거기서도 호기심이 적중했다. 즉, 딱딱한 비누도 풍부한 거품만 일어난다면 틀림없이 잘된다. 그래서 성공한 신제품 모두가 호기심에서 출발한 셈이다. 성공하지 않은 것은 호기심이 안 생겼기 때문인지 모른다.

번호이동성도 마찬가지다. KTF에 갔을 때 시장을 돌려보려고 조사를 했다. 그리고 가자마자 친한 마케팅 전공 교수 몇 분에게 비싼 핸드폰을 보냈다. 마케팅 교수들은 인맥도 넓고 광고도 잘해주니까 여기저기서 좋은 이야기들을 해줄 것이라고 생각했던 것이다. 그런데 아무리 전화를 해도 통화는 안 되고 메시지만 받는다. 나중에 보니까 전부 부인이나 아이들에게 가 있다.

"아이고, 이거 내가 십몇 년을 쓴 번호인데 어떻게 바꿔?"

"나도 어제까지 011 썼어요. 당장 바꿔도 아무 문제없어요."

"그 불편을 어떻게 참아? 한번만 봐주라."

10인이면 10인 모두 똑같은 반응이었다. 그때 나 혼자 힘으로는 못 돌리겠다는 생각이 들었다. 광고가 생활인 마케팅 교수들도 안 바꾸는데, 일반 소비자들이 움직이지 않을 것은 불 보듯 뻔했다. 정말 큰 벽이었다. 계란으로 바위를 때린들 바위가 깨지겠는가. 이 싸움은 터를 바꿔야 하는 싸움이었다. 전쟁에서 승리할 수 없으면 전쟁의 터를 바꿔야 한다. 다시 말하면 유도와 태권도 중 내 기술이 태권도라면 상대를 널찍한 곳으로 이끌고 나가야 한다. 그래야 태권도 기술인 이단옆차기도 하고 돌려차기도 하지, 좁은 곳에서 뒤엉켜 싸우다 상대가 나를 눌러버리면 발 한번 못 뻗어보고 그냥 한판승이기 때문이다.

그때 든 생각이 '만일 번호는 그대로 가지고 있으면서 서비스를 다른 곳으로 선택할 수 있는가'였다. 바로 호기심이었다. 나는 곧 수석팀장을 불렀다.

"됩니다."

"진짜? 기술적으로 되나? 번호 그대로 가지고 있는데?"

"됩니다."

"그런데 왜 아직 안 하고 있지?"

"법적으로 스피드 011은 이미 등록된 상태입니다."

"그럼 법적으로 무효심판 청구하게."

소비자의 마음속에 깊이 새겨진 'Speed 011'이라는 두터운 성벽에 둘러싸여 안주해 있는 SKT를 어떻게 동등한 경쟁의 장으로 끌어낼 것인가? 틀을 깨야 한다. 틀이 무엇인가? 바로 011이라는 번호였다. 법으로 SKT에 011을 쓰라고 했는데 어떻게 깨뜨릴 수 있을까? 바로 법에 호소하면 된다고 생각했다. 번호 자체는 한 기업의 재산이 될 수 없다. 그로 인해 소비자가 번호에 묶여 있으면 안 되고, 누구에게나 공유되어야 하며, 소비자는 언제든지 좋은 서비스를 선택할 권한이 있다. 그래서 시작된 것이 번호를 그대로 가지고 있으면서 서비스는 선택할 수 있는 번호이동성 제도다.

어느 날 집에서 밥을 먹는데, 쌀벌레 반 마리가 숟가락 위에 올라가 있다. 그때 많은 남편들은 아내에게 버럭 화를 내며 '도대체 쌀을 일었느냐 안 일었느냐. 쌀을 왜 이렇게 많이 사다났느냐' 이러면서 싸우고 지지고 볶는다. 하지만 나는 쌀벌레를 본 순간 밥숟가락을 놓고 바로 이종기 박사에게 전화를 했다.

"조서환입니다. 밥 먹다가 쌀벌레 반 마리가 없어졌는데 혹시 쌀벌레 퇴치제를 만들 수 있을까요?"

"나는 지금도 쓰고 있어요. 고추, 마늘, 겨자를 빻아 스타킹에 넣는 겁니다."

내 호기심이 적중했다.

"그걸 플라스틱에 구멍을 뚫어서 그 속에다가 그냥 담아 내놓으면 안 될까요?"

"왜 안 되겠습니까. 녹차 티백처럼 해서 그 속에 고추, 마늘, 겨자 빻은 거 넣고 뚜껑 세워서 플라스틱 용기에 넣으면 됩니다."

바로 그것이었다. 강력한 추진력을 가진 '스몰 조서환'을 즉시 실무자로 임명했다. 지금은 서울관광마케팅주식회사 마케팅 본부장으로 있는 당시 입사 3년차밖에 안 된 추성엽 사원이었다. 결국 그의 강력한 마케팅 추진력과 치밀한 과학자 이종기 박사의 합작품이 6개월 만에 나왔다. 그것도 호기심이다. 반 토막 난 쌀벌레를 보는 순간 비즈니스 마인드로 돌려본 것이다.

"만들어보시오. 샘플 가져오면 내가 첫 번째로 써볼 테니."

'왜 안 돼?'부터 출발하면 답이 다 나온다. 핵심은 무엇을 보든 항상 물음표를 붙이는 것, 즉 궁금증을 갖는 것이다. 자기 자신에 대한 물음, 세상에 대한 물음, 사물에 대한 물음 등 마케터의 자질은 끊임없는 '물음'이다. '이건 뭐야? 왜 안 돼?' 하다 보면 이 세상에 극복되지 않는 것이 없다. 특히 인간이 상상할 수 있는 것은 다 이루어진다. 상상이 안 되면 어쩔 수 없지만, 상상할 수 있는 것은 다 이루어진다.

물론 상상한 것이 상상으로 끝나는 사람들이 있다. 그래서 호기심에서는 상상력 그 자체보다 상상을 실제 행동으로 옮기는 강한 실행력을 갖추는 것이 더 중요하다. 이것은 어떻게 보면 그냥 상식이지 않나 하는 생각이 든다.

호기심을 완성시키는 것은 실행력이다. 실행력은 마침내 해내도록 계속 주변을 독려하고, 고무하고, 또 모티베이트시키는 일련의 작용이다. 그리고 해냈을 때 충분한 보상이 제공되도록 보상 시스템을 갖추는 것이다. 나의 경우 그것이 갖춰지지 않았을 때는 권한 있는 사람한테 추천해서 상을 주도록 추대하는 일을 계속 해왔다. 그러다 보니 럭스 비누, 비놀리아 비누, 하나로 샴푸, 닥터 쌀벌레, 에이솔루션, B&F 등 업적이 하나둘 쌓여갔다.

처음 KTF에 들어갔을 때 제일 많이 받았던 질문이 '비누, 샴푸 만들다 어떻게 이동통신 회사에 들어왔습니까?'였다. 나는 비누를 만든 적도 없고, 약을 만든 적도 없다. 다만 상상을 했고, 그것을 R&D를 통해서, 또 생산을 통해서 실현시켰다. 다시 말해서 리더십을 발휘했다는 말이다. 상상력을 추진하는 데는 업종별로 다를 것이 하나도 없다.

세라젬 그룹에 와서도 놀란 것이 있다. 삼성전자보다 많은 나라에 세라젬이 진출돼 있다는 사실이다. 그래서 이환성 회장께 물어봤다. 의외로 대답은 간단했다. 국내 시장보다는 글로벌로 가는 것이 클 것 같아서 그랬다는 것이다. 답은 간단했지만 결국 호기심을 바탕으로 한 탐험심이 저변에 깔려 있었다.

도전하지 않으면
결코 변화는 없다

애경의 장영신 회장과는 진짜 코드가 잘 맞았는데, 그분은 사람들이 자기 앞에서 굽실거리는 것만 봤다. 1985년 회사가 구로동 81번지에 새로운 빌딩을 지어서 이사를 가는데, 5층 건물이라서 엘리베이터를 달지 말지 의사결정을 해야 했다. 그런데 총무부장이 그것을 자꾸 회장님한테 물었다.

"엘리베이터를 달아야 될까요?"

"달지, 뭐."

"그런데 동력자원부에서 5층까지는 못 달게 합니다."

"그러면 달지 마세요."

"그런데 생각해보니까 사세가 확장되면 건물을 더 올릴 텐데 그때를 대비해서 달아야겠습니다."

"그러면 다세요."

"그런데 지금 현재는 5층이라서 규정상 못 답니다."

"그러면 달지 마세요."

"그런데 6층 올리려면 달아야 되는데요."

"당신이 초등학생이야? 총무부장이면 대안을 가져와야지 자꾸 어떻게 하냐고 나더러 물어보면 어떡하란 얘기야."

총무부장은 명문대를 나온 사람이었는데 결국 해고되고 말았다. 이런 심부름꾼 같은 사람은 심부름센터 직원 시키지 필요 없다는 말이다.

"회장님, 지금은 5층이고 동력자원부 규정상 5층 이하 건물에는 엘리베이터를 못 달게 되어 있습니다만, 우리는 내년도에 신입사원이 더 들어올 테고, 앞으로 사세가 확장되면 건물을 더 올려야 됩니다. 그걸 대비해서 6층 건물로 아예 인가를 받아놓겠습니다. 그리고 5층까지만 짓고 6층은 나중에 올리겠습니다. 그리고 엘리베이터를 달겠습니다."

만약 이렇게 말했으면 그 사람은 해고되지 않았을 것이다. 결국 진짜로 나중에 6층을 올렸다.

장영신 회장은 그런 사람이었다. 누구든 틀릴 수 있다. 틀려도 '내 생각은 이렇습니다. 그래서 이렇게 가야 됩니다'라고 시원하게 대안을 가져오는 사람을 높이 샀다. 회장더러 모든 의사결정을 다 해달라고 하면 회장이 모든 것을 다 알 수는 없다. 회장이 동력자원부 다 알고, 마케팅 다 알고, 회계 다 알면 뭐하러 간부 직원을 쓰겠는가.

나는 절대로 그러지 않았다. 반대를 무릅쓰고서라도 내가 옳다는 것을 주장했다. 그러면 설령 잘못된 위험이 있어도 꼭 들어주는 분이었다. '이런 리더는 없다. 평생 이런 리더는 만나기 힘들 것이다'라는 생각을 했다. 그래서 진정으로 회장님을 존경하게 되었다.

내가 과장 때 국내에서 세계적인 헤어쇼 '토니앤가이 쇼'를 개최하겠다고 했다. 그랬더니 '이 어린애가 무슨 세계적인 토니앤가이 헤어쇼를 하겠다고 야단이냐'는 표정이었다.

"제가 하는 것을 보십시오. 한번 멋지게 해 보이겠습니다. 이제는 브랜드가 광고만 가지고는 안 됩니다. 이벤트를 열고 그를 통해서 뉴스거리를 만들어야 합니다. 토니앤가이가 하나로 헤어쇼를 위해 서울에 오면 전 세계에서 사람들이 밀려오고, 그 다음 전 국민이 헤어쇼를 보기 위해서 오고, 미용실에서 오고, 그러면 기자들이 옵니다. 무엇보다 중요한 것은 기자들이 와서 모든 신문에 내주면 사람들이 오지 않아도 본전 뽑습니다. 거기다가 프리 애드버타이징|pre advertising, 사전 광고|되죠, 포스트 애드버타이징|post advertising, 사후 광고| 되죠, 프리 PR 되죠, 포스트 PR 되죠, 일거다득입니다."

얼마나 드는지 묻기에 당시 6천만 원이 든다고 했다.

"6천만 원이나 들어?"

"그 사람들 데리고 오려면 비행기 삯 줘야 하고, 재워줘야 하고, 그리고 세계 1위인데 그 정도 줘야 됩니다. 6천만 원 아까울 수 있고, 6천만 원 벌려면 제품을 굉장히 많이 팔아야 합니다만, 제품이 일단 성공가도에만 들어가면 그거 빼는 것은 아무것도 아닙니다."

이야기를 듣고 나서 속이 시원했던지 이렇게 허락을 했다.

"하쇼."

그래서 호텔신라 그랜드볼룸을 다 터서 토니앤가이 헤어쇼를 했다. 장영신 회장은 내가 헤어의 '헤'자도 모를 것 같은데, 어디서 대형 이벤트 회사를 구한 것도 아니고 혼자서 찰리정과 함께 기획해서 멋지게 해내는 것을 보고 '아아, 이 헤어쇼를 어떻게 혼자 다 기획할 수 있단 말이냐'라고 하면서 두 손 다 들었다.

서울에서 대성공을 거두고 이제는 지방으로 확산하기 위해 규모를 축소해 지방에서 헤어쇼를 시작했다. 지방에서는 토니앤가이가 아닌 국내 유명 디자이너 '찰리정 헤어쇼'였다. 찰리정은 우리 광고 모델이어서 키울 필요가 있었다. 대전에서 헤어쇼를 할 때는 정말 운도 많이 따랐다.

"대전 같은 데서 하면 손님이 오겠나." 장 회장의 염려였다.

"회장님, 틀림없이 옵니다."

나는 특별히 아이디어를 냈다. 그냥 공짜로 오라고 하면 사람들이 안 오니까 초대권 가격을 2만 원에 매기고 그 위에 특별초대권 도장을 찍어서 그것을 고급 미용실 VIP 고객에게만 주라고 미용실에 뿌렸다.

그 다음 대전MBC로 갔다. 지금 충청투데이 신문사의 이중기 부회장이 편성국장을 할 때였다. 당시 이중기 편성국장을 만나보니 사람보는 안목도 있고, 흥행을 보는 눈도 있었다.

"저 3백만 원밖에 없습니다. 3백만 원 가지고 30분 헤어쇼 장면을 특별 편성해서 내보내주십시오."

"지금 지방방송이라고 우습게 보시는 겁니까. 3백만 원 아니라

3천만 원을 내도 해드릴 수 없습니다."

"저 좀 키워주십시오. 저 이거 하면 특진합니다."

이렇게 별의별 소리를 다 했다. 편성국장도 나중에는 감동을 했는지 '이런 열정적인 사람은 처음 봤다'고 하면서 30분을 편성해서 헤어쇼를 내보내줬다. 어느 방향으로 카메라를 돌리든 하나로 브랜드는 비추도록 했다. 3백만 원 버는 것보다 찰리정 헤어쇼가 대전에서 열렸고, 독점 취재권을 가졌다는 것이 그쪽에도 도움이 된다는 것을 알아차린 것이다.

날씨마저도 도와줬는데 일기예보를 들어보니까 그날 비가 억수같이 쏟아진다고 했다. 난리가 났다고 걱정했는데, 헤어쇼를 하는 날 아침까지 일기예보대로 비가 억수같이 쏟아지다가 입장 30~40분 전에 비가 딱 그쳐서 활짝 개었다.

그런데 사회를 보기로 한 뽀빠이 이상용 씨가 비 때문에 늦었다. 이상용 씨는 대전 출신 연예인이니까 훨씬 친근하고 좋은 인상을 줄 수 있고, 또 여성 고객이나 미용실 사람들도 이상용 씨의 입담을 좋아할 것 같아서 초대했는데 늦으니까 회장님과 이런 대화를 나누기도 했다.

"어떡할까요? 사회자가 늦습니다."

"늦으면 뭐 직접 사회하셔."

"알겠습니다. 바로 그겁니다. 늦으면 제가 사회를 보겠습니다."

그 뒤 바로 이상용 씨는 도착했고, 이렇게 해서 그날 헤어쇼도 대성공을 거뒀다. 안 될 것이라고 생각했으면 아예 헤어쇼를 시작하지도 않았을 것이다. 손님 안 오면 괜히 내가 다 책임져야 되는데, 뭐하려고 사서 스트레스 받고 고생하냐고 생각했다면 그 지방의 헤어쇼는 못 열었을 것이다.

더구나 토니앤가이로 인정받았으면 됐지 별 소득도 없는 지방 헤어쇼까지 가서 했다가 만일 사람들이 안 와서 좋았던 이미지가 흐려지면 '에이, 토니앤가이 쇼는 운이 좋았고, 역시 지방에서 뭐가 되겠어'라고 비웃음을 살 수도 있었다. 그런 위험을 떠안을 필요가 없다고 생각했으면 대전 헤어쇼, 광주 헤어쇼는 없었을 것이다.

그래서 아무리 불가능해 보여도 일은 저질러야 하고, 일을 저지르면 그에 따라서 주도면밀하게 챙길 것들을 챙겨나가면서 방법을 고민하게 되어 있다. 자꾸 변화를 시도해야 한다. 변화는 하나의 커다란 도전이다 보니 크리에이티브 없이 훌륭한 결과가 나올 수 없다.

그러다 보면 크리에이티브가 계속 생기고, 크리에이티브에 의해서 도전을 하면 변화를 이루게 되니 그 도전과 변화가 완성되는 순간 나는 경험 하나를 더 얻는다. 그 무엇보다도 크게 얻는 것은 최소한 내가 도전한 것에 대해서는 도가 텄다는 자신감이다.

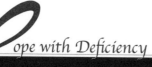

자원이 부족하면 아이디어로 승부하라

A회사는 건설자재나 건설부품으로 들어가는 공기청정기를 만드는 회사다. 그 회사의 제품 아이디어는 물로 맑은 공기를 만들어서 공기를 청정하게 만드는 것이다. 하지만 돈은 없고 아이디어는 있는데 그 아이디어가 눈에 확실히 도드라지지^{visible} 않고, 효과도 눈으로 확인할 만큼 크지 않아서 요새 아주 힘들다. 눈에 확실히 띄는 아이디어라고 한다면 어떤 것을 말하는 것인가?

인라인스케이트를 예로 들어보자. 요즘 어린 아이들은 인라인스케이트를 탈 때 속도를 즐기기 위해 아주 씽씽 달린다. 그러다 보니 한번 돌부리에 채이면 붕 떠서 뇌진탕을 일으키거나 팔다리가 다 부러진다. 하지만 인라인스케이트를 즐기는 사람들이 모두 속도를 즐기는 것은 아니다. 운동이나 재미를 위해 타는 사람도 많다.

그래서 한 중소기업에서 아이디어를 낸 것이 차바퀴를 부착한 인라인스케이트다. 바퀴에 공기를 주입해서 달아놓으니까 속도를 즐기는 맛은 없지만, 돌부리에 채여도 바퀴의 공기에 의해서 충격이 완화돼 안전이 보장된다. 그 때문에 불타나게 팔렸다.

M&N's 초콜릿도 마찬가지다. 초콜릿이 달콤하긴 하지만, 언제부터인가 비만의 주범으로 건강을 해친다고 안 먹기 시작했다. 그런데 M&N's 초콜릿은 빨주노초파남보 그 컬러풀한 색깔에 M&N's라는 브랜드 대신 '사랑해 선숙아'라는 개인적인 메시지를 써주고 기존 가격의 세 배를 받았다. 이렇게 하면 초콜릿으로 달콤한 사랑을 전할 수 있고, 받는 사람은 초콜릿에 내 이름까지 새겨 줬다는 데서 감동을 받으니 단순한 초콜릿 이상의 특별함을 가짐으로써 가치가 엄청나게 높아졌다.

우표도 마찬가지다. 기존에는 무궁화나 세종대왕처럼 대량으로 찍은 우표를 붙였지만, 이제는 생일파티 사진처럼 개인화된 우표를 만들어주고 가격을 두 배로 받는다. 그래도 사람들이 산다.

즉, 이런 것들은 눈에 띄고, 느끼고, 볼 수 있는 아이디어들이다. 안 보이는 것으로는 곤란하다. 2등 회사나 중소기업은 양극으로 가야 된다. 어정쩡하게 가서는 안 된다. 큰 시장으로 아주 값싸게 가든지, 아니면 충성고객에게만 최고급 제품을 제공하든지 이렇게 하지 않으면 안 된다.

내가 애경에서 쓴 방법도 마찬가지다. 화장품을 만드는데 화장품 회사만 400개에다, 브랜드도 여성, 남성 할 것 없이 앞선 브랜드들이 다 지배하고 있으니 방법은 아이디어로 승부하는 길밖에 없었다. 그래서 작지만 아주 확실한 여드름과 모공 화장품으로 포지셔닝했다.

어디에나 있는 음식점을 예로 들어보자. 식당에 가서 여기 뭐가 맛있냐고 물어보면 다 맛있다고 한다. 아주 답답한 대답이다. 반면에 이런 대답도 있다.

"여기는 설렁탕 전문이라서 설렁탕이 맛있는데, 설렁탕 국물에 도가니탕을 섞으니까 국물이 기가 막히게 맛있다고 해서 최근에 새로 개발했습니다. 이게 제일 맛있고 잘 팔립니다."

먹기 전에 이렇게 군침 도는 말을 해주면서 음식을 추천하면 당연히 그 음식을 선택하게 되고, 만족감도 훨씬 크다. 모든 메뉴가 다 맛있다고 말하는 것은 대답을 안 하는 것과 같다. 마찬가지로 중소기업들도 성공하려면 전문화specialization, 단순화simplification, 규격화specification된 것들에만 집중해서 파고들어야 한다. 욕심을 내서는 안 된다.

비즈니스의 핵심은 일이 아닌 사람이다

기업의 핵심은 기술과 자금일까? 그렇지 않다. 기업의 핵심은 돈도 기술도 아닌, 바로 사람이다. 그것도 철학과 열정이 넘치고, 자신감과 비전으로 똘똘 뭉친 인재들이 넘쳐나야 한다.

현대 고故 정주영 회장이 조선소를 세울 때 투자유치를 위해 영국에 가서 500원짜리 지폐를 내밀었다고 한다. 거기에 그려진 거북선을 보여주며 '이것이 우리나라 사람들이 500년 전에 만든 철갑선이다. 이런 민족이 그깟 배 한 척 못 만들겠느냐'고 하며 투자를 받아왔다. 나는 거기서 두 가지를 읽었다.

미래에 대한 확고한 비전과 자신감이다. 정주영 회장은 배와는 관련이 없는 사람이었다. 그런데도 비전과 자신감이 있었기 때문에 결국 조선소를 세웠다. 즉, 정주영 회장이 가진 것은 오로지 자신감과 비전이었지 돈이나 기술이 아니었다. 이렇게 자신감과 비전만 꼭 챙기고 있으면 모든 것이 이루어지는데, 우리는 마치 자신감과 비전을 갖기 위해서는 돈과 기술을 먼저 갖춰야 된다고 반대로 생각한다.

내가 애경에서 중견간부로 있을 때였다. 하나로 샴푸가 대박이 나자 내 소문이 업계에 퍼졌다. 이미 부장 정도는 할 능력이 있는데 과장으로 두기에는 아깝다고 애경그룹 최초로 과장이면서 부장 업무를 취급했고, 그러자 그때까지 내 보스였던 네덜란드인 부장과 같은 위치가 됐다. 프랑스인 상무에게 직접 보고하는 생활용품^{personal product} 마케팅 헤드가 된 것이다.

소문은 드디어 헤드헌터한테까지 퍼져서 이런저런 유혹이 오기 시작했다. '내 발전을 위해 점핑을 하느냐, 아니면 애경에 머물러야 되느냐?' 그 고민으로 엄청나게 고통스러웠지만, 더 많이 배우고 발전할 기회라는 생각에 유학을 간다는 마음으로 회사를 옮겼다. 회장님께는 너무 죄송했지만 다국적 기업으로 유학을 간다고, 필요하면 나중에 다시 돌아와서 써먹겠다고 약속을 했다. 유학 가면 4년 정도 걸리니까 그동안만이라도 우리보다 훨씬 뛰어난 외국 기업에서 배우고 오겠다고 하고, 서른다섯에 미국의 생활용품 회사 다이알로 회사를 옮겼다.

방, 비서, 차 등 대우는 모두 중역 대우를 해주겠지만, 나이가 너무 어리니 일단 직책은 부장으로 하자고 해서, 처음에는 애경에서도 부장이었는데 무슨 소리냐고 거절을 했다. 그러나 모든 중역들이 40대인데 나만 30대 중반인 데다, 대우에서도 빠지지 않았기 때문에 6개월 뒤에 성과를 내면 공식적으로 중역 타이틀을 달아줄 것을 약속받고 다이알의 부장으로 옮겼다.

외국 회사로 옮겼어도 나의 일하는 태도는 애경에서와 전혀 달라지지 않았다. 한 달에 하나씩 6개월 동안 무려 여섯 가지의 신제품을 내는 엄청난 성과를 올렸다.

어느 날 새벽 2시 쯤 태생탄 사장이 회사 앞을 지나다가 사무실에 불이 켜져 있는 것을 보고 불을 끄러 들어왔는데, 그 시간까지 우리가 일하고 있는 것을 보고 놀라서 뒤로 넘어지려고 했다. '우리 지금 바쁘다. 프로덕트 매니저는 한정되어 있고, 신제품은 다음 달에 또 나와야 되는데, 이렇게 안 하면 도저히 물리적으로 시간을 맞출 수가 없다'고 했더니 진심으로 놀란 눈빛이었다. 더구나 밑에 직원들까지 남아서 즐거운 표정으로 일하고 있으니, 이렇게 열정적인 직원은 처음 봤다는 표정이었다.

'곧 퇴근한다. 걱정하지 말고 먼저 가라'고 이야기를 하니 사장은 무척 감동했고, 그 다음 달 제품 출시 후 나는 입사한 지 6개월도 안 돼서 정식 이사 직함을 달았다. 만 35세에 진짜 다국적 기업의 마케팅 중역이 된 것이다.

똑같은 자금과 인적·물적 자원을 갖고도 전혀 다른 결과가 나오는 이유는 회사가 '사람이 멈춰서 일하는 곳'이기 때문이다. 기업企業의 기企는 '사람 인人'으로 시작한다. 제1덕목이 사람이라는 말이다. 그리고 그 밑에 '멈출 지止'가 있다. 결국 기업은 사람이 멈춰서 일하는 곳이다. 영리한 머리에 열정과 성실함으로 일에 몰두하는 직원만 있다면 회사는 절대적으로 발전할 수밖에 없다는 사실을 기업企業이라는 단어만 찬

찬히 뜯어봐도 알 수 있다.

사람들은 아무나 그 자리에 있으면 할 수 있다고 생각한다. 아주 심한 착각이다. 그러다 보니 회사가 안 된다. 회사 입장에서 보면 능력 없는 사람이 그 자리를 차지하고 있으니 능력 있는 사람이 들어오지 못해 애를 먹는다. 그래서 안목을 지닌 사람을 심는 일이 중요하다. 그리고 그 사람이 유감없이 창의력을 발휘하도록 만들어주어야 한다.

내가 적자를 내던 애경에 다시 돌아가서 1년 안에 흑자로 돌려놓았을 때, 물리적으로는 아무것도 건드린 것이 없었다. 다만 전체 회사 상황을 살펴보니 한 일곱 가지 정도만 교통정리를 하면 되겠다는 확신이 들었고, 그대로 했더니 회사가 짧은 기간에 튼튼해졌다. 이 부분에 관해서는 뒤에서 좀더 자세히 설명하겠다.

똑같은 상황을 놓고도 어떻게 보느냐에 따라 결과는 달라진다. 즉, 어떤 사람 눈에는 보이고, 어떤 사람 눈에는 안 보인다. 직원 수도 같고, 여건도 같고, 직원들이 받는 혜택도 똑같은데 어떤 기업은 승승장구하고 어떤 기업은 부진에서 헤어나지 못한다. 도대체 어디서 차이가 날까 속을 들여다보면 거기에 사람의 품질이 있었다. 똑같은 물자, 똑같은 브랜드, 이렇게 조건은 모두 똑같은데 어떤 사람 눈에는 보이고 어떤 사람 눈에는 안 보였던 것이다. 그래서 비즈니스의 성공과 실패는 철저하게 사람에게 달렸다.

실패한 회사를 싼 값에 인수하면 최소한 그 회사 중역만큼은 인수해서는 안 된다. 이유는 간단하다. 그 사람들은 실패하는 법만 배웠으며 그것에 익숙해서, 성공법칙을 배우고 싶어하지 않기 때문이다. 그

못되게 배운 습성을 새로 가르치기에는 엄청난 에너지와 자원이 든다. 그래도 고치기 쉽지 않다. 몸에 이미 체화됐기 때문이다. 그래서 실패한 사업에는 실패한 사람이 있고, 그만한 이유가 그 사람에게 꼭 있다. 반대로 성공한 사람은 성공법칙에 체화되어 반드시 또 하나의 성공을 만들게 돼 있다.

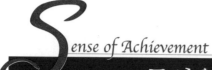

무엇을 위해 일하는지 분명히 하라

내가 아내에게 가장 고마워하는 것은 나를 믿어줬다는 것이다. 사고로 손 하나를 잃고 나 스스로도 책임지기 어려운, 그야말로 전혀 믿음을 줄 상황이 아닌데도 '이 사람은 절대 그대로 주저앉아 있지 않을 것'이라고 굳게 믿어줬다. 최악의 상황에서 최선의 믿음을 줬다. 그보다 더 고마운 것이 있을까. 그래서 아내의 믿음이 헛되지 않도록 아내를 행복하게 해주기 위해 죽을 만큼 최선을 다했다.

그래서 애경에서 처음 대리로 진급하고 제일 먼저 생각난 사람이 아내였고, 두 번째로 생각난 사람이 바로 장인어른이었다. 아내에게 '아버지에게 갈지, 나한테 갈지' 잔인한 선택을 하라며 그렇게 결사적으로 결혼을 반대했던 장인어른이 생각났던 것이다. 그때까지 한 3년 동안 나는 장인어른과 거의 말을 하지 않았다. 그래서 명절 때만 되면 속으로 굉장히 가슴이 아팠다.

처가에 가기 싫으니까 아내가 간다고 할 때마다 '거기 뭐하러 가냐, 좀 더 기다려보자'라는 식으로 나오니 아내는 친정에 가고 싶은 마음에 속으로만 앓고 있었다. 그러다가 내가 진급을 하자 아내가 장인어른한테 전화를 해서 '서환 씨가 드디어 대리가 됐다'고 말씀을 드렸다. 장인어른은 워낙 말이 없는 분인데, 처음으로 잘했다는 말씀을 하셨다고 아내가 전해줬다.

그러고 나서 다이알에서 승진해서 처음 이사를 달았을 때, 장인어른께 다이알 사무실을 구경시켜 드리면서 최초로 성취감을 제대로 느꼈다. 만 서른다섯 살에 다이알사의 이사가 되어 장인 장모를 모시고 사무실을 구경시켜 드린 뒤 호텔로 모시고 가서 식사를 대접했다. 나는 그것으로 장인 장모에게 아내의 선택이 절대 나쁘지 않았음을 보여드렸다. 그리고 두 분은 진짜 안심을 하셨다. 좋은 사무실을 혼자 쓰면서 거기에 비서까지 두고 있는 것을 보니 당신 딸이 이제 큰 고생은 안 할 것이라는 생각을 하신 것 같았다. 그때 장인 얼굴에서 환하게 평화를 찾은 모습을 보았다.

나는 돈을 버는 목적이 쌓아두기 위해서가 아니라 그것을 통해서 누군가를 행복하게 해주는 것이라고 생각한다. 물론 내 성취로 인해 내가 행복한 것 그 자체가 1번이지만, 더 진정한 의미는 주변 사람들이다. 주변에서 자기를 인정해주는 기쁨이 없다면 나 혼자 나를 인정하는 것은 아무 의미가 없다.

나만 행복하기 위해서 일을 한다면 일은 물론이고, 무엇을 해도 재미가 없다. 나로 인해서 내 가족이, 내 상사가, 내 주위 사람들이 행복해하면 훨씬 더 보람 있고 힘이 난다. 돈을 벌어도 쓸 사람이 있어서 더러는 "이거 왜 이렇게 많이 썼어?"라고 이야기하는 것도 사실 행복이다. 돈을 벌어도 쓸 사람이 있기 때문에 행복한 것이지, 번 돈을 쌓아놓기만 한다면 무슨 재미가 있겠는가.

이렇게 내가 성취하면 주변 사람들 모두가 즐거운데 내가 할 일을 제대로 하지 않아서, 내 열정을 쏟지 않아서, 내가 마음을 잘못 먹어서 행복할 자격이 있는 사람들의 행복을 빼앗고 있지는 않은가? 그래서는 안 된다. 불가항력적인 일을 하라는 것도 아니고, 단지 '할 수 있는 것은 충분히 자기가 하겠다'고 마음먹음으로써 주위의 모든 사람들이 행복해하고, 그로 인해 나까지 기쁨을 얻을 기회를 놓치고 있는 것은 아닌지 생각해봐야 한다.

주인정신이
놀라운 차이를 만든다

3G 이동통신 서비스 쇼^{Show}가 나온 지 한참 됐을 때였다. 날마다 판매일보가 올라오는데 인천공항 국제로밍센터 내에 있는 공항점은 판매 대수가 어떤 날은 하루 네 대, 그나마 한 대 파는 날도 있고, 공치는 날도 있었다.

글로벌 로밍이 되니까 공항에서 많이 판매될 것이라 예상하고 다섯 명의 판매요원을 배치했는데 매일 판매수치가 그 정도였다. 내가 해외에 나갈 때마다 공항에서 본 바로는 절대 그만큼밖에 못 팔 리가 없는데 이상했다. 항상 길게 줄을 서 있는 곳인데, 어떻게 해서 하루 종일 다섯 명이 다섯 대도 못 팔까? 이건 뭔가 진짜로 잘못됐다는 생각에 공항으로 달려갔다.

그리고 거기서 주인정신이 얼마나 필요한지 절실히 느꼈다. 손님인 척 뒤에 서서 보는데, 전혀 쇼폰과 관련된 이야기를 안 했다. 쇼폰이 글로벌 자동로밍이 되는데, 로밍폰 바꿔주는 사람이 쇼 서비스를 설명해주지 않는다는 말이다. 열이 펄펄 났다. 인내심을 가지고 15분 정도를 옆에서 손님인 척하고 지켜봤다. 누구 하나라도 쇼폰 있다고 이야기할까 보고 있는데, 말하는 사람이 하나도 없었다.

한참 보다가 결국 내가 누구인지 밝히고 왜 쇼폰에 대해 설명을 안 하냐고 물었다. 시간이 바쁜 사람들이라 빨리 보내기 위해서 그냥 바꿔만 준다는 것이다. 그러다가 혹시나 "여기는 쇼폰 없어요?"라고 물어보는 사람이 있으면 "네, 위 점포로 가보세요"라고 대답한다고 한다. 이렇게 하나를 파는데, 어제는 스스로 물어본 사람이 하루 종일 네 명이 있었고, 내가 간 날은 불행히 한 명도 없었단다.

외국에 나가는 사람들이 굉장히 바쁠 것 같지만 사실 바쁘지 않다. 물론 급한 사람들도 있겠지만 대부분의 사람들은, 혹시 차가 밀릴지 모르니까 기다리더라도 공항에서 기다리자 하는 마음으로 항상 여유 있게 공항에 도착한다. 국제로밍센터 직원들은 사람들이 바쁠 거라 생각한 나머지 로밍폰으로 바꿔주는 일에만 급급할 뿐 신상품을 소개하는 것이 진정한 서비스라고 생각하지 않았다.

2G폰을 가지고 가는 사람한테 "해외 자동로밍 되는 쇼폰 있습니다. 쇼폰 광고 보셨죠? 그게 자동로밍이 됩니다. 쇼폰으로 바꾸시면 다음부터는 번거롭게 로밍폰 바꾸러 여기까지 안 들르셔도 됩니다"라는 말만 해도, 당연히 "아, 그래요? 여기서 살 수 있나요?"라고 나올 것이다. 또 "특별판매 합니다"라는 말 한마디만 덧붙이면 될 것을 아무도 그

말을 안 하고 있었다.

　심각한 일이었다. 이는 자기 고객도 아니고, 자기한테 득도 안 된 다고 생각한다는 뜻이다. 화가 막 났다. 쇼폰 사라고 권하고 옆에 판매하는 곳으로 안내하는 데 30초도 안 걸린다. 그렇게만 하면 혹시 지금 바꾸지 않더라도 다음에 바꿀 수 있는데, 그 말을 못하고 로밍폰 바꾸러 오는 사람들에게 2G 로밍폰으로 바꿔주고 끝이었다. 몇 개 팔았냐고 하니까 다섯 명이 그때까지 한 개도 못 팔았다고 했다. 이건 못 판 것이 아니라 안 판 것이다. 그러니 기가 막힐 수밖에 없었다.

　주인의식도 없고, 문제의식도 없고, 자기가 잘못하고 있는지도 모르고, 거기다 교육도 안 해주니 그냥 세월만 흘러가는 것이었다. 너무나 답답했지만 화를 낼 수도 없고 해서, 모두 불러 공항 커피숍에서 오렌지주스를 사주며 처음부터 교육을 다시 시켰다.

　"어서 오십시오. 로밍하러 오셨군요."

　"네."

　"요새 텔레비전에서 많이 보셨죠? 공항에서 막춤 추고 쇼하는 광고요. 그 쇼폰이 글로벌 로밍폰이에요. 쇼폰 있으면 여기서 로밍폰으로 안 바꾸시고, 쓰던 폰 그냥 가지고 나가시면 돼요. 손님은 VIP 고객이라서 55만 원짜리를 특가로 7만 원에 드립니다."

　"그래요? 그러면 외국 나갈 때 무조건 들고 나가면 됩니까?"

　"네, 여기까지 안 오시고 그냥 가지고 나가시면 돼요."

　"세상에나, 나 당장 할래요."

　"네, 여기 있습니다."

바꾸러 오는 사람들한테 이렇게 말하기만 하면 된다.

그리고 매장을 둘러봤더니 쇼 서비스가 출시된 지 언제인데 매장에 KTF라고만 쓰여 있지, 쇼 브랜드를 광고하는 포스터나 행거 같은 광고물조차 하나도 없었다. 그래서 지시를 내렸다. "여기에 쇼 브랜드를 하나씩 매달아 놓으시오. 아니면 행거나 포스터를 달든가, 'KTF 쇼는 글로벌 로밍폰' 또는 '글로벌 로밍폰 쇼' 이렇게라도 써 놓으시오."

머리는 모자 쓰라고 있는 것이 아니다. 그런 아이디어들은 현장에서 즉각적으로 나와야 하고, 강한 액션으로 실행에 옮겨야 한다. 바로 그 다음 날 점검했다. 대리점에 전화해서 "잘하고 있소?"라고 물어보고, 다음 날 오전쯤 다시 전화를 했다. "어제처럼 하고 있소? 내가 지금 갈 테니까 잘하는지 점검들 해보시오. 몇 개 팔았소? 여태까지 여섯개 팔았다고? 더 해야 하오. 좀 더 적극적으로 해보시오."

그리고 실제로 사람을 보내서 확인을 했다. "위에서 보내서 왔습니다. 실제로 하고 계신지 보라고 해서 왔는데 정말 잘하시는군요. 그런데 윗분께서 이거 좀 더 추가하라고 하시던데요. 그러면 완벽하다고." 이렇게 칭찬해주면 그들도 기분이 좋아진다.

일단 오늘 혼을 내놓고, 그 다음 날 해놓은 것에 대해 칭찬하면 이 분은 칭찬할 때 칭찬하고 꾸짖을 때는 엄하게 꾸짖는 분이라는 것을 알고 '저렇게 자기 일처럼 애착을 갖고 회사에 충성하기 때문에 중역이 된다'고 자연스럽게 교육이 되는 것이다.

그런 식으로 안 된 부분에 대해서는 꾸지람을 하고 그 다음 날부터 목표를 열 개로 높였다. "내가 일러준 방법대로 해보시오. 그렇게 해서 열 개를 못 팔면 내가 책임지겠소." 사실 일러준 대로만 하면 30개도 팔 수 있었다.

재미있는 예를 하나 들어보겠다. 어떤 어린아이가 자꾸 돈을 찢었다. 지폐만 보면 찢는 것이었다. 심부름 갔다 오라면 돈을 찢어버리니 걱정이 된 부모는 아이를 데리고 병원을 돌아다녔다. 이 병원 저 병원 다녀봤지만 가는 병원마다 '이런 병은 처음 봤다. 나는 못 고친다. 큰 병원에 가보라'고 했다.

큰 병원에 가서 한참을 기다려 진료를 받았지만, 의사가 돈을 줬더니 또 찢어버렸다. 그러자 거기서도 '이거 이상하다. 나도 못 고친다'고 했다. 결국 이 부부는 지푸라기라도 잡는 심정으로 아이를 데리고 목사한테 갔다. 목사 역시 아이에게 돈을 줘봤다. 이번에도 돈을 찢으려고 하자 목사는 아이의 뒤통수를 퍽 때리면서, 버럭 호통을 쳤다.

"네 이 녀석, 한번만 또 찢으면 혼날 줄 알아. 또 찢어봐."

그랬더니 더 이상 안 찢었다고 한다. 즉, 찢지 말라는 말을 안 했던 것이다. 찢지 말라고는 안 하고 아이가 왜 계속 돈을 찢는지 걱정만 하고 있었다.

공항점도 마찬가지다. 사라는 말은 안 하고 왜 안 사가냐고 걱정만 했다. 광고도 마찬가지다. '무슨 말씀이세요? 왜 지금까지 이 제품 안 쓰셨어요? 빨리 쓰세요.' 이렇게 강요를 해야 소비자들도 쓴다.

첫째, 정말 철저하게 교육을 시키고 둘째, 앵무새처럼이라도 매뉴얼대로 움직이는지 보고 셋째, 지속적으로 제대로 하고 있는지 계속 확인해야 한다. 반드시 그래야 한다. 그러고 나서 문제점을 다시 교정

해줘야 한다. '지시했으니까 잘하겠지'라고 생각하고 내버려둬서는 안 된다.

내가 교육시킨 내용만 그대로 따라했는데, 셋째 날부터 열한 대, 열두 대 등 막 판매량이 올라갔다. 그때부터 그들에게는 자신감이 생겼다. 여기에 기술이 붙으면 20~30대는 팔 수 있다고 생각했다. '한 대 팔면 5천 원씩, 열 대 이상 넘으면 만 원씩, 20대 이상 팔면 2만 원씩'이라는 인센티브까지 내거니 귀신같이 파는 직원들이 나왔다. 한 사람이 50대도 팔았다. 하루에 자기 월급을 한 번 더 타는 것이었다. 하는 방법 일러주고 거기에 돈까지 주니, 그때부터 진심으로 의욕이 생겼던 것이다.

그래서 누가 어느 단계에서 리더십을 발휘해주는지가 참으로 중요하다. 중간에 하나만 발휘해주면 된다. 그런데 어느 누구도 발휘해주지 않으면 그 조직은 그야말로 썩은 조직이 되는데, 중간에 있든 위에 있든 누군가 거기에 제대로 생각이 박힌 사람 한 명만 있으면 된다. 그러면 거기에서 쫙 퍼져나간다.

그것이 '파레토의 법칙' 아닌가. 결국 모든 조직은 20퍼센트가 끌어나간다. 100명 중 20명이 나머지 80명을 먹여 살린다. 그렇다고 80명이 필요 없는 것이 아니다. 100을 이루기 위해서 필요하다.

결국 경영이나 리더십이란 무엇인가? 남 하는 대로 따라하는 것이 아니라 생각을 조금 바꿔보고, 방법을 조금 바꿔봤는데 그것이 향상된 결과로 나타나는 것이다. 사원, 대리, 과장, CS실장, 팀장 할 것 없이 수없이 많은 사람들이 문제점을 보고도 그냥 지나쳤다. 내 눈에는 개선

점이나 문제가 많이 보였는데, 왜 다들 아무런 문제의식 없이 그냥 지나쳤을까? 주인의식이 없었기 때문이다.

사실 주인의식은 그냥 발휘되는 것이 아니라 나한테 어떠한 연관이 됐을 때, 또 내 이해타산과 관련이 있을 때 발휘된다. 그것이 자본주의다. 일반적으로 주인이 아니면 주인의식은 생기지 않는다. 스톡옵션 제도도 결국 '이익을 많이 내고 매출이 신장되면 당신도 부자가 된다'는 주인의식을 심기 위해서다. 당신도 주주로서 주인처럼 열심히 일하라는 의미다.

인센티브 역시 '남의 장사가 아니다. 많이 팔면 나한테 이익이 돌아오니까 이제는 내 장사다'라는 의식을 심어주는 것이다. 평등하다는 것은 곧 불평등하다는 것이다. 즉, 더 팔아도 받는 돈은 전과 똑같다면 누가 악착같이 팔려고 하겠는가. 그래서 20대 팔면 얼마, 30대 팔면 얼마 이렇게 인센티브 제도를 도입하면, 개인별로 나오니까 자신이 벌 수 있는 돈으로 환산이 된다. 이전에는 매일 똑같은 일이라 재미가 없었지만, 돈으로 환산되면 오히려 더 재미있다. 근무시간은 예전과 똑같은데, 어차피 한 20초 더 이야기함으로써 더 많은 돈을 받기 때문이다.

거기 앉아 있는 시간은 똑같다. 그래서 평등이 곧 불평등이다. 일을 하건 안 하건 똑같은 월급 받는 것이 불평등이라는 말이다. 그래서 자본주의 사회에서는 반드시 인센티브 제도가 필요하고, 모티베이션이 필요하고, 경쟁이 필요하다.

그것이 바로 경영의 핵심이다. 반드시 인센티브가 있어야 한다. 인센티브 없이는 효과를 얻기 어렵다. 말로만 주인의식이라고 하고, 말로만 열심히 하라고 한들 열심히 하지 않는다. 물론 공포감을 조성하거나, 실업의 위기로 몰아갈 경우에도 열심히 할 수 있지만 그렇게 해서는 안 된다. 일을 즐겁게 하는 사람, 보람 있게 하는 사람은 더 많이 일해도 힘든 줄을 모른다. 같은 일을 해도 즐겁게 일할 수 있도록 환경을 만들어줘야 한다.

원칙을 지키면
모두가 이익이다

마케팅은 마케팅믹스 4Ps가 잘됐을 때 성공한다고 한다. 좋은 제품Product, 적절한 가격Price, 그것을 촉진시킬 수 있는 프로모션Promotion, 그리고 유통 채널Place이 있어야 된다. 하지만 실질적으로 4P를 구성하지 않는 마케팅은 마케팅이 아니다. 4P는 아주 기본이고, 정말 중요한 것은 바로 사람People이다. 사람 중에서도 철학Philosophy을 가진 사람이다. 사실 마케팅을 할 때는 뜻대로 안 되는 경우가 너무 많기 때문에 이 원칙은 매우 중요하다.

생각해보자. 제품 가격을 깎아주지 않으면 누구에게 이득일까? 소비자와 브랜드 오너 양쪽이 다 득을 본다. 반대로 할인을 해주면 누구에게 이득일까? 얼핏 생각하면 소비자에게는 득이고, 제조사는 손해일 것 같지만 그렇지 않다. 소비자도 손해고, 제조사도 손해다. 둘 다 죽는다. 이것이 원칙이다. 그래서 디스카운트가 없으면 소비자가 가장 행복하다.

그러면 제품 가격을 깎아서 팔았을 때 소비자는 왜 손해인가? 우선 심리적으로 손해다. 철저한 배신감을 느낀다. 지금 내가 250만 원을 주고 샤넬 가방을 샀는데, 이와 똑같은 가방을 저쪽에서 150만 원에 판다면 그 순간 기분은 완전히 상한다. 그러면서 산 것을 후회하게 되고, 다시는 그 브랜드를 사지 않으려고 한다. 결국은 이 제품에 대해서 전혀 가치를 느끼지 못한다. 그래서 결국 회사도 망한다.

그런데 원칙을 지키면 회사와 소비자 둘 다 성공한다. 어딜 가도 할인을 하지 않기 때문에 회사는 제값을 받아서 이익이고, 소비자도 제값을 주고 사니까 '나는 비싼 것을 가지고 있다'는 프라이드를 지킬 수 있어서 이익이다. 가방이 바람을 막아주는 것도 아니고, 돈을 더 집어넣어 주는 것도 아니지만 그것이 가치다.

가치를 산 것이지 가죽을 산 것이 아니다. 가죽을 샀다면 짝퉁 제품을 사는 것이 낫다. 가치를 샀기 때문에 돈을 다 지불했는데, 그 가치를 느끼지 못하게 한다면 그것은 원칙을 깨뜨리는 것이 되기 때문에 양쪽 다 지는 게임이 된다.

부하직원들이 가장 싫어하는 상사가 "김 대리, 내가 밤새 생각해봤는데 그게 아닌 것 같아. 다시 해봐"라며 자기 원칙 없이 흔들흔들 하는 유형이다. 하는 수 없이 "알겠습니다. 다시 하겠습니다"라고 대답하고 돌아서는데, 또다시 "김 대리, 다시 이리 와봐. 이거 아닌 것 같아, 그치? 아까 한 걸로 다시 돌아가자"라며 붙잡는다. 이렇게 철학도, 확신도, 원칙도 없는 '다시 상사'가 너무 많다.

신제품도 예외가 아니다. 박카스가 히트를 치자 똑같은 병 모양, 똑같은 글씨의 유사한 제품들 수십 개가 쏟아져 나왔다. 비타500이 히트를 치자 비타1000, 비타1500 등 유사제품들이 수없이 출시됐다. 또 물먹는 하마가 인기를 얻자 물먹는 젖소, 물먹는 암소, 물먹는 코뿔소 등 제습제 시장이 완전 동물농장이 됐다. 이런 주변제품은 얼마나 팔릴까? 팔리기는커녕 결국 박카스, 비타500, 물먹는 하마를 소비자 마음속에 공고히 박히게 하는 역할만 한다. 다시 말하면 1등 브랜드를 더욱 1등으로 만들고 죽음을 맞는다.

한때 매실 음료가 유행하면서 초록매실, 청매실, 푸른매실, 참매실 등 약 30개의 원칙 없는 미투me too 제품이 쏟아져 나왔다. 아예 병까지 다 똑같다. 더욱 놀라운 사실은 이 제품들이 모두 대한민국 굴지의 식음료회사에서 나왔다는 점이다.

마케팅의 가장 기본원칙이 무엇인가. 철저하게 시장을 세분화하고, 명약관화하고 좁게 타깃을 설정하고, 소비자 가슴속에 한 단어를 깊이 새기고, 무엇보다도 제품의 경쟁우위를 확보한 상태에서 차별화하는 것이다. 그리고 철학이란 이 원칙이 절대로 흔들리지 않는 소신을 말한다.

마케팅은 제품 싸움이 아니라 인식의 싸움이다. 즉, 마케팅에서 마켓은 장터가 아니라 소비자의 가슴속이다. 소비자의 가슴속을 끊임없이 움직여서 내 제품의 가치를 심어놓는 것이 마케팅의 정의다.

그래서 마케팅이란 움직이지 않는 시장market을 끊임없이 움직이도록 ~ing를 붙여서 현재진행시키는 것이다. 마케팅 전략은 단순히 물건을 파는 데만 적용되지 않는다. 마케팅은 신비스러울 정도로 많은 부분에 적용되지만 원칙은 다 똑같다.

마케팅을 할 때는 마케팅을 제대로 할 수 없는 방해요소들이 너무나 많다. 그 중에서 가장 무서운 적은 경쟁사나 소비자가 아니다. 제품의 품질도 전혀 아니다. 가장 무서운 적은 바로 내부의 적이다. 심지어 오너도 마케팅하는 데 걸림돌이 될 수 있고, 더러는 가까이 있는 중역들도 걸림돌이 될 수 있다. 그래서 모든 일이 그렇듯이 마케팅은 원칙과 소신이 없으면 참으로 하기 힘들다.

사실상 마케팅은 유에서 유를 플러스시키는 경우도 있지만 대부분 무에서 유를 창출한다. 그때 내부적으로 타부서와 많이 부딪히게 된다. 마케팅은 타협해서는 안 된다. 설득의 작업이다. 특히, 마케팅을 수행하면서 철학의 소중함은 아무리 강조해도 지나침이 없다.

앞서 말했듯이 유능한 마케터에게 가장 무서운 적은 내부의 적이다. 그것은 수많은 반대를 무릅써야 하기 때문이다. 특히, 마케팅을 수행함에 있어서 재무 분야에서 근무하는 사람들과 많이 싸운다. 논리로는 재무를 설득하는 것이 불가능할 때가 많다. 재무적 어프로치로는 답을 낼 수가 없기 때문이다. 콩 심은 장소에서 콩 나는 것은 재무지만, 마케팅은 콩을 안 심은 상태에서 콩 수확량을 말해야 하는 것이다.

신제품 개발 시 재무에서는 왜 손해나는 장사를 하냐고 묻는다. 손해는 2년간 나지만 그 후 죽 이익을 낸다 해도 믿기 힘들다고 하는 사람들을 무슨 재주로 설득할 것인가?

그렇기 때문에 뛰어난 설득력과 더불어 흔들리지 않는 자기만의 철학을 가진 사람이 마케팅에서 4Ps보다 훨씬 더 중요한 요소가 된다. 효과적인 내부 요원 설득을 위해서 철저히 준비된 뛰어난 프레젠테이션 스킬도 중요하고, 옳은 것을 절대 포기 없이 강하게 주장하는 소신과 배포도 중요하다.

또한 판단이 잘못됐을 때 빨리 잘못을 시인하는 것도 중요하다. 광고 제작을 해놓고 수십억 원의 광고비가 매달 빠져나가는 상황에서, 광고가 설득력이 없다는 조사 결과가 나오면 빨리 그 광고를 철회해야 한다. 그런데 그렇게 못하는 경우를 여러 번 봤다. 본인이 몇 달 전까지 좋다고 해놓고 어떻게 나쁘다고 보고할 수 있느냐는 것이다. 하지만 그러는 동안 회사 광고비는 효과 없이 공중으로 날아간다. 더구나 내가 만든 광고인데 어떻게 내 스스로 시인할 수 있는가 하고 망설인다. 그래서 호미로 막을 수 있던 것을 결국 가래로 막는 격이 된다.

오너 회장 앞에서 재무와 마케팅이 부딪히면 대부분 재무가 이긴다. 재무는 질서 정연한데 마케팅은 뜬구름 잡는다고 생각할 수 있기 때문이다. 재무는 아껴야 한다고 하고 마케팅은 써야 한다고 한다. 개념이 부족하거나 현실 만족형인 오너들에게는 마케팅이 백번 진다. 그래서 굳건한 자기 철학이 있는 사람이 마케팅에는 필요하다. 또한 그러한 자질을 지닌 마케터를 갖고 있는 사람은 그 자체로도 행운이요, 금노다지를 가진 것이다.

내가 얼마나 유쾌한지
매일 자랑하라

대화할 때는 분위기 즉 '라포르(rapport, 두 사람 사이의 공감적인 인간관계)'를 형성하는 것이 아주 중요하다. 커뮤니케이션에서 가장 중요한 것은 상대방과 친밀감(ice breaking)을 갖는 것이다. 처음 만나서 공통의 화제가 없을 때 어색함을 깨기 위해서 일반적으로 날씨 이야기로 대화를 시작한다.

"오늘 비가 온다고 했는데 참 맑습니다. 사장님께서 덕이 많으셔서 비 온다는 예보까지 바뀌면서 이렇게 날씨가 좋군요."

이렇게 덕담으로 이야기를 시작하면 대화가 훨씬 부드럽게 풀린다. 강의를 듣다 보면 억지로 웃기려는 사람들이 있다. 그것도 꼭 앞에다 '여러분이 졸기 때문에 유머 하나 하겠다'는 이야기를 붙인다. 그것은 결국 자기 강의가 나쁘다는 말과 똑같다. 졸기 때문에 유머 하나 하겠다고 하면서 음담패설 하나 해놓고 혼자 제일 크게 웃는다. 그러면

음담패설만 들어오지 강의 내용은 전혀 안 들어온다.

진정한 유머감각은 딱딱한 분위기를 없애주고 여유 있는 사람으로 보이게 하는 역할을 한다. 실제로 다이알에서 입사 인터뷰를 할 때 작성하는 서류에 다음과 같은 질문이 있었다.

'당신 생활의 몇 퍼센트를 자유롭게 해외에 다닐 수 있는가?'

평생 처음 보는 질문이었다. 당신 인생에서 몇 퍼센트를 여행할 수 있냐고 묻는데, 그때만 해도 여행자유화가 시작된 지 얼마 되지 않아 여행에 익숙하지 않을 때였다. 나는 무슨 말인지 몰라서 그냥 '그때그때 다르다'고 썼다. 나중에 알고 보니 이 질문이 외국인들한테는 굉장히 중요한 질문이었다. '아내를 떼어놓고 여행을 해도 이혼하지 않을 수 있는가' 하는 의미가 내포된 것이다.

다국적 기업이기 때문에 싱가포르에 가서 살 수도 있고, 일본에 가서 살 수도 있고, 또 여러 나라를 관할하게 되면 지역 전체를 두루 다녀야 한다. 예를 들어, 한국에서 다섯 나라를 관할하게 되면 1년 중 5분의 4를 여행해야 되기 때문에 그것이 굉장히 중요하다. 당시 우리는 아직 글로벌화가 되지 않았기 때문에 무슨 뜻인지 전혀 알 수 없었을 뿐이다.

그 다음 질문은 '당신은 어느 정도나 유머감각이 있다고 생각하는가'였다. 이것도 내게는 아주 낯선 질문으로, 유머감각 sense of humor이 무슨 점수 낼 일이냐는 생각이 들었다. 그런데 이들에게는 유머감각이 있는지, 얼마 동안이나 가족과 떨어져 여행할 수 있는지가 합격·불합격에 영향을 미치는 굉장히 중요한 질문이었다.

유머는 직장의 활력소로 매우 중요하다. 리더는 부하직원들을 쥐락펴락해야 하기 때문에 유머감각이 없다면 리더의 자질도 없다고 말한다. 강의도 웃겼다가 울렸다가 감동시켰다가 심각하게 만들었다 하지 않으면 바로 지루해진다. 사람들은 5분 이내에 섹슈얼 판타지에 젖기 때문에 최소한 5분에 한 번씩 웃겨줘야 된다. 주의를 환기시키고, 움직이게 해야 한다. 움직이지 않고 조용하게 있으면, 눈은 뜨고 있지만 속으로는 아주 세게 해석하면 어젯밤 섹스하던 생각을 하는데, 이는 심리학적으로 남자나 여자나 다 똑같다고 한다.

나는 일주일에 적어도 서너 번은 아내를 배꼽 잡게 만든다. 생각할수록 깔깔깔 웃게 만든다. 언젠가 교회에서 '나를 위한 기도, 목사를 위한 기도, 교회를 위한 기도'에 대해 각각 써서 내라고 한 적이 있다. 그래서 내가 '목사님을 위한 기도 - 건강하쇼, 교회를 위한 기도 - 번창하쇼'라고 썼더니 아내가 그것을 보고 한 3일 동안 배꼽을 잡고 웃었다. 세상에 아무리 단답형이지만 이렇게 쓰는 사람이 어디 있냐고 했다. 그래도 내 것 하나는 맞는다고 동의했다. '본인을 위한 기도 - 지경을 넓히시오.' 유머는 결국 여유에서 나온다. 내가 속이 죽겠으면 절대 유머가 나올 수 없다.

우리는 3ry를 없애야 된다고 한다. Don't be sorry, Don't hurry, Don't worry. 걱정하지 말고, 서두르지 말고, 미안할 일을 만들지 말아야 한다. 이를 위해 우리가 마음을 평화롭게 하는 방법은 여유를 찾고, 한 걸음 물러나 관조하면 된다. 초조하게 갈 때는 얼굴에도 나타나고 그러면 더욱 여유 없어 보여서 안 좋다. 그래서 억지로라도 유머를 만들어내는 연습이 필요하다. 그래야 분위기 메이킹도 된다.

높은 직위에 있는 사장이라고 해서 회의할 때 "너 말해봐, 어? 말 하란 말이야. 회의 와서 말 안 하려면 뭐하러 왔어?" 이런 식으로 하면 아무도 말하지 않는다. 말해도 쭈뼛쭈뼛하고 진심이 안 나온다. 그런데 "자, 오늘 저는 듣기만 할 겁니다. 여러분 그럼 마음껏 얘기하세요. 요약 해서 제가 머릿속에 정리를 할 테니까 그냥 편히 말씀하십시오. 그리고 유머 한마디씩 하고 시작합시다"라고 시작을 하면, 분위기도 한결 부드 러워지고 회의 성과도 달라진다.

의리, 나를 지키는 마지막 프라이드

로슈에 다니던 어느 날 애경 장영신 회장한테 전화가 왔다. '너 분명히 외국 회사에 가서 배우고 다시 온다고 하지 않았냐. 지금 4년 됐으니까 당겨서 오라'는 말씀이었다. 애경을 나올 때 '다른 회사는 유학도 보내 주는데, 나는 한 4년 다국적 기업으로 유학을 가겠다. 거기서 배워서 필요하면 나중에 들어와서 써먹을 테니 그때 부르라'고 했었는데 정확히 그때쯤 불렀다.

그런데 대충 듣기로도 연봉이 거의 절반도 안 된다는데 가야 되나 말아야 되나 고민이 됐다. 그때까지 외국인 회사에서 연봉을 많이 탄 데다 아내가 워낙 알뜰했기 때문에 돈을 꽤 모았다.

하지만 고민도 잠시 '현금도 쓸 만큼 있고, 집도 있고, 이 정도면 뭐 돈 생각할 필요 없잖아'라는 생각으로 결심을 굳혔다. 물론 지금 생각하면 집값 올라간 것만큼도 안 되는 액수일 수 있지만, 그 당시 생각은 그랬다.

나를 뽑아주고 기회를 준 장영신 회장의 부탁을 거역할 수가 없었다. 이미 연봉은 높아졌고 애경의 연봉은 그때 받던 연봉의 절반도 채 안 되지만, 생각을 바꾸면 그것은 문제가 되지 않았다. 무엇보다 중요한 것은 어디서도 뽑아주지 않아서 정말 힘들고 어려울 때 '저 사람만은 해낼 것'이라고 의심 없이 믿어주고 일을 시켜주었고, 거기다가 애경그룹 최초로 과장에서 부장을 시켜줬던 분이었기 때문에, 그런 분이 와서 도와달라고 할 때 가야 하지 않을까 싶었다. '이제 의리를 지켜야겠다. 돈은 따라오는 거니까 돈보다는 의리가 중요하다'는 생각으로 회장님을 다시 찾아갔고, 가서도 할 일이 너무나 많아서 돌아가길 잘했다는 생각이 들었다.

이 세상에서 가장 큰 행복이 무엇일까? 남자들의 세계에서는 상사한테 인정받는 것 이상으로 큰 기쁨이 없는데, 가서 크게 인정을 받았고, 정말 운 좋게도 내가 하는 일은 다 입에 쩍쩍 붙듯이 잘되니까 아주 일할 맛이 났다.

그래서 그때 자발적으로 헌신하는 사람들은 그야말로 일하는 즐거움을 몇 배 더 누릴 수 있다는 것을 느꼈다. 정주영 회장의 책에서 '내일 아침에 무엇을 할까. 흥분 때문에 잠을 이룰 수가 없었다'는 구절을 읽었는데 그때 그 말이 이해가 될 정도로 일에 푹 빠졌다.

모든 것을 다 나한테 맡기니까 그 또한 아주 즐거웠다. 맡겨주는 상사가 있고, 내가 한 일이 의도했던 방향으로 척척 들어맞고, 그에 따라 바로바로 매출 실적이 오르고, 이익도 많이 나고, 또 사람들이 동기 유발 돼서 보너스가 오르고, 그러한 일들을 항상 보니까 그렇게 통쾌할 수가 없었다.

그렇다고 의리를 완전히 공짜로 지킨 것도 아니었다. 이 역시 어떻게 보면 자기 신념과 비슷하다. 즉 내가 은혜를 입었다고 생각하면 그것을 그 사람한테 뭔가 기여를 함으로써 갚아주겠다는 생각을 갖는 것이다. 그런데 그냥 갚아주는 것도 아니고, 엄격히 말하면 월급 받고, 인정받고, 칭찬받으면서 갚아주는 것이다.

그래서 의리는 겸손과도 관련이 있다. '내가 잘해서 그랬다'고 생각하지 않고, 지금 내가 여기까지 온 것은 이 사람 덕분이라고 생각하는 것이다. 내가 열심히 했지만 이 사람이 아니었으면 열심히 할 수 없었을 것이라고 공을 돌리는 것이기 때문이다.

만약, 돈이 중요하니 반 토막 이하의 월급만 받고는 절대로 갈 수 없다면 의리는 지킬 수 없다. 그러나 돈보다 더 중요한 것이 사람 사이의 신의다. 또 의리는 나를 필요로 하는 것에 대한 일종의 프라이드이기도 하다. '아, 나를 이렇게 알아주는데, 내가 저 사람한테 가서 뭔가 제대로 한번 보여줘야지' 이런 심리도 작용하는 아주 복합적인 개념이다.

정직한 사람만이
끝까지 살아남는다

내가 애경에 다시 들어갔을 때의 이야기다. 옥시의 물먹는 하마가 잘 팔리자 각 생활용품 회사마다 이를 베꼈는데, 애경에도 습기제로라는 미투 제품이 있었다. 그런데 이 제품이 안 팔리니까 계속 창고에 쌓이게 되고, 창고료는 계속 들어가는데 버리지 못하다 보니 이중 삼중으로 쓰지도 못할 제품들이 돈을 까먹고 있었다.

그런데 혼날까봐 어느 누구도 이것을 버리자는 기안을 못했다. 돈 주고 만들어서, 돈 주고 쌓아놓고, 이제는 돈 주고 버리겠다고 말할 용기가 차마 안 생기는 것이다. 용기를 내서 정직하게 말하지 않으면 회사 돈은 계속 나가게 된다. 어차피 못 팔 제품인데 솔직하게 '이건 버려야 됩니다. 나의 실수입니다'라고 말하는 용기 있는 결단을 내려야 한다. 이것이 자신에게도 좋고 회사에도 좋은데, 잠시 안 혼나겠다는 얄팍한 생각이 모두를 괴롭히고 나중에는 흑자도산을 만든다.

제품이 창고에 쌓여 있는 한 재고자산^{inventory asset}이다. 재고자산도 재산은 재산이지만, 사실상 재산이 아니라 폐기물이다. 그것도 돈 주고 버려야 되는 폐기물이다. 이와 같은 상황에 처한 회사들이 적지 않을 것이다. 그래서 도둑질을 안 하는 것만이 투명경영이 아니다. 모든 프로세스에서 투명해야 올바른 경영을 할 수 있다.

습기제로는 당시 내가 가서 싹 다 버렸다. 경영진도 사람이 새로 왔으니 새로 온 사람이 새로운 마인드를 가지고 하는데 동의할 것이라고 믿고 버렸더니 아무런 저항감 없이 받아들였다.

경영하는 사람들은 안다. 보고를 정직하게 못 받는 것이 문제지, 보고만 제대로 받으면 정확한 판단을 한다. 그러니까 그런 큰 기업들을 이룰 수 있는 것인데 불쌍하게도 월급쟁이들은 혼나는 것이 무서워 보고를 못한다. 하지만 그로 인해서 혼나기는 마찬가지고, 능력도 인정받지 못하고 중간에 회사를 나간다.

실제로 정직하지 못했던 사람들은 다 중간에 회사를 나갔다. 5층 건물에 엘리베이터를 달지 말지조차 의사결정을 못하고 회장님한테 물어봤던 부장, 혼날까봐 겁나서 악성재고를 못 버리고 그대로 안고 있었던 사람, 순한 세제 순샘과 강한 세제 팍스에 똑같은 모델을 썼던 사람들 모두 나갔다. 그런 자세는 언젠가는 걸리게 되어 있다. 한두 번은 눈 가리고 아웅 할 수 있지만 결국에는 걸린다.

반대로 한번 솔직해지면 따로 거짓말을 만들 이유가 없다. 앞에서는 감언이설 하는데 실체가 없고, 겉치레로 몇 번 좋은 일 하는데 결과가 없다는 것을 회사는 1, 2년 근무하는 곳이 아니기 때문에 결국은 알게 된다. 과장 때 거짓말한 것이 부장까지 올라갈 수는 있으나, 이사까지는 못 간다. 그런데 과장 때 솔직하면 결정적으로 중요한 때 '저 사람은 솔직하니까 일을 맡겨도 된다'고 생각하게 만든다.

굉장히 정직한 사람을 보면 '이 사람은 진짜 미련스럽게 정직하네'라고 하면서 잠시 불편해도, 그 사람이 문 닫고 나간 그 순간 오너는 '저런 사람이 있어야 돼'라는 생각을 한다. 역지사지를 해보면 안다. 내가 오너라면 어떤 직원이 필요할까? 아주 미련스러울 정도로 정직한 사람이 필요할까, 아니면 앞에서 감언이설 하고 뒤통수치는 직원이 필요할까.

그래서 1분간 혼날지라도 10년간 행복하려면 바로 그런 정직성을 바탕으로 한 올바르고 현명한 의사결정을 해야 한다. '저 사람 말 들으니까 되네.' 이것이 누적되면 그 사람의 철학이 눈에 들어오고, 코드가 맞는다고 생각하게 된다. 누구나 마찬가지다.

2등이라면
싸움을 걸라

KTF 마케팅 수장으로 옮기게 되었을 때, 가자마자 살펴본 결과 가장 큰 문제는 음성 싸움에서 SKT를 이기기 어렵다는 것이었다. 전화를 많이 쓰는 비즈니스맨들이 거의 모두 생각 없이 SKT를 쓰고 있었고, 지인들에게 전화기를 보내니 내가 준 것은 일주일 만에 부인이나 아이들에게 가 있었다. 이제 이들을 크게 이기는 전략을 세워야 되는데, 가장 중요한 전략이 무엇일까?

나는 고민 끝에 우선 1등과 대등하거나 1등보다 조금이라도 나은 점이 있다면 '나도 있소'라는 미투 전략 대신 '내가 얘보다 잘하오'라는 1등 전략, 나아가 1등을 뛰어넘는 전략을 쓰기로 했다. 즉, 1등을 오히려 더 이기고 있다고 하는 것이다.

그 중에서 가장 큰 것이 '통화품질'로, 정보통신부에서 측정한 결과 KTF가 SKT보다 더 좋았다. 그것을 가지고 KTF가 SKT보다 품질이 더 우수하다고 할 수 있는 근거를 마련했다. 그래서 신문과 텔레비전과 모든 광고매체를 동원해서 '통화품질 1등, 대한민국에서 가장 우수한 통화품질 KTF'라고 광고를 했다.

나는 두 가지 반응을 예상했다. 소비자들은 'KTF가 통화품질 측정 결과 1등을 했나 보다'라고 인식할 것이고, SKT는 '너희가 무슨 1등이냐'면서 분명히 다른 것을 가지고 우리에게 대응할 것이라고 생각했는데 여지없이 맞았다. SKT는 자체적으로 조사한 소비자 고객 만족도를 가지고 '소비자 고객 만족도 1위'라고 주장하기 시작했다.

그러나 객관성 면에서 우리 KTF가 더 유리했다. 우리는 정보통신부 발표에 의하면 1등이라고 했고, SKT는 자체 소비자 조사 결과 1등이라고 했기 때문에 우리가 말하는 데 더 힘이 실렸다. 나의 전략은 '1등은 SKT, 2등은 KTF'라는 인식이 있는데, 1등과 2등이 서로 1등이라고 함으로써 소비자 마음속에 최소한 누가 1등인지 잘 모르겠다는 생각을 심어놓는 것이었다. 그것이 내 뜻대로 잘 심어지고 있었다.

두 번째 싸움은 세계적으로 유명한 잡지 『비즈니스 위크^{Business} ^{Week}』에서 소위 성장률과 수익률 면에서 최단기에 가장 크게 성장한 회사는 대한민국뿐만 아니라 전 세계에서 KTF라고 발표했을 때였다. KTF는 없던 회사에서 5년 만에 5조 원을 이룬 엄청난 회사가 됐으니, 이렇게 최단기에 크게 성장한 회사는 전 세계에 없었다. 그렇기 때문에 당연히 전 세계에서 성장률, 수익률 모두 1등이라고 『비즈니스 위크』는 발표할 수 있었다. 더구나 중간에 M닷컴까지 인수해서 성장률 면에서 완벽하게 1등이었다.

　KTF가 1등이라고 하면 SKT는 또 못 참고 덤빌 것이라고 예상했는데, 여지없이 맞아떨어졌다. 우리는 텔레비전 광고에 분명히 『비즈니스 위크』에 의하면 KTF가 성장률, 수익률 모두 1등이라고 했는데, SKT는 그것을 못 봐주고 바로 공격을 해왔다. '너희들이 무슨 1등이냐'면서 신문에 '재무제표를 조작해서 1등이라고 했다'고 감정을 표출한 광고를 했다.

　그러자 소비자들에게는 또 1등과 2등이 서로 1등이라고 싸우는 것으로 비쳐졌고, 우리가 공정거래위원회에 이유 없는 경쟁사 비방광고라고 신고를 하자 사상 최대의 과징금이 SKT에 부과됐다. 더불어 검찰에까지 같은 이유로 고발을 하자 검찰도 SKT 사장을 오가라 했고, 나중에는 제발 검찰에 고소한 것 좀 풀어달라고 와서 사정을 했다. 하지만 우리는 이미 직원들의 정서가 있기 때문에, 나중에는 결국 풀어줬지만 그 당시는 풀어줄 수가 없었다.

　즉, 2등은 경쟁사와 비교해서 자신의 장점을 최대한 살려야 한다. 2등은 1등이 아니기 때문에 1등과 비슷하게 가는 점만 있어도 자신감 있게 싸워야 하는데, 대개 2등이 1등과 싸우지 못하는 이유가 바로 자신감 부족이다. 안락한 2등이었기 때문에, 2등에 익숙해져 차마 싸울 용기가 없다. 또 1등을 해도 1등 했다고 말할 용기조차 없다. 그것이 2등이 항상 2등일 수밖에 없는 가장 큰 이유다.

　그렇기 때문에 2등은 1등을 했을 때 확실하게 1등이라고 발표함으로써 대내외적으로 1등임을 표명할 뿐만 아니라, 직원들조차도 확신을 갖도록 해야 한다. 그래야 경영층도 스스로 '우리가 1등이구나'라는 자신감을 가질 수가 있고, 또 경영의 모든 부분에서 1등을 표방했기 때문에 1등다운 생각과 1등다운 행동을 할 수가 있다. 그래서 1등을 하게 된다.

2등이 잘못된 점이나 잘 못하는 점을 보완하는 전략을 쓰면 항상 2등이지만, 잘한 점을 부각시키면 1등이 된다. 그래서 우리는 SKT와의 싸움에서 항상 1등 전략이었지 2등 전략이 아니었다. 개별 브랜드에서도 마찬가지다. 굳이 각 세그먼트에서 1등이라고 해도 될 것을 전체에서 2등이라고 할 필요가 없다.

그래서 어느 회사든 2등일 수밖에 없는 부분은 많지만, 그 중에서 '2등은 놔두고 1등 하는 부분만 더 하이라이트 시켜라. 그러면 진짜 1등 한다'는 생각을 하고 있었다. 우연의 일치지만 애경도 처음에는 2등 회사였고, KTF도 2등 회사였는데 전략은 항상 1등 전략이었다. 다시 말해서, 1등 브랜드 전략이었다.

KTF에서도 마찬가지로 틴에이지 부문에 비기^{Bigi} 브랜드가 있었고, 20대에는 나^{Na} 브랜드가 있었고, 30대 여성한테는 드라마^{Drama} 브랜드가 있었다. 이 세 브랜드를 크게 주축으로 본다면 10대에서는 비기가 압도적으로 1등이고, '나'는 20대가 아닌 대학생 브랜드로 포지셔닝해서 1등을 차지했고, 드라마는 여성 브랜드로서 1등이었다.

나중에 여성 브랜드로 SKT에서 카라^{CARA}가 나왔지만 드라마를 뛰어넘을 수 없었고, 틴에이지에서 다른 브랜드들도 나왔지만 비기를 뛰어넘을 수 없었다. 그 다음 '나'를 20대 브랜드로 하면 SKT의 TTL과

싸우니까 2등일 수 있겠지만, 대학생 브랜드로 포지셔닝하면 대학생 브랜드는 없기 때문에 '나'는 1등 브랜드일 수밖에 없었다.

그래서 경쟁이 치열하면 치열할수록 전략은 아주 세분된 세그먼트로 들어가서 1등 전략을 펼쳐야 된다. 그것이 2등이 취할 전략이다. 2등 회사를 다 합하면 2등일지 모르지만, 각 브랜드마다 1등 전략을 펼치다 보면 뭉쳐서 1등이 될 수 있다. 그래서 2등이 1등 되는 것은 1등 전략을 펼칠 때만 가능하다. 이것이 애경이나 KTF나 업종은 다르지만 마케팅 방법은 하나도 다를 것이 없었던 이유다. 지금 세라젬 헬스앤뷰티에 와서도 마찬가지 전략이다. 창립 1년밖에 안 됐기에 1등 회사일 수가 없지만, 직원들에게 편지 쓸 때든 조회할 때든 계속 우리는 세계 일류 회사라는 것을 강조한다. 어차피 일류가 될 것이니까.

큰 그림을 보되, 디테일에도 강해야 한다

외국인 회사에서 원하는 자질은 바로 '큰 그림big picture을 볼 줄 알면서, 동시에 디테일에도 매우 강한 사람'이다. 그래서 다이알이나 로슈에 갔을 때도 인터뷰에서 디테일에 강한지 반드시 체크를 했다. 즉, '이 사람이 큰 그림를 보고 그릴 수 있는 사람인가? 큰 그림 속에서 디테일까지 아주 세심하고 주도면밀한 계획을 수립하고 그것을 실행에 옮길 수 있는 사람인가? 그러면서 분위기는 유머감각이 넘치는 따뜻한 사람인가?'를 중요하게 여겼다.

로슈에 있을 때의 일이다. 아주 디테일한 내용으로, 당시 로슈에서 사리돈을 판매하고 있었는데, 사리돈 열 개들이 박스를 가지고 논쟁이 붙었다. 개별포장용의 조그만 박스individual box였는데, 같은 두통약인 게보린과 펜잘은 박스가 없고, 그냥 고무줄로 열 개를 묶어 그것을 다시 열 개씩 묶어놓았다. 그래서 사리돈을 달라고 하면 조그만 열 개짜리 박스를 깔끔하게 내주지만, 게보린이나 펜잘을 달라고 하면 그냥 판을 죽 빼서 줬다.

물론 사리돈 박스는 바로 쓰레기통에 들어간다. 거기서 논란이 불거졌다. 지역 사정에 밝은 한국 로슈의 리버헤어 사장은 '박스 필요 없다. 경쟁사와 똑같이 하면 된다. 사리돈이나 펜잘이나 똑같이 100원인데 왜 우리만 돈을 더 들여 박스를 만드나. 박스 하나 없애면 비용이 얼마나 절약되는데 어차피 버릴 거 만들 필요 없다'고 했다.

나는 OTC 컨트리 매니저였기 때문에 한국 사장은 내 리포트 라인은 아니었다. 하지만 나의 직속 보스는 '박스가 있어야지 무슨 소리인가. 비록 박스 값은 들지만, 그런 품위와 격조 때문에 사리돈이 차별화된다. 소비자한테 알몸 그대로 줄 수 없다'는 주장이었다. 이 두 논리가 팽팽히 맞서는데, 한국 사장 이야기를 들을 수도 없고 내 보스 이야기를 들을 수도 없고 진퇴양난이었다.

하지만 나는 누가 뭐라고 해도 본래의 마케터적 자세로 돌아가는 것이 옳다고 봤다. 내 보스 남의 보스 따지지 말고, 한국 보스 외국 보스 따지지 말고, 직접 보스 간접 보스 따지지 말고 순수하게 마케터로서 어떤 의사결정을 내려야 될까?

나는 '당분간 박스가 있어야 된다'는 결론을 내렸다. 박스가 경쟁우위를 확보해주지는 않지만, 최소한 품위 있게 만들어주고 또 버리더라도 그 자체가 광고라고 봤다. 사리돈을 한 번 더 읽게 되고 머릿속에 넣게 된다. 그리고 남이 없앴다고 같이 없애서는 차별화할 수 없다. 그래서 한국 사장과 굉장히 부딪혔다.

이처럼 박스 하나 없애는 일도 굉장히 격렬한 논쟁이 벌어진다. 사리돈이 그냥 두통약이지 거기에 무슨 주의사항이나 설명서가 필요하냐고 하면 그 논리도 틀리지는 않지만, 박스 하나 만드는 데 얼마고, 거기에 집어넣는 데 얼마고, 설명서까지 집어넣는 데 원가가 얼마인지 아주 주도면밀하게 따져서, 비용은 이만큼 들지만 이것을 그대로 진행할지 버릴지 의사결정을 한다는 말이다.

큰 그림을 그릴 때도 마찬가지다. 제약사업을 하는 데 있어서 약국영업OTC만 가지고는 한계가 있었기 때문에 나는 건강식품까지 확대하겠다는 결정을 했다. 건강식품이라고 하면 로열젤리, 오메가Ⅲ, 프로폴리스 등을 다 포함한다. 그러면 아시아 태평양 지역을 담당하는 우리 지역 보스가 호주에 있으니까 호주에서 직수입하면 되고, 호주의 오메가Ⅲ나 로열젤리는 유명하다.

그렇게 하나의 큰 그림을 그렸는데 또 다른 디테일의 벽에 부딪혔다. 생로열젤리fresh royal jelly라고 해서 원액 로열젤리는 아이스크림 통처럼 생긴 데 담겨져 나온다. 이것을 제네바 본사에서 알약이나 캡슐과 같은 의약품 형태pharmaceutical form를 갖추지 않고 아이스크림 통처럼 생겼다고 반대를 했다.

아이스크림 통 같다고 반대하는 것이 어디 있냐고 했더니, 본사에서는 돈 잘 벌리면 매춘이라도 하겠냐는 질문이 돌아왔다. 나는 "비약이 심합니다. 나는 마케팅 리서치 결과 우리나라에서는 생로열젤리를 더 선호하기 때문에, 생로열젤리를 고안하고 결정해서 본사의 승인을 받으려는 건데 매춘까지 언급할 필요는 없지 않습니까?"라고 했지만, 여전히 생로열젤리를 승인할 수 없다는 답변이 돌아왔다. 그렇다면 내가 다시 한 번 생각해보고 이야기하겠다고 하고 일단 물러났다가 논리를 다시 개발했다.

"한국인들이 가장 선호하는 것은 즉각적인 효과가 있는 생로열젤리로, 지금 로열젤리 판매량의 절반 이상은 생로열젤리입니다. 나는 생로열젤리를 하겠습니다"라고 또다시 승인을 요청했더니 "계속 의견을 굽히지 않는다면 본사의 승인 없이 그냥 하시오"라는 답변이 왔다. 그래서 승인을 받지 않고 그냥 진행했고, 결국 고가의 생로열젤리는 강남 사람들의 입소문을 타고 캡슐보다 훨씬 더 많은 양이 팔렸다.

매일 판매수치를 본사에 보고했다. 생로열젤리는 아이스크림 통의 형태로 의약품 형태는 갖추지 않았지만 최고로 잘 팔렸다. 생로열젤리를 한 통 팔면 30만 원인데 캡슐은 5만 원이다. 캡슐 여섯 통 판 것과 똑같다. 그래서 생로열젤리를 통으로 팔면 가치 면에서나 순익 면에서 훨씬 좋다.

의약품 형태가 아니라서 허락하지 않은 제네바 본사의 원칙이나 철학 그리고 뼈대 있는 제품 매니지먼트 시스템은 우리가 배워야 한다. 그러나 우리 마케터들끼리나 전문적으로 의약품 형태니 아이스크림 형태니 하고 따질 뿐, '글로벌로 생각하고 현지 사정에 맞춰 행동하라'고 하듯이 지역 사정에서 벗어날 수는 없는 법이다.

물론 그들의 철학도 이해는 하지만 세상이 철학대로 다 움직이는 것은 아니다. 그래서 원칙을 알고 준수하지 않는 것과 모르고 준수하지 않는 것은 다르듯, 위의 사리돈 박스나 생로열젤리나 그 철학은 다 이해하지만 때로 큰 그림에서 결정해야 할 때가 있다.

큰 그림을 못 그리면 발상이 그 이상 뛰어넘지 못한다. "너, 땅 파!" 이러면 땅만 판다. 땅을 왜 파야 되는지, 땅을 어떻게 해야 효과적으로 팔지, 이제 굳이 땅을 더 파지 않아도 되는지 이 판단을 못한다. 그래서 큰 그림을 먼저 그리고, 그 중에 디테일을 디자인할 줄 알아야 된다.

가치에 대한 인정이
충성 고객을 만든다

할리데이비슨 커뮤니티라고 하면 자유로운 사람, 기존의 질서에 도전하는 사람, 그러면서도 할리 데이비슨을 즐길 만큼 삶의 여유가 있는 사람이라고 인정recognition을 해준다.

몽블랑 볼펜은 볼펜 끝에 달린 만년설만 보면 누가 봐도 몽블랑인지 다 안다. 만년설만 찍으면 되니까 가짜를 만들기가 제일 쉬워서, 실제로 전 세계에서 몽블랑 가짜가 제일 많다고 한다. 그럼에도 100원짜리 볼펜 대신 몽블랑 볼펜을 사용하는 이유는 이 볼펜을 통해 고위층의 고급스러움과 여유로움을 인정받기 때문이다.

사람들이 알아주지 않으면 할리데이비슨이고 몽블랑이고 아무의미가 없다. 브랜드의 첫째 목적은 인정이다. 티셔츠 하나에 수십만원씩 하는 블랙앤화이트를 입어도 알아주지 않으면 아무 의미 없다.

그렇기 때문에 브랜드를 택한 사람들을 보면 대개의 심리 속에 인정욕구가 있다.

돈 아까운 줄 몰라서 돈 자랑 하는 것이 아니다. 골프웨어를 살 때 어떤 사람들은 왜 다른 곳보다 두세 배 비싼 블랙앤화이트나 먼싱웨어를 고집할까? 그 브랜드들이 세일 없이 제 가격을 받음으로써, 그 브랜드를 입으면 내가 고급스럽다고 인정받기 때문이다.

돈을 깎아줬다고 소비자한테 혜택이라고 생각하는 것은 착각이다. 안 깎아주기 때문에, 고집스럽게 가격을 지키기 때문에 명품이 만들어진다.

한때 웅가로 브랜드를 굉장히 좋아해서 수트, 셔츠 대부분 웅가로 제품을 입은 적이 있었다. 그런데 어느 날 백화점에 갔다가 좌판에서 1~2년 지난 웅가로 제품을 싼 가격에 팔고 있는 것을 봤다. 그 뒤부터 웅가로는 절대 사지 않는다. 즉, 로열티도 결국은 인정이다.

사람도 마찬가지다. 장영신 회장이 다시 불렀을 때 현재보다 적은 월급을 받으면서까지 애경으로 돌아갈 이유가 없었지만, 그럼에도 애경으로 간 이유는 바로 인정이었다. '그룹 회장이 날 불렀다. 회장이 날 알아준다.' 오로지 그것 하나였다. 다른 것은 아무것도 없었다. 어떤 의무감도 아니었고, 나의 일에 대한 프라이드, 그에 대한 인정, 그리고 내 마음대로 좌지우지할 수 있음이 보장됐기 때문이었다.

외국인 회사에서는 내 마음대로 하기가 어렵다. 본사의 지시를 반드시 따라야 한다. 뉴욕에서 내려온 지시, 런던에서 내려온 지시, 제네바에서 내려온 지시 이것만 따르면 된다. 예전에는 외국인들이 '한국 사람들은 영어도 제대로 못하고, 시키는 것도 제대로 못한다'고 아주 우습게 봤다. 즉, 인정을 해주지 않았던 것이다.

나는 처음 다이알로 옮길 때 화장품 회사 에스티 로더와 다이알을 두고 고민했었는데, 에스티 로더는 본사가 있는 뉴욕의 지시를 반드시 따라야 한다고 해서 마음을 접었다. 속으로 '내가 노예냐, 너희들 시키는 대로 하게. 말도 안 되는 소리 하지 마라'고 생각하고 다이알로 갔고, 다이알에서는 태생탄 사장이 바로 인정을 해줘서 6개월 만에 이사로 진급했다. 이렇듯 자기 자신의 상품가치를 알아주고 인정해주는 사람에게 충성 고객이 되고, 그러한 충성의 결과는 다시 부메랑처럼 자기 자신에게 좋은 모양을 갖추어 돌아오게 된다. 결국 본인의 가치는 본인이 하기 나름이다.

KTF 부사장을 끝으로 나는 스스로 월급을 받지 않고 월급을 주는 사람이 되고자 생각했다. 이제는 정말 내 사업을 해야 하지 않을까를 두고 많이 고민했다. 그런데 나의 가치를 평가해주고 인정해주는 많은 사람들이 있었다. 그 중에서 특히, 오래전부터 전경련을 통해서 잘 알고 있었던 세라젬 이환성 회장은 매우 적극적이었다. 함께 일한 적은 한번도 없었지만 '조서환'이라는 브랜드에 덧입혀진 밸류가 오너 회장에게는 매력적이었나 보다. 결국 내 브랜드 가치를 높이 평가하는 쪽으로 사람은 기울게 돼 있다.

브랜드란 무엇인가? 브랜드 자체로 품질이요, 원산지 증명이요, 믿음이요, 가치인 것이다. 몽블랑 볼펜이 겉에 페인트가 벗겨지거나 탈색이 됐다면 '몽블랑이 뭐 이래? 가짜 아니야?'라고 대뜸 의심부터 하거나 '이거 말만 몽블랑이지 별거 아니구먼' 하고 불만의 목소리가 커질 것이다. 사람이라는 브랜드는 더욱더 크게 실망하게 된다. '이 사람 그동안 운이 억수로 좋았구먼' '소문난 잔치 먹을 것 없다는 말이 맞네'라고 할 것이다. 이름을 얻는 데는 30년이 걸리지만 이름이 무너지는 것은 순간인 것이다.

그래서 한 분야에서 유명한 사람은 더욱 겸손하고 자세를 낮추며 실수를 하지 말아야 한다. 그 제품에 덧입힌 가치가 없다고 생각하면 충성고객은 떠나가게 돼 있기 때문이다. 어떤 분야에서 일인자가 되는 것은 그 분야에서만큼은 실수하지 않아야 하기 때문에, 보람과 즐거움에 비례하는 책임과 희생도 엄청나게 따른다는 사실도 알아야 할 것이다.

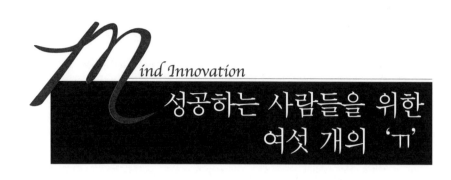

성공하는 사람들을 위한
여섯 개의 'ㄲ'

많은 사람들이 일에서나 인생에서나 성공하기를 갈망하지만, 정작 원하는 목표를 이루는 사람은 많지 않다. 평범한 삶을 거부하고 자신만의 성공을 이루고자 하는 사람들을 위해, 그들이 꼭 갖추어야 할 여섯 가지를 소개한다.

|꿈|

살아서 꿈틀거리는 조직은 비전이 있다. 신제품을 개발해서 1등을 하겠다는 꿈이 야무지게 서 있으면, 밤낮으로 땀 흘려 신제품을 개발해서 1등을 차지할 여건을 만들어 간다. 마케터는 생산과 R&D, 영업과 리서치, 광고대행사 모두를 진두지휘해야 하는데, 가장 중심이 되는 마케팅에서 꿈이 사라져버리면 나머지는 전부 헤맬 수밖에 없다. 그래서 마케팅은 끊임없이 현장 조직과 주변 조직에 꿈을 심어주면서 모든 사람과 조직을 항상 즐겁고 바쁘게 만들어야 하는데, 그 원동력이 바로 꿈이다.

|꾀|

꾀는 꿈을 실현하기 위한 실질적인 전략이다. 쉽게 말하면 꾀고 나쁘게 말하면 요령인데, 요령이 꼭 나쁜 것만은 아니다. 꿈을 실현하기 위해서는 수많은 방법이 있다. 그 중에서 꿈을 최단기에 가장 효과적으로 이룰 수 있는 전략을 짜는 것이 바로 꾀다. 소위 전략이 우수한 사람을 꾀가 많다고 한다. 따라서 꾀는 꿈을 이루기 위한 커다란 전략이다.

|끈|

끈은 네트워크를 말하는데, 어떤 때는 네트워크 자체가 든든한 지원군이다. 마케팅은 혼자 하는 것이 아니다. 수없이 많은 끈으로 연결된다. 마케팅을 가운데 두고 생산과 R&D, 리서치 회사와 PR 회사, 광고대행사, 영업, 구매, 수출 외에 내부적으로 회계 파트까지 연결되지 않는 부서가 하나도 없는데, 한 군데라도 삐걱거리면 이루어낼 수가 없다.

그 부서들 모두와 커뮤니케이션하려면, 설득력이 있고 끈이 끈끈하게 이어져야 한다. 그래야 마케팅 리더십을 발휘할 수 있기 때문에, 끈은 어떻게 보면 마케팅 리더십을 발휘하는 데 있어서 가장 중요하다.

그래서 마케터를 오케스트라의 지휘자라고 한다. 그 이유는 끈과 끈을 잘 연결해야 하기 때문이다.

|깡|

한 제품이 나오기까지 수없이 많은 난관에 봉착한다. 그때마다 포기하면 이루어지는 것이 하나도 없다. 그래서 강한 인내심과 끈질김, 강인한 투지, 추진력 등이 필요한데, 이것을 우리는 깡이라고 한다. 마케팅에서는 장애 요소가 엄청나게 많기 때문에 그것을 제거하면서 나아가야 한다. 그런 의미에서 깡은 강한 추진력과 앞서서 끌고 나가는 힘을 조합한 것이기 때문에 그 어떤 덕목보다도 중요하다.

|꼴|

꼴은 얼굴이나 옷차림을 말하는 것 같지만 정확히 말하면 신뢰다. 실질적으로 내가 가진 신뢰가 없으면 타부서의 협조를 받기는 굉장히 힘들다. 내가 이야기한 그대로 따라주고 또 자기 일처럼 해주도록 협조를 이끌어내야 하는데, 그러기 위해서는 내가 평상시 가지고 있는 신뢰가 아주 중요하다.

그 신뢰는 모양이 섰을 때 나온다. "아, 정말 꼴사납다"고 하면 신뢰가 안 선다는 말이다. 신뢰는 내가 성공한 경험이 많기 때문에 전혀 앞이 보이지 않는 상황에서도 '저 사람은 성공할 사람이야, 실패할 사람이 아니야. 이번에도 반드시 성공할 거야'라는 믿음을 강하게 주는 것이다. 그러려면 자신감 또한 뒷받침되어야 하기 때문에 자기 이미지와 연결되는 몸매나 의상 관리에도 소홀하지 말아야 한다.

|끼|

끼는 위의 꾀와는 조금 다른데, 작지만 순간순간 일을 해결하는 데 있어서 발휘되어야 할 기질이라고 볼 수 있다. 즉, 꾀를 크게 전략 strategy이라고 한다면, 끼는 전술tactics이다. 끼는 선천적으로 타고난 기질이지만, 이 역시 후천적으로 연습을 통해서 익힐 수도 있다. 그래서 '아, 저 사람 끼가 있다'는 평을 듣는 사람들을 보면 사실 연습을 통해서 기술이 붙은 사람들이다.

'꿈, 꾀, 끈, 깡, 꼴, 끼'의 여섯 개 'ㄲ'은 따로 떼어놓을 수 없이 이어지면서, 마케팅 리더십을 발휘하는 데 커다란 축을 이룬다. 그래서 이 여섯 개 'ㄲ'을 갖추지 않으면 실질적으로 마케팅에서 성공하기 굉장히 힘들다.

사고로 한쪽 다리를 잃었지만 좌절하지 않고 보험 세일즈왕이 된 조용모 씨가 쓴 『백만 번의 프러포즈』를 보면 저자는 하루에 다섯 개의 보험을 파는 것이 목표였다. 통행금지가 있을 때, 어느 날 네 개밖에 못 팔았는데 자정이 됐다. 하는 수 없이 얼른 파출소로 뛰어 들어갔다가 마침 그곳에 있던 순경 한 명과 계약을 했다. 그리고 명함 뒷면에 세 명을 다시 적어가지고 나와서 결국 그 이튿날도 세 명을 수월하게 채울 수 있었고, 파출소라는 아이디어를 얻어 파출소마다 찾아다닐 수 있었다. 파출소가 한두 개가 아니기 때문에 하나의 성공이 또 하나의 성공을 가져온 것이다. 하나를 성공하면 그것을 그대로 써먹는 것은 쉽다. 그 성공이 성공을 낳고, 또 성공을 낳고, 그렇게 성공의 기회를 넓혀나가게 된다.

위의 여섯 개 'ㄱ'을 모두 갖춘 대표적인 사람을 찾으라면 나는 조용모 씨 같은 사람을 꼽겠다. 강연에서 조용모 씨와 직접 만날 기회가 있었는데, 다음과 같은 이야기를 했다. 가족의 중요성에 관한 이야기인데, 들으면서 굉장히 무섭게 느꼈다.

"가족도 내가 잘되어야 가족다워지지 내가 잘못되면 가족도 의미가 없습니다. 가장 가까이 있는 아내나 아이들도 마찬가지입니다. 아빠가 아빠 노릇을 제대로 못하면 가족의 의미는 굉장히 엷어집니다. 아빠가 아주 든든하게 아빠 노릇을 할 때 그 가족도 더욱 소중하게 느껴지고 의미도 살아납니다."

자신이 성공하지 않으면 결국 주위 사람이 괴롭다는 말이다. 그래서 다른 사람한테 피해를 주지 않기 위해서라도 본인은 성공해야 했다. 그 사람은 불구의 몸이었지만, 그런 강한 집념과 삶에 대한 애착이 있었기 때문에 결국 성공할 수 있었다고 본다.

나의 목표 역시 사랑하는 사람을 힘들게 하지 않는 것이었다. 그 사람을 힘들게 하지 않는 가장 좋은 방법은 일단 성공해서 우뚝 서는 것이었기 때문에 성공을 위해 모든 'ㄱ'들을 다 발휘했다.

그래서 어떻게 보면 꿈을 하나 갖는 그 자체만으로도 행운일지 모른다. 어떤 난관이나 역경에 봉착해도 그것을 극복할 수 있는 힘은 바로 내 스스로 만들어놓은 꿈에서 나온다. 막연하게 '먹고살기 위해서' 또는 '직장 있으니까' 회사에 다니는 것으로는 곤란하다. 분명하고 아주 확실한 목표의식을 갖춘 상태에서 나머지들이 따라와 준다면 자기 자신을 추스르는 데 훨씬 도움이 된다.

'내 꿈이 저기 있는데, 내가 이럴 겨를이 어디 있어. 뭐 이런 것 가지고 그래. 이 정도도 각오 안 했어?' 이렇게 여유 있게 받아넘기면 나의 결심을 항상 새롭게 할 수 있다. 꿈을 향해 뛰는 사람들은 그 꿈으로부터 강력한 동기부여를 받기 때문에 어려움마저도 자신을 단련하는 계기라고 생각하여 즐겁고 기쁘게 받아들인다. 그러다 보면 성공의 속도는 엄청나게 빨라진다.

꿈이 없으면 난관에 봉착했을 때 그것을 극복하는 데만 신경 쓴다. '어휴, 이런 난관이 있네. 이거 어떻게 극복하지?' 이러면서 그 안에서 허둥거린다. 아무것도 아닌 것으로 무시하고 넘어갈 수도 있는데, 그러한 여유를 못 부리는 이유는 꿈이 없기 때문이다.

신제품을 출시하고 내 새끼 같은 생각에 퇴근 후나 주말에 가족들과 외식하러 나갔다가 슈퍼마켓이 보이면 그 앞에 차를 세우고 들어가 먼지도 닦아주고, 혹시 매대 뒤쪽에 있으면 앞으로 꺼내놓고 다녔었다. 만일 누가 걸레 주면서 슈퍼마켓 들어가서 제품 닦고 다니라고 한다면 '사람을 얼마나 우습게 보고 그러느냐'고 난리법석을 쳤을 것이다.

하지만 누가 시키지도 않았고 보는 사람도 없지만, 내 새끼 같은 제품을 위해서 자발적으로 슈퍼마켓마다 다니면서 걸레로 닦고 다니는 것은 그만큼 거기에 매료돼 있다는 말이고, 이는 돈으로 환산할 수 없는 가치 있는 행동이다. 그런 열정을 가진 사람은 찾기가 매우 힘들지만, 그들은 무슨 일을 하든 그 열정이 밖으로 드러난다.

진심에서 우러나서 자발적으로 한 것이 아니라 만약 소문낼 목적이었다면 굉장히 눈요기 식으로 하고, 아무도 안 보면 안 했을 것이다. 하지만 정말 사랑하는 마음으로 대가가 있건 없건 상관하지 않았기 때문에 나중에 특진이라는 보상을 받았다. 즉 특진을 바라고 했다면 특진이 안 됐을 텐데, 순수한 마음에서 했기 때문에 그해 특진을 할 수 있었다. 그래서 여섯 개의 'ㄲ'은 그 자체보다 바로 내면에 깔린 진심이 더 중요하고 크다.

마케팅할 때뿐만 아니라 여기 나온 여섯 개의 'ㄲ'은 실제 삶에서도 매우 소중하다. 마케팅하는 사람으로서 마케팅 리더십을 발휘하기 위해서도 중요하지만, 우리 삶 자체에서도 너무나 중요하다는 말이다.

그래서 여섯 개의 'ㄲ'을 갖춰야 한다고 생각하는 그 자체만으로도 절반은 성공한 셈이다. 모든 혁신이 그렇다. 가죽을 벗겨서 새로운 가죽을 만드는 것이 혁신이라고 하듯이 가죽을 벗겨내는 아픔을 견뎌야 된다. 고통 없이 혁신이 그냥 되는 일은 없다. 그리고 진짜 혁신은 바로 스스로 즐기는 자기 마음의 혁신이다.

스승은 바로
내 옆에 있다

나는 직장생활을 하면서 세 명의 스승에게서 소중한 세 가지를 배웠다. 바로 배짱과 용병술과 논리다.

|배짱|

배짱은 내 직속 사수였던 부규환 과장한테 배웠다. 부규환 과장은 나이도 나와 별 차이가 없었고 사장을 해도 성 때문에 항상 부사장이라고 내가 놀렸지만, 그러면서도 그에게서 배짱을 배웠다.

당시 썬실크 샴푸는 죽어가는 제품으로, 버리자니 아깝고, 그것을 재고로 가지고 있자니 새로운 제품을 만들 수도 없는 이러지도 저러지도 못하는 상황이었다. 브랜드 매니저 시스템은 브랜드 매니저가 직접 의사결정을 하게 되어 있는데, 당시 나의 보스였던 부규환 썬실크 샴푸 브랜드 매니저가 약 32톤의 썬실크 재고를 그 자리에서 바로 폐기하는 결정을 내리는 것을 봤다.

말이 32톤이지 그 많은 양을 폐기하겠다는 기안을 하는 용기는 쉽게 나오는 것이 아니었는데, 부규환 과장은 수해가 나자 수재민들에게 32톤을 모두 공짜로 주겠다고 한 것이다. 수재민들에게는 기부지만, 회사로 볼 때는 폐기처분과 똑같다. 나는 그 기안을 하는 것을 보고 그냥 지나칠 수도 있었지만, '일은 저렇게 하는구나. 필요 없을 때는 과감하게 32톤이 아니라 300톤이라도 버릴 수 있어야 하는구나'라는 것을 크게 배웠다.

그때 부규환 과장이 내게 "뭐가 아깝냐. 저게 네 거냐?"라는 말을 했는데, '네 거냐?'라는 말이 아주 충격적이었다. 그것은 '네 것도 아닌데 무슨 걱정이냐. 큰 것을 봐야지 왜 사소한 것을 자꾸 보냐. 그러다 언제 크겠냐'라는 뜻이었다. 그러면서 사인해줄 테니 바로 처분해버리라고 하는 것이 굉장히 인상 깊었다. 쉽게 말해서 배짱이고, 경영학 용어로 말하자면 '현명하고 지혜로운 의사결정'이다.

당시 그에게서 배운 '큰 그림을 그리는 사람은 작은 것은 무시할 수 있어야 한다'는 메시지는 그 이후 내가 의사결정을 할 때 항상 지침이 됐다. 마케팅 의사결정을 하는 데 있어서 어떻게 할까 망설일 때, 또 어려움이나 갈등이 생겼을 때 '내가 32톤도 눈 깜짝 안 하고 버린 사람이다. 무려 8톤 트럭 네 대 분량을…'이라는 생각을 했다. 물론 제품설명 같은 작은 것에도 신경을 써야 하지만, 반대로 바둑의 포석처럼 큰 그림을 그리고 차근차근 좁혀나가는 자세도 필요하다는 사실을 부규환 과장은 상사로서 내게 깨닫게 해줬다.

배짱은 추진력과도 통한다. '아, 저 사람 배짱 좋다'는 말은 과감하게 위험을 감수해낸다는 말도 된다. 고통이 없으면 얻는 것도 없다. 신제품 개발을 예로 들면 가장 안전한 방법은 신제품을 개발하지 않는 것이다. 실패할 수도 있는데 괜히 긁어 부스럼 만들 필요가 없다. 하지만 그러다가 타이밍을 놓치면, 결국 회사도 망하고 나도 회사에서 쫓겨난다. 사실 잘나가는 회사와 어려운 회사의 차이는 고도의 위험을 감수할 수 있느냐 없느냐 그것 하나다. 특히 마케팅은 무에서 유를 창조하는 것이기 때문에 위험을 감수하지 않으면 망하는 수밖에 없다.

아프리카에 신발시장을 조사하라고 두 사람을 보냈다. 그런데 한 사람은 '아무도 신발을 안 신는다. 신발시장이 없다'고 하고, 다른 사람은 '아무도 신발을 안 신었다. 엄청난 시장이 있다'고 했다. 즉, '하이 리스크, 하이 리턴^{High Risk, High Return}'으로 생각을 어디에 두느냐에 따라서 다르다. 신발을 만들어서 한 사람한테 신도록 하고, 그 사람이 입소문을 내게 하면 엄청나게 시장이 커질 수도 있다는 말이다.

배짱은 커뮤니케이션에도 꼭 필요하다. 예를 들면 그룹 회장과 대화를 할 때, 일반적으로 직원들은 오너가 무서워서 그 앞에 가면 말은커녕 눈도 못 마주친다. 하지만 나는 애경에서 장영신 회장을 전혀 어려워하지 않았다. 그러면 장영신 회장도 굉장히 편안해했다. 이것 또한 커뮤니케이션 스킬에 있어서의 배짱이라고 생각한다. 편안하게 생각하되 말하는 태도는 강직하며, 솔직하고 담백하게 내 주장을 확실히 말하는 것이 중요하다. 또 비판할 때도 어영부영하지 않고, 내가 비판

하고자 하는 내용을 대안을 제시해가며 분명히 이야기해야 한다.

"이러한 문제점이 있는데, 이것은 이렇게 풀지 않으면 안 됩니다. 그것도 시급히 해야 합니다." 이렇게 타이밍까지 제시하면 경영자들은 금방 알아듣는다. 회장도 말이 회장이지 집에 가면 그냥 엄마 아빠 아니겠는가. 나도 집에 가면 그냥 아이들의 아빠인 것과 같다. 회장 하면 나에게 월급 주는 사람, 내 인사권자라고 생각하지만, 그것이 전부는 아니라는 말이다. 그래서 커뮤니케이션 스킬을 윗사람한테 발휘하는 것도 배짱이다.

|용병술|

둘째로, 사람을 쓰는 용병술은 장영신 회장한테 배웠다. 장영신 회장은 사람을 일하고 싶게 만드는 탁월한 능력이 있었다. 나는 장영신 회장의 결재를 받는 것이 너무 좋아서 새벽에 제일 먼저 출근해서 대기하고 있을 정도였다. 6시 반이면 출근해서 직원들이 출근하는 9시까지 최소한 1시간 정도는 나 혼자 회장님을 독차지하고 이야기할 수 있으니, 어떤 날은 잠을 설치기도 했다.

나는 한번도 결재받으러 가서 거부당한 적이 없었다. 1시간 내내 나 혼자 설명을 할 수 있으니 결재서류가 반려될 까닭이 없었다. 어떤 때는 하도 오랫동안 회장님과 이야기하니까, 그룹 중역들이 기다리다 지쳐서 메모를 넣은 채 아쉽게 나오는 경우도 있었다. 그러한 일이 누적되면서 오너와 실질적인 대화를 많이 하게 되고, 알게 모르게 경영에 관한 통찰력을 많이 얻게 됐다.

장영신 회장한테 크게 배웠던 것은 표시 안 내고 적응기간을 갖는 것이었다. 나는 처음 입사하고 회장님을 3년 동안 한번도 개인적으로 마주친 적이 없었는데, 나중에 알고 보니 나에 대해 보고를 계속 받으며 지켜보고 있었다. 그렇게 장기적으로 키울 사람은 더러는 무관심한 듯하면서 그냥 놔둬보는 것이었다. 밑에 있는 사람들이 부하직원을 어떻게 키우는가도 보고, 일하는 태도도 보면서 3년 정도를 기다리다가, 때가 되면 얼마나 컸는지 테스트를 해보는 것이다.

대리 진급을 앞두고 유니레버와 조인벤처 기념식에서 원고도 없이 통역을 하라고 한 것은 분명히 코칭이었다. '너 알아서 상상력을 발휘해 준비해보라'는 말이다. 즉, '너 이거 해!'라고 말하는 자잘한 코칭이 아니라, 한 3년 동안 기다리면서 이놈이 얼마나 잘 버티는가도 보고, 아랫사람들한테 맘껏 부려먹어 보라고도 하면서 그 사람을 평가하는 것이다. 그러니까 한 사람을 평가하는 데 3년 걸린다고 본 것이다. 그 다음에 마지막 평가 때도 단순하게 평가하지 않고, 진짜 어렵게 평가했다. 지금 생각하면 그것이 진짜 평가였다.

나는 그 전날 밤을 세워 회장님이 연설할 내용을 미리 외워서 당일에 성공적으로 통역을 해냈는데, 그때 계획하고_{planning}, 준비하고_{preparation}, 연습하는_{practice} 것이 얼마나 중요한지, 그리고 그렇게 하면 얼마나 일을 성공적으로 이뤄낼 수 있는지 직접 체험했다. 물론 나에게 복도 따랐지만, 이 모든 것이 장영신 회장의 깊은 생각에서 나온 일종의 코치였다고 생각한다.

하지만 잘나갈 때는 호사다마_{好事多魔}라고 거기에 각종 악재도 끼었다. 사람들이 아무 이유 없이 나를 욕했다. 나는 술도 안 마시고, 어디 가서 나쁜 짓을 한 적도 없고, 오로지 일만 했는데 회장한테는 계속 나쁜 보고가 올라갔다.

어느 날 장영신 회장이 도저히 못 참겠다고 나를 부르더니, '내가 나이 많은 선배들한테 반말하고 다닌다'는 보고가 올라왔다고 했다. "저는 말투가 반말 투로 나올 수는 있으나, 반말을 한 적은 없습니다"라고 했더니 '너무 설친다'는 보고가 많다고 했다. 나는 그때 이렇게 이야기했다.

"회장님, 설치지 않는 것은 참 쉽습니다. 일을 안 하면 됩니다. 그런데 마케팅은 자재, 공장, 수입 다 접촉해야 합니다. 생산, 홍보, 어디 안 부딪히는 곳 있습니까? 그런데 부딪히지도 않고 조용조용 있으면 일이 안 되니 좌충우돌할 수밖에 없습니다. 제가 일 때문에 그러지, 일부러 사람들을 공격하는 것은 아니지 않습니까. 가장 쉬운 방법은 충돌 안 하는 것이고, 일을 주도적으로 안 하면 충돌할 일도 없습니다. 그러나 저는 일을 계속해야 되니까 충돌은 계속될 것이고, 이런 보고도 계속 들어올 겁니다."

'그래 바로 너 같은 사람이 필요해.' 굳이 말로 하지 않아도 회장님의 눈빛에서 그 마음을 읽어낼 수 있었다. 믿음을 준 것이다.

한번은 유니레버에서 나를 해고하라고 했다. 네덜란드인 부장, 프랑스인 상무, 영국인 부사장 모두 다 내가 실력도 없고, 상사에 대해 반항심이 강하고, 마케팅 지식도 없고, 영어도 콩글리시라고 악담을 해댔다.

그 사람들 측에서 봤을 때는 나 하나만 제거하면 회사를 통째로 먹을 수 있는데, 저 어린 녀석이 사사건건 반대를 하니까 나를 자르라고 험담을 한 것이다. 장영신 회장은 그때 '도대체 왜 그 많은 직원들 중에 이 사람에 대해서만 계속 욕을 하는가' 그 진의를 파악하고 흔들림 없이 이런 이야기들을 내게 그대로 알려줬다.

나에 대한 험담이 올라올 때마다 회장이 곧장 알려주니 나는 너무 고마웠다. 게다가 '이렇게 전략을 짜서 행동하라'는 쪽으로 코치를 해주니, 아무 말도 안 하고 있으면 태도가 잘못 나올 수도 있을 텐데 내가 흘러가는 상황을 파악하고 행동을 하니 실수할 염려가 없었다. 자잘한 것이 아니라 큰 코칭이었다. 그리고 인내심과 믿음을 가지고, 그 나이 어린 과장의 말을 그룹 회장이 다 경청해주면서 그대로 행동에 옮기도록 도와줬다.

나 혼자 생각일 수도 있지만, 결과적으로 그분이 사실은 나를 키운 것이다. 아무리 사람이 똑똑해도 한순간 밟혀 죽을 수 있다. 그런데 그렇게 빨리 그리고 용기 있게 살아남은 것은 내가 자생력이 강한 탓도 있지만, 그러한 보호를 해주는 코칭이 있었기 때문에 다른 사람들이 감히 나를 건드리지 못했는지도 모른다. 나는 그게 무섭다고 봤다. 장영신 회장이야말로 용병술이 뛰어난 타고난 사업가였다. 그러니 트리오라는 제품 하나 가지고 그렇게 크게 중견그룹을 이룬 것이다. 내게는 영원한 존경의 대상이다. 그리고 나의 비즈니스 모티베이터로서 항상 감사하면서 살고 있다.

|로직|

세 번째로, 애경-유니레버 합작 당시 프랑스인 툴레몽 마케팅 상무에게서 로직을 배웠다. 당시 우리나라에는 교과서 외에는 실질적인 마케팅 이론이 별로 나와 있지 않을 때인데, 툴레몽 상무가 '언제 무엇을 건드려 왜 성공했는가. 그리고 어떻게 성공했는가'에 관한 실제 사례들을 적용할 수 있는 토대를 만들어줬다.

사실 P&G나 유니레버의 마케팅 매니저들이 중요하게 생각하고, 가장 많은 시간을 쏟는 것은 광고다. 광고가 소비자 설득 커뮤니케이션의 전부를 말해주기 때문이다. 내가 소비자들을 일일이 찾아다니며 설명을 할 수 없으니, 광고를 보고 내 제품을 집어가게 하기 위해 광고를 아주 중요하게 여긴다. 그래서 P&G는 마케팅 부서를 광고부서 Advertisement Department라고 한다.

툴레몽 상무가 크게 일러준 것은 '광고는 지루하고 지겹고 재미없게 만들어라'였다. 광고를 지긋지긋할 정도로 재미없이 만들라니, 나는 도무지 무슨 뜻인지 이해가 안 됐다. 그것은 바로 머릿속에 세뇌를 시키라는 것이었다. 이런 이야기는 본질적인 것으로 교과서에는 절대 나오지 않는다. 광고는 지루해야 된다고 어떤 교과서에 나오겠는가. 하지만 툴레몽 상무를 통해 이런 경험에서 나온 실질적인 레슨들을 배웠다.

또 교과서에는 없던 내용으로 세그먼테이션에 관한 것도 있다. 시장 세분화가 중요하다고 하지만, 도대체 시장은 어떻게 세분화해야 하는가?

비누를 예로 들어보자. 비누 시장을 어떻게 세분화할 것인가? 비누가 비누지 뭐 세분된 시장이 있냐고 할 수 있지만, 그렇지 않다. 예를 들어서 비놀리아는 잘 닳지 않으니까 막비누다. 목욕탕에도 가지고 가고, 집에서 남자들 머리 감을 때도 쓰고, 화장실에서도 쓴다. 그런데 럭스 비누는 굉장히 부드럽고 거품이 풍부한 화장비누다. 다시 말하면 비놀리아는 핸드 솝hand soap 으로, 럭스 비누는 페이셜 솝facial soap 으로 시장을 세분화할 수 있다는 것이다.

실제로 그러한 시장이 공동으로 존재한다. 어느 날 마트에서 관찰조사를 하는데 아주머니 한 분이 비놀리아 비누 세 개, 럭스 비누 세 개 이렇게 두 가지 비누를 동시에 사가는 것을 봤다. 달려가서 인터뷰를 했더니 럭스 비누는 딸이 사다 달랬고, 비놀리아는 온 가족이 목욕탕 갈 때 가져간다고 했다. 지금은 목욕탕마다 다 비누가 있지만, 그때는 자기 비누를 가지고 갔다. 그러니까 목욕탕의 뜨거운 물에 담가둬도 잘 안 녹는 비놀리아를 가지고 간 것이다.

세분화된 시장은 다양한 형태로 존재한다. 나이별로도 존재하고, 심리적으로도 존재한다. 외향적인 사람, 내성적인 사람 이렇게 성격별로도 구분이 되고, 학벌로도 구분이 되며, 주거 형태로도 구분이 되는데, 중요한 것은 좁으면 좁을수록 오히려 더 큰 시장이라는 사실이다.

교과서에는 '좁으면 좁을수록 더 큰 시장'이라는 말은 나오지 않는다. 하지만 나는 이 철학에 따라 에이솔루션을 가지고 여드름 시장이라는 블루오션에 뛰어들어 성공을 거두었다. '세그먼테이션에서는 좁은 시장으로 들어가라. 그리고 20대 초반 여성, 여드름 피부를 가진 여성, 여대생 등 이렇게 뚜렷한 자기 이미지를 구축해라. 그러면 지정한 타깃 말고 다른 층들도 쓰겠지만, 그래도 타깃을 옮기지 말고 그대로 놔둬야 넓어진다.' 이것이 세그먼테이션의 실질적인 레슨이었다.

당시 마리 끌레르 화장품이 성공했던 이유도 아무도 생각하지 않았던 여대생이라는 아주 좁은 타깃에 접근했기 때문이었다. 다른 사람들은 손도 대지 말고, 여대생들 것이니까 여대생 모델을 뽑고, 여대생들한테 광고를 만들라고 했다. 그랬더니 '아, 옛날이여! 여대생 시절이 그립다'면서 미시족들이 쓰고, 그 다음에 여고생들이 썼다. 여대생으로 범위를 좁히니까 오히려 사용자층이 더 넓어진 것이다.

포지셔닝도 마찬가지다. 어떤 때는 흔들린다. 피에르 가르댕은 과거에 유명한 명품브랜드였다. 하지만 가방, 안경, 액세서리 외에도 수건, 슬리퍼 등 이미지에 맞지 않는 제품에까지 여기저기 브랜드를 빌려준 결과 브랜드 가치가 완전히 땅에 떨어졌다. 바로 라인 익스텐션^{line} ^{extension}에 실패한 것이다.

루이비통 같은 브랜드는 재고를 남기지 않는다. 재고가 남아도 브랜드 이미지를 지키기 위해서 폐기한다. 그것이 바로 포지셔닝이다. 고급명품으로 포지셔닝되어 있으면 욕심 내지 말고 그 이미지를 희석시키는 요소들은 모두 제거함으로써 그 독보적인 위치를 지켜야 한다. 툴레몽 상무에게서 이러한 실제적인 로직을 배웠다. 당시 이러한 논리는 교과서에서 볼 수 없는 내용이었다.

그래서 광고를 한번도 만들어보지 않은 교수들한테 광고에 대해서 배우는 것은 그냥 이론이고, 실질적인 광고 이야기는 광고대행사도 아니고 바로 광고주한테 들어야 한다. 광고대행사는 어떻게 연출하고,

어떻게 찍는가 등 기술적인technical 면에 대해 말한다. 하지만 컨셉을 전달하고, 제품을 포지셔닝하고, 소비자에게 혜택을 약속하는 것은 광고주다.

다만 광고주가 조명도 못 들고 카메라도 못 들기 때문에 그것을 대행하라고 광고대행사가 있는 것이지, 핵심은 바로 광고주다. 그래서 "'광고대행사가 잘못했다'고 말하는 광고주가 세상에서 가장 미련하고, 이는 광고주가 되기를 포기한 것이다. 반대로 가장 스마트한 마케터는 '이것은 내 책임이다'라고 이야기한다"는 것이 툴레몽 상무의 가르침이었다. 내게는 굉장히 강한 인상을 남긴 말로, 이 역시 나의 철학으로 굳히고 나의 원칙으로 삼았다.

모든 철학은 행동에 옮겨서 성공 스토리를 만들어내야 '아하, 맞구나'라는 확신이 생긴다. 백날 듣기만 하고 행동으로 옮겨본 적이 없다면 느낌이나 감이 훨씬 떨어진다. 그래서 마케팅은 철저한 실천학문이다. 로직이지 경제학이 아니다. 또 정직하게 1+1이 2일 수 있는 것이 마케팅이다. 알 리스Al Ries는 '마케팅은 과학이 아니다Market is not the rocket science'라고 했지만, 내가 볼 때 마케팅은 과학이다. 공식대로 간다. 공식대로 안 간다는 생각이 오히려 문제의 원인이다. 그래서 툴레몽 상무로부터 배운 몇 가지 철학들은 나에게 굉장한 동기유발이 되었고, 내 마케팅 지식의 뼈대이자 중심이 됐다.

그 다음에 큰 배움을 줬던 것은 마케팅 스쿨이었다. 유니레버는 6개월에 한 번씩 아시아 태평양 지역에 퍼진 비슷한 생각을 가진 마케터들을 전부 불러 모은다. 중국, 홍콩, 싱가포르를 포함해서 뉴질랜드,

오스트리아, 호주에서까지 전부 모이면 서양 사람들도 있지만, 대부분 동양적인 사고를 하는 사람들이다.

어느 회사는 두 명, 어느 회사는 세 명, 스폰서한 회사에서는 열 명도 오는데, 그들을 모아놓고 일주일 동안 모든 업무를 전폐하고 집중적으로 마케팅 이론을 다시 한 번 가르친다. 다 아는 사람들한테 같은 이야기를 또 하는 것이다. 마케팅이란, 프로모션이란, 광고는 어떻게 만드는가, 강력한 브랜드는 어떻게 구축하는가. 그런 다음 워크숍을 하고, 브레인스토밍을 한 뒤 발표하도록 한다.

그 과정은 일주일간 영어로만 진행되는데 그것을 이수한 자체만으로도 프라이드를 갖는 것은 물론이고, 어떤 마케팅적 난제도 풀어낼 수 있을 것 같은 자신감이 생긴다. 나는 스위스 로슈, 미국 다이알, 영국 유니레버에서 몇 차례 마케팅 스쿨을 다녔으며, 로슈에서는 21일 동안이나 받았다. 그렇게 하자 마케팅에 대해 거의 확신이 섰다. 대한민국에서 나만큼 정통으로 마케팅 트레이닝을 받은 사람은 없다고 생각하니까 자신감이 생겼고, 그때부터 교수들의 강의에 분석력마저 생겼다.

깨끗하고 투명한 이슬도 독사가 먹으면 독이 되고, 젖소가 먹으면 우유가 된다. 똑같은 상황을 보면서 레슨을 얻고 통찰력을 키우는 사람이 있는가 하면, 그냥 지나치는 사람이 있다. 사람도 마찬가지다. 세 사람이 가면 다 나의 스승이라고 한다. '아, 저 사람을 닮지는 말아야 되겠다.' '와, 이 사람은 성질은 아주 나쁜데 정말 추진력 하나는 끝내준다. 저 추진력은 어디서 나왔을까?' '이 사람은 굉장히 부드럽지만 아주 논리적이다.' 이렇게 장점과 단점에서 모두 배우는 자세가 매우 중요하다.

나는 누구든 그 사람의 장점을 내 것으로 만들려고 노력했다. 개인마다 차이가 있겠지만 내 경우는 흡수력이 매우 빨라서 '이거다' 싶으면 바로 내 것으로 만들고 즉시 써먹어본다. 선배의 행동이나 업무 진행방식, 혹은 지나가다가 그냥 툭 던진 말도 '센스 있다'고 판단되면 나도 한번 써먹어보고 그 반응을 살핀다. 그리고 반응이 좋으면 내 머릿속에 고착 정형화시켜 다시 반복하고, 아닌 것들은 과감히 버린다. 연습하고, 확신을 갖고, 내 것으로 만들고, 그래서 어떻게 보면 내게 있어서 인생은 학습이고, 연습이며, 시행착오의 반복이다.

Work

나만의
성공 스토리를 만들라

Empowerment | Provision | Vision | Persuasion | Consumer Research | Effectiveness | Segmentation | Affection | Priority | Networking |

Consistency | Know thoroughly | Differentiation | Career | Targeting | Insight | One Word Positioning | Timing | Professionalism

일은 시키는 것이 아니라 위임하는 것이다

비즈니스를 하다 보면 본의 아니게 의심을 하기도 하고, 의심을 받기도 한다. 의심을 받으면 굉장히 기분이 나쁘다. 그래서 나는 절대 직원들을 의심하지 않고, 내 밑에 있는 직원들한테 과감하게 위임을 한다.

'판촉 이거 어떻게 했을까? 이 업체하고 내막이 있을 것 같은데 내가 한번 챙겨볼까?' 이런 유혹이 생길 때도 있지만, 반드시 참는다. 그 유혹을 이기지 못하고 내가 챙기기 시작하면 그때부터 직원들의 아이디어가 죽기 시작한다. '저 양반이 다 챙겨서 미주알고주알 이야기할 텐데' 하면서 아이디어를 내지 않는다. 즉, 권한위임이 안 되면 스트레스는 덜 받지만, 실질적으로 내가 얻고자 하는 것도 얻지 못한다. 그래서 말할 때 "야, 김 부장 이거 내 생각인데 말이야, 이 판촉 아이디어 어때? 이거 괜찮지 않아?"라고 묻는 사람이 가장 어리석다.

인사권자인 상사가 물었는데 나쁘다고 말할 '용기 있는' 사람은 흔치 않다. 일단 동조하고 본다는 말이다. 그러면 동조한 쪽은 자기 말에 책임져야 되기 때문에 그대로 밀고 나가고, 여기서 '누이 좋고 매부 좋고'가 시작된다. 보스가 좋아하니까 나도 좋고, 내가 동조했으니 보스도 좋다. 그러므로 물어볼 때 절대 '내 생각은 이런데'라는 말을 먼저 꺼내서는 안 된다.

"이 판촉 아이디어를 반드시 당신의 직원들과 브레인스토밍해서 여러 옵션을 가져오시오. 그 중에서 내가 가장 좋은 것을 결정하겠소. 추천하는 대안 1, 2, 3을 장점과 단점 순으로 다 나열해보시오. 각각의 대안이 왜 좋은지, 경험상 어떤 아이디어가 가장 효과적이었는지, 그리고 지금 진행되고 있는 것은 문제점이 무엇인지 추려오시오. 좋은 점은 다 알고 시작했을 테니 문제점만 나열해보시오."

이렇게 하면 전체 큰 그림을 다 볼 수 있다. 그런데 하나만 지정해서 해오라고 하면 그 밖의 다른 것은 볼 수가 없다.

그래서 리더십 있는 상사가 되려면 반드시 믿어주고 위임해야 한다. 위임을 해야만 언제 어떻게 체크할지 모르기 때문에 정직하다. 그런데 위임하지 않고 시키기만 하면 그것만 하기 때문에 거기에 속임수를 써도 상사는 죽어도 모른다. 속으로 '당신이 시켰지 않냐. 나는 시키는 대로 했다'라며 윗사람한테 책임을 전가해버린다. 그래서 리더십을 발휘하는 데 있어서 정직하게 시키고, 정직하게 보고 받고, 또 큰 그림으로 보고 받는 것이 대단히 중요하다.

내 미래가 곧
회사의 미래다

나는 기본적으로 내 자질이 우수해야 회사가 우수해진다고 생각하기 때문에, 신입사원 때부터 항상 회사보다 내 미래를 먼저 생각했다. 지금도 직원들이 자질을 제대로 갖춰야 회사의 미래가 밝다고 믿는다. 그래서 올바르고 풍부한 자질을 갖춰서 무엇이든 시키면 해낼 수 있는 능력 있는 사람^{able man}이 되도록 항상 철저하게 교육을 시켜왔다.

나는 항상 나의 스왓^{SWOT}분석을 한다. 애경에 입사해서 매일 피켓 들고 외국 손님을 마중하러 공항에 나가면서 이런 생각을 했다. '큰일이다. 계속 피켓 들고 공항만 왔다 갔다 할 수는 없다. 내가 앵무새도 아닌데 웰컴 투 코리아만 하고, 공항에서 호텔로 데려다주는 일만 할 수는 없다. 물론 무역영어도 배우고 여러 사람 만나서 영어회화도 하니까, 학원비 안 들어서 좋지만 이것이 내 직업은 아니다.'

뭔가 프로페셔널로서 전문분야를 가져야 된다고 생각하던 차에 이들이 주는 명함을 보니 전부 다 마케팅 디렉터, 브랜드 매니저, 인터내셔널 마케팅 매니저 등 대부분 마케팅이라는 용어가 들어 있었다. 그 사람들이 밀려오는 것을 보면서 '이거 마케팅에 뭔가 있나 보다' 싶었다. 나는 영문과를 나와서 마케팅이 뭔지 잘 몰라 모교인 경희대학교에 가서 마케팅이 뭔지 알아봤는데, 학교에는 마케팅 전공이 있는데 사회에는 왜 마케팅 부서가 없는지 이해가 안 됐다. 나는 '곧 마케팅 부서가 생기겠구나' 하는 생각이 들었다.

우리나라에 '마케팅 디렉터'란 용어가 생긴 지는 정말 얼마 안 됐다. 1985년 유니레버가 한국에 진출하기 전까지 마케팅 디렉터란 용어 자체가 없었다. 영업부장, 영업본부장, 영업이사 같은 직책은 있었어도, 1985년에 애경과 유니레버의 조인벤처 1호가 생길 때까지 마케팅이라는 용어는 없었다. 제약회사에나 PM^{Project Manager}이라는 것이 있을 뿐이었는데, 나는 한 81년부터 명함에 계속 브랜드 매니저나 마케팅 매니저라고 쓰여 있는 것을 본 것이다. 그때 내가 번역한 것이 모두 기술제휴 계약서, 조인벤처 계약서 들이었고, 공항에서 계속 외국인들을 만나면서 '조인벤처든 기술제휴든 시장이 개방돼 곧 외국인들이 밀려올 것이다. 그때를 대비해야 된다'는 생각으로 다시 경영대학원에 가서 경영학 중에서도 마케팅을 전공했다.

그래서 당시는 공항에 피켓 들고 외국인들 마중 나가는 일이 굉장히 불만이었지만, 그때 만일 공항에 가지 않았다면, 피켓을 들지 않았다면, 명함을 받지 않았다면 깨닫지 못했을 것이다.

다행히 나는 깨달았고, 미래를 대비할 수 있었다. '미래에는 틀림없이 영어 잘하고 마케팅 잘하는 사람이 대한민국 시장을 지배하겠구나.' 어린 나이에 그런 생각을 했고, 예측이 정확히 맞았다. 마케팅을 전공하고 영어 잘하는 사람은 회사 내에 극소수였다. 나는 영어에, 마케팅을 전공했으니, 바로 브랜드 매니저로 스카우트 됐다. 그러면서 비누 샴푸 등 생활용품을 맡기 시작했고, 럭스 비누와 비놀리아 비누가 히트하고, 하나로 샴푸가 대히트하고, 썬실크 샴푸까지 재상륙하면서 나의 입지가 단단히 굳어졌다. 이렇게 줄줄이 성공하니까 헤드헌터들이 밀려들면서 다이알로 옮기게 됐고, 다이알에서 연봉이 점핑돼서 로슈로 갔고, 다시 애경에 돌아가서 내 지휘 하에 수많은 히트 브랜드들이 탄생했다.

그렇다면 지금 나는 내가 원하는 CEO 사장이라고 해서 미래를 대비하지 않을까? 아니다. 나는 75세까지 열정적으로 일하고 싶다. 그럼 무엇을 할 것인가? 엄청나게 많다. 그래서 철저하게 준비한다. 나는 매일 새벽 4시 25분에 알람을 울리게 한다. 5시부터 1시간 동안 새벽기도를 하고, 1시간 동안 중국어를 배우고, 그러고도 시간이 남아 걷기 운동도 한다.

먹고사는 그 자체가 중요한 단계는 이미 지났다. 무엇을 하든 먹고는 산다. 이제는 어떻게 먹고사는지가 중요하다. 예를 들어 영어를 준비하는 사람은 그 자체만으로도 된 사람이다. 영어를 준비한다는 것은 다른 것도 다 준비한다는 말이기 때문이다. 그런데 영어를 준비하지 않는 사람은 다른 것도 준비하지 않을 수 있다. 나는 중국어도 공부하지만 절대 영어를 놓지 않는다. 이제부터 글로벌로 가야 되는데, 그러려면 커뮤니케이션이 제대로 되어야 하기 때문이다.

KTF 수도권 본부장 시절 이야기다. 어느 날 밑에 영업담당 상무한 명이 왔다. "이곳은 대리점이 너무나 취약합니다. 그래서 대리점을 내야 합니다." 그래서 나는 이렇게 말해줬다.

"지금부터 대리점 내서 어느 세월에 1년 농사 짓겠소. 그러지 말고 우선 아르바이트생 뽑아 은행에다 직원들 파견해서 거기서 파시오. 뭔가 하면서 대리점을 내야지, 대리점 낼 때까지 손 놓고 있다가 대리점 내고 나서 시작하면 어느 세월에 되겠소. 단말기 들고 빌딩에 올라가서 팔 수도 있고 방법은 얼마든지 있소. 63빌딩 칸칸마다 올라가면 거기에서 나오는 판매물량만도 엄청날 것 아니오.

일단 가서 부딪혀보시오. 그러면 적어도 몇 천 대는 나올 것이오. 진짜 숨어 있는 마켓을 뚫으시오. 언제 대리점 내기를 기다리며, 대리점 내서 잘된다는 보장이 또 어디 있소. 대리점 없는 것이 취약이라면 대리점을 내서 극복하면 늦소. 다른 방도를 취하면서 대리점도 동시에 내야지 보완이 됩니다."

회사든 조직이든 개인이든 모두가 현재 상황에서 어떤 것이 좀 더 발전적인지 보아야 한다. 그리고 가장 중요한 것은 실제로 부딪혀서 실행해보는 것이다. 그러면 거기서 아이디어가 또 파생되어 나온다.

비전은
모티베이션의 핵심이다

1995년 11월에 애경으로 돌아가서 처음 한 달은 바쁘게 이것저것 파악하느라 잘 몰랐는데, 12월부터 직원들을 유심히 보니 전부 아주 재미없어하고 있다는 느낌이 크게 들었다. '왜, 어떻게 마케팅을 하면서 재미없어할까? 이 재미있는 마케팅을 재미없어해서 어떻게 성공할까?' 라는 걱정스러운 생각이 들었다.

그러고 보니 회사가 전부 영업 주도로 돌아가고 있었다. 영업 담당 중역의 입김이 거센 반면, 마케팅은 한 단계 아래인 부장이 맡고 있었다. 마케팅을 부장이 맡고 있다는 말은 그 위상이 땅바닥에 떨어졌다는 의미다. 또 내가 나가기 전에는 마케팅이 중요하다고 마케팅 직원들은 급여를 10퍼센트 더 줬는데, 그나마 이것마저 지급하지 않고 있었다.

그래서 당장 급여를 10퍼센트 더 주도록 하고, 마케팅 직원을 전부 데리고 설악산 오색그린야드호텔로 갔다. 프라이드와 자신감부터 완전히 새롭게 심어줘야 되겠다는 생각에 3박 4일 동안 마케팅을 기초부터 다 가르치기 시작했다. 마케팅이란 무엇이며, 판촉이란 무엇이고, 광고는 어떻게 해야 되고, 광고대행사는 어떻게 다루어야 되는지 거의 원맨쇼를 하면서 완전 세뇌를 시켰다.

그리고 그때 광고대행사까지 오라고 해서 광고대행사들도 같은 용어common language를 쓰게 했다. 같은 용어를 써야 광고주가 무슨 말을 해도 금방 알아듣고, 제대로 전달되기 때문이다. 광고주는 BPS^{Brand Positioning Statement}라고 하는데 광고대행사가 BPS란 용어가 무슨 뜻인지 모르면 서로 곤란하다. 그러면서 직원들에게 비전을 보여줬다.

"여러분은 다른 사람이다. 월급은 비록 다른 사람보다 불과 10퍼센트 정도 더 많지만, 완전히 다른 사람이다. 지금부터 여러분 손에 의해 통합마케팅integrated marketing이 이루어지는데 만일 여러분이 머리가 나쁘거나 지식이 없으면 그야말로 직무유기다."

회사가 비전을 갖기 위해서는 먼저 직원들이 비전을 가져야 한다. 회사의 비전은 우선 직원 개개인이 자신감을 갖지 않고서는 나오지 않는다. 그 자신감은 바로 자존감self respect과 자기 확신에서 나온다. 그것이 없으면 비전도 없다.

비전은 남이 제공한다고 나오는 것이 아니라 자기 자신이 살려야 한다. 그런데 마케팅이 영업 주도하에 움직이고, 영업과 마케팅을 한 사람이 하고 있으며, 무엇을 해도 회사에서는 알아주지 않으니, 희망도 없고 재미도 없고, 직원들은 오합지졸이 되어가고 있었다. 그래서 우선은 프라이드를 가지라고 약간은 강압적이고 주입식으로 교육을 시켰다.

그렇게 하니까 3박 4일 동안 직원들이 '회사가 진짜 발전하겠다'는 확신을 어느 정도 갖기 시작했다. 그리고 '회사 전체로는 아직 LG그룹보다 1등이 아니지만, 각각의 브랜드는 지금부터 1등이다. 내가 1등으로 만들겠다'고 말하자 본격적으로 업무를 시작하기도 전에 벌써부터 마케팅 직원들의 눈빛이 반짝반짝 빛나고 행동도 빨라지기 시작했다.

그래서 달성 가능한 비전이든 프라이드를 느끼게 하는 비전이든, 끊임없이 비전을 제공해야 된다. 리더란 '비전을 제공하는 사람^{vision provider}'이라고 해도 과언이 아니다. 또 리더십이란 '올바른 비전을 제공해서 모두가 공유하게 만드는 기술'이라고 표현해도 틀림없다.

거기다가 서충석 전무처럼 내게 매우 호의적인 그 당시 사내중역들이 장영신 회장한테 '조서환 본부장이 오고 나니 회사가 달라지고 있다'고 말해주면서 모든 사람들이 비전을 공유할 수 있었다. 우리의 비전은 다음과 같았다.

'우리가 내는 브랜드마다 그 세그먼트에서 모두 1등 한다.'

그런데 말로만 그런 것이 아니라 하나하나 이루어졌다. 그때 '비전이란 결국 자신감과 자기 확신에서 출발하고, 모두가 완전히 공유했을 때 진정한 비전'이 된다는 생각을 했다.

비전은 하나로 묶여서 통일된 비전이어야지, 각자 생각이 달라서는 곤란하다. 각자 생각이 다른 회사는 리더십을 발휘할 수 없다. 그래서 비전의 공유가 리더십의 핵 중의 핵이다. 직원들이 비전을 받아들이고, 서로 공유하고, 그로 인해서 프라이드를 느낄 때 비로소 비전이 완성된다. 비전은 공유되지 않으면 겉돈다.

똑같은 비전을 갖고 있어도 대부분 겉돌아 실천이 잘 안 되는데, 애경은 철저하게 교육을 시켰기 때문에 마케팅 사관학교라고 불리면서 제대로 비전을 공유할 수 있었다. 나는 마케팅 기초부터 원칙principle을 일러줬다. 어느 누구도 원칙을 가르쳐준 적이 없는데, 다국적 마케팅에서 내가 얻은 성공 스토리의 진수 중의 진수들을 전부 다 가르쳐주니까 직원들은 배운 그 자체만 가지고도 프라이드를 느꼈다.

애드 브리프Ad Brief, BPS 같은 용어들은 이전에는 쓰지 않았는데, 이런 내용을 다 가르쳐주니까 그 자체만 가지고도 '이 회사에 몸담으면 충분히 멋진 성과를 낼 수 있겠다'는 느낌을 받은 것이다. 또 매월 10퍼센트 보너스가 실제로 찍혀 나오고, 발전하는 모습도 조금씩 눈으로 확인하면서 말로만 외치는 것이 아니라 실행력도 뒷받침된 비전이라고 느끼게 됐다.

아무리 어려워도 앞이 보이면 된다. 앞이 보이지 않거나, 앞이 보여도 내가 결정권자가 아니면 답답하지만, 앞만 보이면 아무리 어려워도 견딜 수 있다. 그 당시 마케팅에 관련해서는 내게 모든 것을 일임했기 때문에 내 마음대로 할 수가 있었고, 어느 누구도 간섭하지 않았다. 해내기만 하라고 했고, 결국 다 해냈다.

누구나 다 비전을 제시할 수는 있지만, 나는 내가 실무를 할 때 이룩해놓은 훌륭한 성과들이 있었고, 내가 직원들한테 제시했던 비전들이 실제 내 경험에서 나온 성공과 직결되는 비전이었다. 그렇기 때문에 직원들은 '우리가 만드는 브랜드는 그 세그먼트에서 1등 한다'는 비전을 공허한 구호가 아닌 실현 가능한 비전으로 이해했고, 그 실행 방법도 경험을 통해 검증된 합리적인 방법이라고 믿어줬다. 이것이 직원들이 비전을 공유하고 재미있어했던 큰 이유였다.

역지사지로 생각하면, 어떤 경우에 재미있을까? 내가 일을 할 때 확신을 갖고 실행에 옮길 수 있고, 혹시 실수를 해도 뒤에서 실력 있는 사람이 정확히 고쳐줘서 걱정할 필요가 없다면 아주 신이 난다. 직원들은 나와 내가 제시한 비전에 그러한 믿음을 가졌던 것이다. 그러다 보니 혼을 내도 전혀 섭섭해하지 않고 한 수 가르침을 받았다고 생각하기 때문에, 혼나고 나갈 때도 '나를 혼내는구나. 나를 키우는구나' 이런 생각을 하면서 가슴 뿌듯해할 수 있었다. 그런데 그것은 내게는 전혀 어려운 일이 아니었다.

'그 세그먼트에서 항상 1등 한다' 외에 또 직원들에게 강조했던 것이 있었다. "여러분은 아직 돈 생각은 하지 마십시오. 현재의 월급만 생각하면 재미없어서 근무 못합니다. 지금은 더 좋은 곳으로 도약하기 위해 배우는 과정이고, 그것도 돈을 받고 배우는 중입니다. 여기에 뼈를 묻는다는 생각이 아니라면, 헤드헌터들이 서로 스카우트하려고 경쟁하는 이 분야의 넘버원이 되기 위해 연습한다고 생각하십시오. 그것도 돈을 받아가면서 말입니다." 그러고는 애경이 마케팅 사관학교이며 내 밑에서 배운 직원들은 걱정하지 말라고 헤드헌터들에게 소문을 내고 다녔다.

그리고 내게는 대외적으로 능률협회, 생산성본부, 전경련 같은

데서 특강 의뢰가 들어왔다. 강의를 나가면 '애경 조서환 상무 강연'이라고 찍힌 인쇄들이 전국에 다 뿌려지니까 그런 것들이 모두 직원들에게 프라이드를 심어줬다. '우리 상무님이 전경련이나 생산성본부 같은 곳에 나가서 대한민국의 마케팅 일인자로 강의를 하시는구나. 이렇게 대외적으로 명성이 있구나' 하는 자부심을 느꼈다. 나 또한 모르는 것이 있으면 곤란하다는 생각에 실력을 쌓으려고 노력했고, 이것이 여러 명을 살찌웠다. 그렇게 하니 직원들이 어디 가서 명함을 내밀면 "우와, 너 애경 다녀?" 이런 반응이 오고 거기서 더 큰 프라이드를 느꼈다.

개인에게 있어서 비전이란 무엇일까? 바로 성장이다. 성장할 수 있다는 확신이 없으면 재미가 없다. 실제로 성장했다고 해도 그것을 알아주는 사람이 없으면 또 재미가 없다. 성장을 알아줄 때 재미가 있고, 명망 있는 사람이 확인해준다면 더욱 재미가 있다. 그런 희망마저 없으면 박봉에 무슨 재미로 회사를 다니겠는가.

애경에서 내가 강력한 마케팅 리더십을 보일 수 있었던 것도 내가 보여준 비전이 결국 언젠가는 큰 나무로 성장할 수 있다는 확신을 줬기 때문이었다. 사실 그들이 받는 월급은 최고수준은 아니었지만 돈은 행복과 관련이 없다.

그처럼 직원들도 아무리 월급이 적어도 크게 성공하기 위한 하나의 과정이라고 생각하면 만족도는 높아진다. 프라이드를 심어주고, 비전을 심어줘도 부족한데, 인사적체가 있다든지, 월급이 너무 적다든지, 상사가 눈 씻고 찾아봐도 실력이 없으면 직원들은 떠나기 시작한다. 그래서 제대로 된 회사는 바로 그 점을 배격하려고 노력한다. 조직에 필요한 것은 테크닉이 아니다. 위임받은 자가 잘해야 가장 이상적인 환경을 만들 수 있다.

상사는 비전이 높고 아주 의욕적인 사람이 도전해서 달성하도록 도와줘야 한다. 구체적으로 지시하고, 가르치고, 칭찬하면 직원들은 따라온다. 조직 관리의 요체는 바로 칭찬과 비전 제시, 뚜렷한 가르침이다. 돈 때문에 이동하는 사람은 많지 않다.

애경에서 함께 일했던 직원들에게 물어보면 다들 '언제 우리가 월급 따져보고 다녔냐'고 한다. 내가 애경에 있었을 때라고 월급이 많았던 것은 아니었다. 그러나 다들 그렇게 즐거워했고, 뭉쳤고, 행복해했다. 매주 마케팅 스쿨을 열어서 발표하고 토론하면서 토론문화와 학습문화를 조성하고, 또 끊임없는 칭찬과 고무를 통해서 성취감을 줬고, 그런 성취감을 통해 자신감을 얻었다. 그래서 외로울 때도 많았지만 부하직원들이 알아주고, 내 말 한마디를 진리처럼 여겨주니까 외로움마저 즐길 수 있었다.

기껏 일했는데 제대로 평가도 안 해주고, 또 잘못했으면 혼을 내고 잘했으면 칭찬을 해줘야 하는데 그것도 없고, 그냥 판에 박히게 매일매일 흘러가니 지루해지고 나태해져서 동료들 험담을 하거나 회사를 그만둬야겠다는 엉뚱한 생각을 품게 된다. 그래서 직원들은 즐거움에 차서 바빠야 한다. 직장생활을 하는 데 그것처럼 중요한 것이 없다.

월급을 보고 뛰는 사람들은 엄청 많이 뛴 것 같아도 정말 월급만 조금 더 받을 뿐, '내가 이것 때문에 옮겼나' 하는 후회를 한다. 반면에, 비전이 없어서 옮긴 사람들은 불만이 사라졌기 때문에 아주 만족스러

위한다.

어느 누구도 회사 재무 상태를 보고 비전이 없다고 하지 않는다. 바로 자기 상사를 보고 판단한다. 존경할 만한 상사가 아니고, 철학을 가진 상사가 아니고, 레슨을 계속 공급해주는 상사가 아니고, 그야말로 매일매일 신선한 주스를 주는 상사가 아니면 비전이 없기 때문에 회사를 나간다. 그렇듯 리더의 역할은 한마디로 '비전 심기'다. 비전 없는 상사 밑에서 근무하는 것은 갑갑한 일이다.

또 하나 중요한 것은 관계에 대한 비전이다. 직장에서는 관계가 아주 중요하다. 학교 같으면 졸업하면 끝이지만, 직장은 한번 들어가면 그 관계가 심지어 30년까지도 간다. 가족은 시집도 가고 장가도 가서 30년 이전에 헤어지는데, 직장은 계속 이어지기 때문에 인간관계가 굉장히 돈독해야 된다. 그 인간관계가 잘 형성되지 못했다고 생각하면 사람들은 미련 없이 회사를 떠난다.

이러한 비전을 이상적으로 실현하기 위해서는 삼박자가 맞아떨어져야 한다. 오너의 전폭적인 지지, 그 신뢰에 부응한 나의 불타는 열정과 충성심, 그리고 그것을 발현시키기 위해 실무자들이 묵묵히 따라오는 것, 이 삼박자가 절묘하게 조화를 이룰 때 가장 이상적으로 비전이 실현된다. 비전은 어떻게 보면 뜬구름 잡는 것 같지만, 그렇지 않다. 따라서 가장 무료한 사람은 비전이 없는 사람, 희망이 없는 사람, 그리고 현재에 만족하는 사람들이다. 설령 현재가 만족스러워도 안주해서는 안 된다. 계속 목표를 세우고 자기 발전을 추구해나가야 한다. 비전이 없으면 삶은 시들기 시작한다.

모든 설득은 프레젠테이션이다

세상 모든 일이 결국에는 프레젠테이션이다. 무대에서 하는 연설이나, 연인에게 하는 사랑고백이나 결국 모두 상대방에게 하는 설득 커뮤니케이션이다. 사랑을 속삭이는 것도 프레젠테이션이라는 말이다. 그래서 어떻게 보면 세상 모든 대화가 프레젠테이션인데, 특히 비즈니스에서 프레젠테이션은 회사의 생사를 가르는 중요한 문제다.

옛날에는 대부분 뒤에서 미리 광고대행사를 정해놓고 형식적으로 참가하는 프레젠테이션이었지만, 요새는 프레젠테이션할 수 있는 광고대행사의 자격요건을 구비해놓고 아주 공정하게 승부하는 회사들이 많아졌다.

프레젠테이션에서 중요한 것은 항상 철저하게 계획하고, 준비하고, 연습하는 것이다. 그렇다면 어떤 식으로 계획해야 할까?

CHAPTER 03

제일 먼저 지피지기가 중요하다. 상대방이 이 프레젠테이션을 통해서 무엇을 얻고자 하는지를 알아야 어떤 식으로 프레젠테이션을 할지 계획이 나온다. 그 계획에는 시간 계획까지 다 포함된다. '여기서 몇 분 숨 고르고, 여기서 오디오를 틀고, 여기서 비주얼을 보여주고, 여기서 다른 사람이 나와서 도와주고, 여기서 이벤트를 하고' 등 종합적인 계획을 다 세워야 된다.

그리고 프레젠테이션은 자신감이다. 사람들 앞에서 주눅이 들어 떨거나 더듬거리면 청중들은 '아휴, 답답해. 저 사람 빨리 끝났으면 좋겠다. 누가 저런 사람을 시켰지?' 이러면서 답답하고 불안해한다.

결재받을 때도 마찬가지다. "회장님, 결재받으러 왔는데요. 광고비를 너무 많이 써서 죄송합니다. 지난달 손해 보고 이달에 또 손해지만 광고를 안 할 수는 없으니 이거 사인 좀 해주십시오." 이렇게 말하면 사인하면서 무슨 생각을 할까? '이런 사람이 뭘 하겠어. 광고하지 말라고 하면 무식하다는 말을 들을 테니 사인은 하는데 기분이 아주 나쁘다'라고 생각하지 않을까.

반대로 이런 식으로 말하는 것은 어떨까?

"회장님, 지난달에 비록 마이너스지만 이 광고로 인해서 신제품이 소비자 마인드 속에 확실하게 인식될 단계에 와 있습니다. 시간이 없어서 혹시 못 보시거나 궁금하실까봐 뒤에 소비자 반응을 첨부했습니다. 보세요. 구매의사buying intention가 90퍼센트입니다. 이런 수치는 우리 신제품 개발 역사상 거의 전무후무합니다. 이것은 광고하면 할수록 돈을 더 많이 버는 브랜드입니다. 제가 드리는 말씀을 믿으십시오."

이렇게 이야기하면 그 자신감 때문에 다음부터 서류도 안 보고 사인한다. 그래서 프레젠테이션에서 가장 중요한 키워드 하나만 이야기하라고 한다면 바로 자신감이다.

광고대행사 DDB니드햄의 오너였던 이용훈 사장은 프레젠테이션할 때 광고주가 광고의 메시지가 너무 단순하다고 지적하자, "자, 이사님 일어나보시죠" 하고는 미리 준비해간 테니스 공 두 개를 한꺼번에 던졌다고 한다. 그랬더니 이사가 "뭐야, 공을 왜 던져"라고 하면서 하나도 못 받았다.

다시 공을 가지고 오라고 해서 "잘 받아보세요. 두 개 던질 테니까"라고 하면서 던졌다. 결국에는 하나밖에 못 받았고, 그 하나도 막 흔들거리면서 받았다. 그런데 "하나만 던질 테니 잘 받아보십시오"라고 말하고 하나만 던지니까 바로 받았다. '동시에 여러 개 얘기해봐야 다 꽝이다. 받아들이는 사람은 못 받는다. 괜히 쓸데없는 말을 왜 하나. 하나만 말하라'는 의미다. 내가 시종일관 주장하는 한 단어 포지셔닝과 똑같은 의미다.

여기서 내가 말하고 싶은 것은 광고주에게 '일어나보세요. 나 광고대행사 사장인데 내가 던지는 공 받아보세요'라고 하는 바로 이 용기와 자신감이다. 누가 감히 클라이언트한테 프레젠테이션하다 말고 공 받아보라고 하겠는가. 그렇게 하기 어렵다. 광고주 입장에서는 일어서서 공 던질 테니 받으라고 하면 기분 나쁘고 건방지다는 생각은 들지만, 속으로는 이 사람한테 맡기면 될 것 같다는 느낌이 든다.

그리고 프레젠테이션 끝나고 나서 겸손하고 예의 바르게 "죄송

합니다. 아까는 프레젠테이션 목적상 그랬고…"라고 하면 '이 사람은 일과 대인관계가 아주 확실한 사람이구나' 하고 인정을 받는다. 세상 일이 모두가 다 그렇다.

그 다음, 눈빛이다. 애경에서 장영신 회장은 항상 상대방의 눈을 봤다. 어떻게 생각하면 미안할 정도로 눈빛을 본다. 쑥스러워서 고개를 숙이면 자신감 없는 것으로 본다. 그래서 나는 결재받을 때만큼은 한번도 그분한테서 눈을 떼지 않았다. 오히려 장영신 회장이 눈을 딴 데로 돌릴 때까지 절대로 떼지 않았다. 나 말고 그렇게 눈을 쳐다본 사람이 없었다. 눈 못 뜨는 사람들을 너무 많이 봤기 때문에 눈을 뜨는 사람이 예뻤던 것이다. 그러면 '아, 이놈은 뭔가 자신 있구나. 확신에 차 있구나. 설령 어떤 상황에 의해서 일이 잘 안 됐다 할지라도 이런 자신감 있는 사람들은 언젠가 해내겠지' 이런 생각을 갖는다. 자신이 자신감 없는데 누구더러 자신감을 가지라고 하겠는가.

또한 프레젠테이션도 라포르를 형성해야 된다. 능률협회 조찬강연을 할 때인데 정말 구름같이 사람들이 몰려왔다. 연단에 올라가서 제일 먼저 그 당시 총책임자였던 김승엽 전무에게 몇 명이 왔냐고 물었다. 520명이 왔고, 능률협회 '21세기 모닝포럼' 이래 최대 인파라고 했다. 나도 그 능률협회 조찬을 계속 갔기 때문에 안다. 그렇게 많은 사람이 온 적이 없었다.

그 다음 내 첫마디가 "오늘 떨립니다"였다. 사실 전혀 안 떨렸지만 이렇게 많은 사람이 모였다는 것을 알려주려는 것이었다. '여러분들은 정말 귀한 강연 들으러 왔다. 이렇게 인기폭발인 강의를 듣고 있다'

는 사실을 암시하고자 했다. 그 아침에 일찍 일어나 눈 비비고 와서 앉아 있는데, 그 기대감을 계속 이어주기 위해서는 몇 명 왔는가보다 귀한 강연을 듣고 있다는 것이 더 중요하다. 그렇게 하니 정말 한 사람도 자세가 흐트러지지 않고, 나를 향해 빨려들어 오는 것을 느꼈다. 그것이 바로 성공한 프레젠테이션이다.

그리고 계속해서 다이내믹한 분위기를 만들어야 한다. 첫째 이렇고, 둘째 이렇고, 셋째 까르르 웃기고 이러면서 5분~10분에 한 번씩은 웃거나 박수치거나 하는 행동을 유도해내지 않으면 안 된다. 그것은 상대방의 마음을 꿰뚫어볼 때 가능하다. 내가 저 자리에 앉았으면 어떻게 할까 생각하면 거의 틀림없이 상대방의 마음을 읽어낼 수 있다.

어느 날 경희대 의대 교수들한테 특강을 하라고 연락이 왔다. "의대 교수들 앞에서 마케팅 강의를 하라니 앞뒤가 안 맞습니다. 의대 교수님들한테 마케팅 강의를 왜 하라고 하십니까?"라고 했더니, 담당교수인 송상호 교수로부터 경희대 총장님이 다음과 같은 말을 했다는 것을 알게 되었다.

"병원도 마케팅 안 하면 죽습니다. 째고 꿰매고 어느 의사나 똑같이 수술하지만, 이제는 병원도 그 자체로 신뢰^{reliability}를 가져야 합니다. 왜 서울아산병원, 삼성의료원 입원실이 자리가 없냐면 모두 거기로만 가려고 하기 때문입니다. 단지 삼성과 현대에서 투자만 했을 뿐인데, 사람들은 그 자체만으로 명의가 거기 다 모였다고 생각합니다. 경희대 한의대도 마찬가지입니다. 대전대 한의대에도 훌륭한 교수가 많지만, 경희대 한의대가 최고라고 칩니다. 그게 바로 신뢰입니다. 그래서 신뢰와 유산heritage을 소비자들에게 제대로 심기 위해서 마케팅을 하지 않으면 안 됩니다.”

그래서 의사들이 마케팅을 배워야 된다는 결론에 이르렀고, 의대 교수들에게 특강을 하게 됐다. 특강 당일, 미리 가서 시간이 좀 남아 온 사람들과 명함을 나누는데 청와대 명함이 나왔다. 웬 청와대 명함인가 깜짝 놀라 자세히 봤더니 대통령 한방주치의였다. 그런데 거기서 대통령 주치의, 경희의료원 원장, 병원장, 교수 모두 높으신 분이라고 생각하면 강의를 제대로 못한다.

일단 내 앞에 앉아 있으면 이들은 모두 학생들이다. 오히려 학생들보다 못하다. 경영학을 안 배운 교수들이기 때문이다. 그렇게 해야 이야기가 된다. 그래도 무서우면 사람들을 소나무로 생각하는 방법도 있다. 나무숲에서 소나무들한테 강의한다고 생각하고, 혹시 청중들과 눈을 마주치는 것이 두려우면 한곳에 시선을 고정시키지 말고 전체적으로 골고루 돌린다.

또 하나, 거기 참석한 사람들이 누구냐에 따라서 즉, 보험회사 파이낸셜 플래너인가, 대학교수들인가, 학생들인가에 따라서 최소한 언어는 달라야 한다. 예를 들어서 의대 교수들 앞에서 “BPS가 작성이 안 됐고, 애드 브리프가 시원치 않고…” 이런 말이 획획 날아갔다가는 5분 안에 사람들은 졸음이 온다. 지루한 프레젠테이션은 5분 이내에 바로 집중력이 떨어져 실패한 강의가 된다. 반드시 참석자의 수준을 고려한 강의가 되어야 한다.

간혹 쓸데없는 질문을 하는 사람들이 있다. 예를 들면 “필란 수정

단 콜라제닉 화이트닝 크림이 중국에서 그렇게 성공했는데, 그럼 여태까지 몇 개 만들었어요?" 이런 질문을 하는 사람도 있다. 그때 대답을 안 하면 모르는 것처럼 보인다.

"자, 따져보세요. 한 통에 200그램입니다. 월 100톤을 팝니다. 그러면 100톤이면 200그램짜리가 몇 개 나오는가, 한번 계산해보세요. 그 핸드폰 가지고 계산하시면 됩니다." 그러고는 각자 계산하게 한다. "그러면 몇 개입니까? 계산 됐죠?"

이렇게 순간적인 임기응변을 해야 된다. "난 몰라요"라고 해서는 절대 안 된다. 아주 엉뚱한 질문에도 "어떻게 그런 날카로운 질문을 할 수 있습니까. 공부를 굉장히 많이 하셨나 보죠. 전공이 뭔데요? 애들은 몇 명입니까? 아주 깊이 알고 계시는군요"라고 이야기하며 시간을 벌면서 상대방 모르게 머릿속으로 대답을 준비한다. 그러고 나서 "정확히 말씀드리면 얼마입니다. 거기까지 정확히 외우실 필요는 없지만, 세부적으로 정확히 말씀드리면 몇 원 몇 전입니다"라고 말해준다.

어차피 쓸데없는 질문을 했기 때문에 그 사람은 잊어버린다. 난감한 질문을 한 사람치고 제대로 기억하는 사람은 없다. 그러나 정말로 제대로 대답해줘야 하는 질문에는 일단 이렇게 대답한다. "아, 그거 정말 좋은 질문이네요. 저도 그것을 별첨자료에 준비해왔는데, 수치가 여러 개라서 지금 못 외우니 제가 바로 이메일로 알려드리겠습니다." 그리고 정말 전체한테 '대답은 다 했습니다만, 정확한 수치는 이렇습니다'라고 이메일을 보내면 더욱 신뢰가 생긴다. 절대 당황하거나 모른다고 말하거나, 뭐 그런 질문을 하냐고 해서는 안 된다. 실제로 어떤 연사들은 질문한 사람에게 "뭐 그런 게 그렇게 중요합니까?"라고 하면서 무안을 주는데 이것은 요령 없는 사람이나 하는 행동이다.

나는 원고가 있으면 프레젠테이션을 잘 못한다. 그래서 강연 요청이 들어오면 핵심 키워드를 열 개 정도 달라고 한다. 단어만 기억나면 할 수 있는데, 그 기억이 안 나면 곤란하다. 그래서 머릿속에도 외워두고, 쪽지에도 그 단어를 써서 가져간다. 또 내가 쓰는 방법은 핸드폰 메모장에 키워드를 입력시켜놓고 커닝페이퍼로 이용한다. 원고를 보고 읽는 행동은 청중을 불안하게 한다. 사실 청중들은 커닝페이퍼를 보는 모습에서도 불안함을 느끼는데, 하물며 원고를 보면서 읽는 것은 피해야 한다.

어떤 사람은 아예 꺼내서 읽겠다고 하는데, 그럴 때는 속으로 '야, 관둬라' 이런 생각이 든다. 말 잘하는 국회의원들을 보면 뚜벅뚜벅 다리에 힘주고 연단에 올라가서, 어깨 쫙 펴고 안정된 자세를 잡은 후, 굉장히 솔직담백한 면도 보여주고, 그러면서 야망도 보여주면서, 구체적으로 실현 가능한 수치도 보여준다. 그런 모습에 유권자들은 믿음이 간다.

그래서 앵무새처럼 말만 잘하는 것과 설득하는 것은 다른데, 청중을 놓고 일일이 설득 커뮤니케이션을 하는 것이 바로 프레젠테이션이다. 다만 대중 앞에서 하는 연설조의 프레젠테이션이 다르고, 맨투맨 프레젠테이션이 다르고 상황별로 방식이 다를 뿐이다.

물론 교과서적인 원칙들은 다 있지만 지금 이야기한 것이 대부분이라고 볼 수 있다. 자신감, 시선 교환, 어떠한 일이 있어도 흐트러짐

없는 자세, 매너, 장소, 조명 이것들이 완벽하게 조화를 이룰 때 제대로 청중을 설득할 수 있다. 그래서 나는 프레젠테이션할 때 불을 못 끄게 한다. 프레젠테이션할 때 불을 끄는 것은 프레젠테이션 안 할 테니 청중들에게 주무시라는 말과 똑같다. 불을 다 켜서 잘 안 보일 것 같으면 차라리 안 보이는 상태가 낫다. 다만 한 15초 정도 비주얼을 보여주는 경우는 다르다. 그 동안은 내가 스피치를 하지 않을 때고, 광고 보고 다시 불을 켜니 그 정도는 불을 꺼도 된다.

마지막으로 잊지 말아야 할 것은, 프레젠테이션에서 가장 중요한 포인트는 내가 전달하고자 하는 메시지를 정확히 하는 것이다. 오늘은 차별화를 확실하게 심어주겠다, 오늘은 마케팅 믹스란 무엇인지 아주 확실하게 심어놓겠다, 오늘은 포지셔닝에 대해서만 심겠다 등 스스로 프레젠테이션의 목적을 뚜렷이 해야 한다.

그리고 전달하는 방식은 일관성 있고 명확해서 굉장히 쉽게 알아들을 수 있어야 하고, 적절하게 쉬어줌으로써 약간의 긴장감도 조성해 주의를 환기시켜야 한다. 가끔 영어도 섞어 써서 듣는 사람으로 하여금 피곤하거나 지루하지 않게 해줘야 한다. 또 억양에 오르막 내리막이 있어서 사람들이 다른 생각을 못하게 하는 것도 중요하다.

소비자의 진짜
마음을 읽으라

오래전에 있었던 얘기다. 내가 우리나라 소비자의 성미를 충분히 파악하지 못해서 대성공하지 못했던 제품이 하나 있는데, 바로 '쌀벌레 안녕~'이라는 컨셉의 쌀벌레 퇴치제 닥터 쌀벌레였다. 앞에서 이 제품을 개발하게 된 경위를 이야기한 바 있는데, 닥터 쌀벌레는 고추, 마늘 등 천연 성분으로 만들어 쌀통에 붙이면 쌀 속에 들어 있던 쌀벌레들이 답답하니까 기어 나오는 원리를 이용한 것이다. 소비자 조사에서도 주부들이 '그 제품 꼭 필요하다. 나오면 꼭 사겠다'는 반응이었다. 하지만 처음에는 성공적이었지만 결과적으로 실패하고 말았다. 인체에 무해한 천연재료로 만든 아주 좋은 제품이었는데 왜 실패했을까?

바로 소비자의 급한 성미를 몰랐기 때문이다. 우리나라 사람들처럼 성격이 급한 소비자들은 닥터 쌀벌레를 쌀통에 두면 쌀 속에서 벌레들이 죽어서 쌀 씻을 때 새까맣게 떠올라야 속이 시원하다. 그런데 벌레들이 밖으로 스멀스멀 기어 나오니까 닥터 쌀벌레 때문에 없던 쌀벌레가 생겼다고 주장했던 것이다. 그래서 그해에 쌀을 한 가마니도 바꿔주고 반 말도 바꿔주고, 바꿔준 쌀을 버릴 수 없으니 전부 떡으로 만들어서 전 직원이 나눠 먹고 하느라, 그때 떡 먹고 붙은 살이 아직도 안 빠졌다.

언젠가 한 잡지회사 사장이 현재 시중에 나온 여성잡지들에 대한 불만이 무엇인지 소비자 조사를 한 적이 있다. 그랬더니 '광고가 너무 많다, 두껍다, 가십거리가 많다, 루머나 스캔들 등 쓸데없는 내용들이 많다, 애들 볼까 무서울 정도로 낯 뜨거운 장면이 많다' 등의 문제점을 이야기했다.

그럼 어떤 잡지가 나왔으면 좋을지 물었더니 '가능하면 육아, 인테리어, 리모델링 같은 교양과 관련된 내용들이 많았으면 좋겠다'고 했다. 그러자 그 사장은 중요한 마케팅 결정을 내렸다. 즉, 교양지로 거의 광고를 받지 않는 잡지를 발간하기로 한 것이다. 그것이 바로 『마리안느』였다.

그런데 그렇게 얘기를 했던 주부들은 아무도 그 잡지를 사보지 않았다. 왜냐하면 사실 사람들이 여성지를 사는 이유가, 불만이라고 대답했던 바로 그 부분이 보고 싶어서였기 때문이다. 낯 뜨겁다고 대답했지만 그 부분이 없으면 잡지가 재미가 없고, 수많은 다양한 광고들을 보면서 즐겼던 것이다. 또 누가 결혼한단다, 헤어졌단다, 왜 헤어졌단다 이런 이야기들이 재미있었는데 그것들을 다 빼버리고 자녀교육, 독서 등 독자들이 재미없어하는 이야기만 있었던 것이다.

텔레비전도 마찬가지다. 「한밤의 TV 연예」 같은 프로그램만 주로 보는 사람인데, 「시사 토론」이나 「100분 토론」은 꼭 본다고 대답한다. 정치적으로 DK^don't know 그룹에 속한 사람도 대답은 이렇게 한다. 커리어우먼이라고 전업주부에 비해 크게 다르지 않다. 그럼에도 『마리안느』의 사장은 소비자의 반응을 순진하게 그대로 받아들인 것이다. 결국 『마리안느』는 무가지만 열일곱 번 내고 문을 닫았다.

그래서 마케터는 소비자한테 무작정 의사결정을 해달라고 해서는 안 된다. 소비자 조사는 단순히 내가 알고 있는 지식이나 확신을 다시 한 번 재확인하는 과정으로 여겨야 한다. 내가 타깃 컨슈머가 아니기 때문에 타깃 컨슈머들의 반응을 확인해야 하기 때문이다. 그렇지 않고 마케터의 철학 없이 소비자의 의사결정을 그대로 따르면 이와 같은 오류를 빚을 수밖에 없다.

마케팅의 교과서라고 하는 코카콜라도 소비자를 제대로 파악하지 못해 뼈아픈 실패를 경험한 적이 있다. 미국인들에게 코카콜라는 단순한 음료가 아니다. 공장에서 생산되는 것이 제품이라면, 브랜드는 소비자의 마음속에서 자라는 것이라고 할 때 미국인들은 코카콜라 브랜드를 마셨지 콜라를 마신 것이 아니었다. 그런데 1985년 봄 펩시콜라가 펩시 챌린지로 시장을 공격적으로 공략하자, 코카콜라가 실수를 했다. 펩시콜라가 눈 가리고 마셔본 뒤 펩시콜라인지 코카콜라인지 알아맞히는 시음대회를 전 세계적으로 열자, 젊은 세대들한테 펩시가 폭발적인 인기를 끌며 시장을 거의 석권하다시피 했다. 그러자 코카콜라가

겁을 먹고, 펩시보다 더 맛있게 만든다고 뉴콕을 시장에 내놓았다.

그런데 뉴콕이 나오자 코카콜라는 오히려 판매가 뚝 떨어져 과거에 팔리던 것들마저 안 팔리기 시작했다. 왜냐하면 수없이 많은 충성 고객heavy user들을 무시한 채, 젊은 사람들만을 타깃으로 소비자 조사를 했고, 거기에서 젊은 사람들 입맛에만 맞춰 맛을 바꿨기 때문이다. 실제로 다이알에 있을 때 미국인 파이낸셜 디렉터는 한 끼에 서너 병의 코카콜라를 마셨다. 이렇게 코카콜라는 미국인의 상징이요, 미국인의 노스탤지어요, 단순한 콜라 이상이었는데 젊은 사람들만 잡겠다고 코카콜라의 맛을 바꾼 것이 큰 실수였다.

그래서 코카콜라의 CMO 세르지오 자이만은 해고를 당했고, 자신의 뼈아픈 경험을 책으로 펴냈는데 그 책이 바로『내가 알고 있던 마케팅은 끝났다THE END OF THE MARKETING AS WE KNOW IT』이다. 그 책은 세계적인 베스트셀러가 됐고, 세르지오 자이만은 다시 코카콜라로 불려가 오늘날의 코카콜라를 만들었다. 그런데 코카콜라가 요즘 들어서 또다시 위기를 맞았다. 웰빙 열풍으로 패스트푸드를 안 먹기 때문이다. 이 트렌드가 그대로 가는 한 정말 똑똑한 제2의 세르지오 자이만이 나와야 이 위기를 극복할 수 있을 것이다.

코카콜라는 이 실수를 하면서 전 세계 마케터들에게 큰 교훈을 주었다. 즉 소비자 조사를 어떻게 해야 하는지, 그리고 잘못된 소비자 조사가 기업의 운명을 어떻게 바꿔놓는지, 또 소비자 조사의 오류를 어떻게 막을 수 있는지에 대한 교훈을 남겼다.

반대로 소비자를 제대로 파악한 제품은 시장을 크게 석권한다.

비타500의 처음 시작은 아주 단순했다. 기억하는 사람도 많을 텐데, 2001년경 고려은단에서 나온 빨간색 비타민이 대히트를 쳐서, 없어서 못 살 정도로 품귀현상까지 빚었다. 그것을 본 광동제약의 한 마케팅 매니저가 물로 마시는 비타민이 나오면 좋겠다는 생각이 들어 연구실에 문의했고, '가능하다. 박카스도 있다'는 답변을 들었다. 한국인들은 '탁 따서 후루룩 마시고 쓰레기통까지 집어넣는 데 30초면 충분하며, 눈앞에서 바로 효과를 확인할 수 있는 제품'들을 아주 좋아하는데, 이렇게 시작한 비타500은 한국인의 성격과 딱 맞아떨어지는 제품이었다.

우리나라 사람들은 물약을 훨씬 더 좋아한다. 로슈에 있을 때 위통을 빨리 제거해주는 레니라는 알약이 있었는데, 유럽에서는 굉장히 잘 팔렸다. 그러나 우리나라에서는 비슷한 제품으로 탈시드가 나왔지만 잘 안 팔렸다. 오히려 보령제약의 겔포스가 나와서 엄청나게 팔렸다. 하얀 물약이 위를 부드럽게 발라주는 모습이 광고에 나오면서 소비자들에게 크게 어필했던 것이다.

일본이나 중국에서는 녹차가 굉장히 잘 팔려서 녹차 시장이 크게 형성돼 있지만, 우리나라에서는 전혀 그렇지 않다. 티백을 잔에 넣고 녹차가 우러나오는 시간을 못 참아서 수도 없이 티백을 들었다 놨다 하다가, 그것도 모자라 스푼으로 티백을 마구 찍다가 결국은 배가 터져서 못 마신다.

에프킬라도 우리나라 소비자의 급한 성미를 기가 막히게 잘 맞춘 제품이다. 방으로 날아든 모기를 향해 칙 뿌리면 모기가 약 때문이 아니라 물에 젖어 무거워져 뚝 떨어지는데, 그것을 집어 라이터로 태워

죽이는 데까지 20초면 충분하다. 에프킬라 브랜드는 297억 원에 한국 존슨에 팔렸다. 그렇게 비싸게 팔린 이유는 우선 1등 브랜드였고, 브랜드가 간단하면서도 제품의 특장점을 잘 표현했으며, 'F-killer'라는 제품명이 세계적으로 팔아도 문제가 없었기 때문이다.

이렇게 제품 아이디어가 아무리 좋아도 그것이 지속 가능한 가치를 창출해낼 수 있어야 소비자의 영원한 호응을 받는다. 그러지 못하면 오래가지 못하는 것은 물론이고, 마케팅 마인드로 무장한 외국 브랜드들과 싸웠을 때 정말 이기기 어렵다. 그래서 소비자들의 마음속을 정확히 읽는 것이 필요하다.

싸우지 않고
이기는 법

로슈에 컨트리 매니저 겸 마케팅 이사로 옮겨 갔을 때, 나는 연봉뿐 아니라 성과를 100퍼센트 달성하면 연봉의 많은 퍼센트를 인센티브로 받기로 했었다. 성과를 100퍼센트라고 했을 때 20퍼센트는 신제품 개발, 20퍼센트는 인원 관리, 30퍼센트는 세일즈 목표, 30퍼센트는 이익 관리 등 이 모두를 100퍼센트 달성하면 인센티브를 받게 된다. 아주 간단명료하다.

　나는 인원 관리, 신제품 개발, 세일즈 목표, 이익 관리를 네 줄로 세워놓고 나름대로 전략을 짰다. 신제품 개발은 내가 그 분야 프로니까 문제없었다. 세일즈 목표 달성도 문제없었다. 어떻게든 해낼 수 있었다. 문제는 이익 목표였다. 작년에 마이너스였던 것을 올해 플러스로 돌려놓아야 하는데 이 엄청난 이익 목표를 어떻게 달성할 것인가?

여기서 내가 이익 목표를 달성하기 위해서 썼던 방법은 바로 인원이었다. 인원을 절반으로 줄였다. 그 절반을 어디로 보냈냐 하면 인원을 더 뽑아야 하는 병원 쪽으로 보냈다. 병원은 내 담당이 아니었다. 병원은 계속 늘어나니까 인원이 절대적으로 필요한 반면, 기존의 영업사원은 종로에 있는 약국을 하나하나 돌아다니는 것이 일이었다. 세일즈 마케팅 디렉터로서 총판 대리점에 줘버리면 문제가 간단해지는데, 영업사원들이 굳이 종로에 있는 약국을 일일이 돌아다닐 필요가 없다고 생각했다.

그래서 총판 대리점 격인 약 대형 도매상 사람들 몇 명을 불렀다. '내가 지금 우리 직원들이 직접 판매하는 것을 당신들한테 주겠다. 단, 우리가 파는 것보다 10퍼센트 더 판다는 조건 하에 준다'고 했더니 내 손을 잡고 너무 고맙다고 절을 할 정도였다. 종로 시장을 자기들한테 준다니까 정말로 좋아했다. 결과적으로 20퍼센트 더 팔았고, 그 절반 인원의 월급은 고스란히 OTC부문의 이익으로 떨어졌다.

영업사원들은 영업사원대로 좋아했다. 간단하게 인원은 반으로 줄이면서도 나머지 인원도 좋아하게 만들었다. 줄이면서도 모두를 만족시킨 경우는 굉장히 독특하다. 왜 줄였는데도 좋아할까? 남아 있는 사람은 남아 있는 사람대로 행복하고 간 사람은 간 사람대로 행복하고 총판 대리점까지도 행복해했다. 자르거나 상관없는 부서로 보낸 것이 아니라 병원 파트로 보냈고, 거기서는 의사들과 만나니까 굉장히 좋았던 것이다.

회사도 좋고, 나도 인센티브 100퍼센트 받을 수 있으니까 좋고,

이익도 많이 났다. 그런데 여기서 내가 한 것이라고는 여기저기 교통정리 한 것 말고는 아무것도 없었다. 다른 조건은 모두 고정된 상태에서 매출을 두 배로 올려야 될 때 새로운 아이디어를 낸 것이 아니라 그냥 교통정리만 한 것이다. 이익 내는 방법은 아주 간단하다. 그런데 이익을 내지 못하고 헤매는 이유는 그것을 생각해내지 못하기 때문이다.

애경에서도 그랬다. 4년 만에 애경으로 돌아갔는데 일주일 정도 살펴보니 일곱 가지만 정리해도 크게 이익이 날 것이라고 예측할 수 있었다. 다음은 내가 애경에서 했던 일곱 가지 교통정리다.

|매출과 광고비의 상관관계를 살피라|

우선 첫 번째가 광고였는데, 회사의 매출과 이익을 챙겨보고, 광고비와 이익과의 상관관계를 살펴보았다. 모든 회사가 일반적으로 매출은 1월부터 12월까지 들쭉날쭉 매월 상이하게 나타난다. 그러나 대개의 회사들은 연간 예산을 12로 나누어, 1월부터 12월까지 매월 거의 똑같은 금액을 광고예산으로 책정한다. 애경 역시 매출액은 매월 들쭉날쭉한데 광고예산은 매월 동일하게 책정해 놓았다. 이러한 현상은 내가 바로 전에 몸담았던 다이알이나 로슈에서는 상상도 못할 일이었다.

다이알이나 로슈에서는 시장 상황이나 타깃 고객의 상황에 따라 어느 달은 광고를 전부 내려버리기도 하고, 어느 달은 한꺼번에 몰아서 하기도 하고, 어느 달은 조금만 하기도 하는, 소위 신축성 있는 광고비 집행이 체질화되어 있었다.

특히, 1월과 2월은 대부분의 가정이 생활용품 하나 사는 것조차 절약을 해야만 하는 시기다. 신정 쇠고 바로 이어서 구정도 쇠야 하고, 3월에 자녀들 입학을 대비해 학자금도 마련해야 하기 때문이다. 이렇 듯 연초는 심리적으로 위축받는 시기이기 때문에 생필품의 경우 1월과 2월은 광고를 해도 별로 소용이 없는 경우가 많다.

또 대학에 떨어져서 기분 나쁜 사람, 학자금을 못 내서 우울한 사람, 승진에서 누락돼 위기의식을 느끼는 사람 등 걱정거리도 1, 2월에 집중적으로 몰려 있어서 이때는 광고를 보는 것조차 사실 짜증이 난다. 그렇기 때문에 적어도 생필품의 1, 2월 광고효과는 다소 안정을 되찾은 3, 4, 5월과 비교하면 경험상 엄청난 차이가 있었다.

이렇듯 매출이 감소하고 광고효과가 덜 나타나는 시기임에도 다른 달과 똑같이 광고를 집행하다 보니 1월과 2월의 이익구조는 마이너스로 나타나는 경우가 많았다. 매년 1월을 예외 없이 마이너스로 시작해서 2월에도 마이너스, 3월에도 마이너스, 그러다 보면 1/4분기 전체가 마이너스가 됐다.

한 해의 실적을 적자로 시작하니 보스도 우울하고, 보스의 보스도 우울하고, 조직 구성원들이 다 우울해진다. 전원이 우울하게 한 해를 시작해서 우울하게 한 분기를 마치지만 아무도 그 원인조차 모르는 것, 문제의 핵심은 거기에 있었다.

왜 기분 좋게 한 해를 시작하지 못하고 첫 분기부터 마이너스를 내는지 아무도 문제제기를 하지 않았다. 늘 그래 왔기 때문에 새삼스러울 것도 없고, 연초에 적자가 나는 것이 당연하며 누가 와도 해결할 방법이 없다는 무서운 고정관념이 모두의 뇌리에 박혀 있었다.

나는 이 고정관념을 없애는 것이 급선무라고 생각했고, 고정관념을 없애려면 실제로 보여주는 방법밖에 없었다. 사실 이미 소비자에게 완전히 이미지가 형성된 저관여 제품은 광고를 3개월 아니라 3년을 안 해도 큰 영향이 없다.

그래서 내가 애경에 간 지 2개월 만에 1월 광고를 모두 내리고, 2월 광고도 모두 중단하고, 3월에 이르러서야 조금씩 광고를 내보내기 시작했다. 1월에도 광고비 제로, 2월에도 광고비가 제로라니까 그때부터 회사에서는 난리가 났다.

'선진 마케팅 테크닉을 배웠다면서 겨우 회사에 와서 하는 것이 광고비 내리는 거냐. 그게 선진 마케팅이라면 그까짓 선진 마케팅 누가 못하냐. 광고비 내려서 이익 못 내는 놈 있으면 어디 나와보라'는 말이 나의 귀까지 들어왔다. 오너나 부하직원의 불만이 아니었다. 동료들과 선배 중역들의 말이었다.

그래서 나는 '나 없는 동안 한번도 그렇게 못하지 않았냐. 그래서 얻은 게 뭐냐. 매년 마이너스만 내지 않았냐'며, 반발을 하는 동료들이나 선배 중역들에게 '콜럼버스의 달걀 이야기'를 했다. 콜럼버스가 신대륙을 발견하고 돌아오자, 그를 시기하는 사람들이 그것은 누구나 할 수 있는 일이라고 비난을 했다. 그러자 콜럼버스는 그들에게 달걀을 세워보라고 했고, 아무도 성공하지 못했다. 이를 본 콜럼버스는 달걀의 한쪽 끝을 살짝 깨뜨려 보란 듯이 달걀을 세우고 나서 이렇게 말했다. "무엇이든 남이 하고 난 다음에는 쉽습니다. 그러나 처음으로 하기는 쉽지 않습니다. 제가 탐험한 것도 이처럼 처음 한 일이라 쉽지 않습니다."

내가 11월에 부임했을 때 이미 엄청난 적자였고, 12월에는 더 큰 적자를 기록했고, 1월에도 적자를 낼 계획이었지만 할 말은 있었는지 다들 한마디씩 했다. 모두들 머릿속으로는 열심히 했지만, 아무도 실행은 안 하고 있었다.

"일단 광고를 다 내려라."

그러고 나니 1월에 이익이 났다. 1월에 흑자가 나기는 몇 년 만에 처음이었다. 2월에도 또 이익을 냈다. 광고비가 제로인데 이익이 나지 말라고 고사를 지내도 안 날 수 없었다. 그리고 3월부터는 광고를 조금씩 내보내기 시작했다. 4월에는 1, 2월에 벌어놓은 것을 약간만 남기고 모두 몰아서 집중적으로 광고를 해댔다. 그러고 나서 말 잘 옮기는 직원들을 모아놓고 연초에 이익이 났다는 소문을 냈다.

순식간에 회사 내에 '우리 회사가 몇 년 만에 1월에 이익을 냈다'는 이야기가 퍼졌다. 광고를 내렸는지 여부는 더 이상 중요치 않았다. 어디를 가나 '1월에 이익을 냈단다, 2월에도 이익을 냈단다, 3월에도 이익을 냈단다' 이런 이야기들이 들리니까 모두들 눈동자가 달라지기 시작했고, 매년 마이너스를 내다가 내가 부임하자마자 이익을 내니 무엇보다도 오너가 가장 좋아했다. 그 순간을 놓치지 않고 나는 1/4분기에 무조건 직원들에게 50퍼센트씩 당장 보너스를 줘야 한다고 건의했고, 장영신 회장 역시 나눌 줄 아는 분이라 말이 나오자마자 바로 보너스를 지급했다.

그러자 직원들의 사기가 하늘을 찔렀다. '때려잡자 L사, 쳐부수자 J사' 이러한 구호를 스스로 사무실에 걸어 붙이며 전투의지를 불태우기 시작했다. 연초의 광고 중단에 대한 불만의 소리는 이제 '자신 있다. 드디어 프로가 오더니 회사가 달라지기 시작한다'는 말로 바뀌었고, 동료들도 상당수가 옆에서 응원을 하기 시작했다. 내가 오니까 그야말로 '깃발이 하나 선다'며 그 깃발을 모두가 좇아가고 있다고 말해주는 사람도 있었다.

|핵심 소비자에게 정확히 광고를 집행하라|

두 번째로 손댄 것은 광고 편성시간이었다. 즉, 회사의 광고가 얼마나 정확하고 올바르게 타깃 소비자한테 집행되는지 살펴보았다.

광고는 무엇보다도 제품이 소구하는 대상이 보는 프로그램에 정확하게 편성되어야 한다. 예를 들어, 옛날에 「아씨」라는 프로그램은 텔레비전을 보느라 수돗물을 트는 사람이 없을 정도로 인기가 있었다. 보통 이렇게 인기가 있는 프로그램의 시간대를 SA^{Special A}타임이라고 부르는데, 광고비가 가장 비싸다.

그러나 「아씨」는 40~50대 아주머니들이 열광할 뿐 젊은 사람들은 사극이라는 것 정도만 알지 「아씨」가 뭔지 관심도 없고, 왜 인기 있는지도 몰랐다. 서방님한테 소박맞고 시어머니한테 구박받는 드라마가 젊은이들한테 어떻게 향수를 불러일으킬 것이며, 무슨 옛날 생각이 나겠는가. 젊은 사람들은 그런 프로그램은 하자마자 돌려버린다. 즉, 「아씨」는 일반적인 의미에서는 SA타임일지 몰라도 젊은이들에게 소구하는 제품에는 SA타임은커녕 오히려 C타임의 시간대인 것이다. 「아씨」와 같이 40~50대 아주머니들이 열광하는 프로그램은 주부들을 타깃으로 하는 세탁세제나 주방세제의 광고에만 진정한 의미의 SA타임이라고 할 수 있다.

이와 같이 일반적으로 시청률이나 시간대로만 정해진 SA타임은 중요하지 않다. 핵심 타깃 소비자들이 좋아하는 프로그램, 그들에게 다가갈 수 있는 프로그램이 진짜 SA타임이다.

밤 12시를 넘어서 하는 프로그램도 제품의 컨셉에 따라서는 SA타임이 될 수 있는데, 이것은 바로 SA타임의 일반적 정의와 마케팅적 정의가 다르기 때문이다. 따라서 내가 애경의 CMO를 맡아 손을 댄 두 번째 업무는 제품의 성격에 따라 타깃 소비자가 누구인지와 어떤 포지셔닝인지에 따라 SA타임과 C타임을 재분류하는 것이었다.

'아침 시간이 바쁜 직장인이나 대학생'을 타깃으로 한 제품을 타깃 고객층이 출근하고 학교에 간 아침 시간에 광고하는 것은 낭비다. 이렇게 타깃 고객층이 보지 않는 프로그램에 나가는 광고를 모두 걷어버리고, 브랜드의 성격 즉 컨셉과 타깃 소비자가 누구냐에 따라서 광고 시간대만 재분류해서 집행해도 얼핏 계산했을 때 30퍼센트 이상의 비용효과가 날 수 있다는 결론에 도달했다. 이렇게 정확하고 올바르게 타깃 소비자에게 집행되도록 광고 시간대를 조정하니 1/4분기뿐 아니라 그 이후에도 계속 이익을 내는 것이 어렵지 않았다.

|미래를 대비하는 제품 포트폴리오를 짜라|

세 번째로 점검한 것은 제품 포트폴리오였다. 회사의 기존 제품 포트폴리오를 살펴보고, 회사의 미래를 담보할 수 있는 새로운 제품 포트폴리오를 구성해야 했다.

　드라이클리닝을 맡기는 사람이 늘면서 세탁세제에 대한 수요는 점차 줄어들고 있었다. 또 외식문화가 발달하고 햇반처럼 밥조차도 공장에서 나오면서 주방세제 시장이 줄어드는데, 여기에 암웨이처럼 다단계로 뚫고 들어오는 상품들이 세제 시장을 급속도로 잠식하고 있었다. 그러다 보니 이를 극복할 가장 현실적인 방법이 무엇인지 자연스럽게 고민이 됐다.

　급속도로 줄어드는 좁은 시장, 그야말로 상어 떼가 득시글거리는 곳이 아니라, 진짜 넓고 먹이가 풍부한 블루오션을 찾아내야만 했다. 그래서 찾아낸 것이 화장품이었다. 경제가 윤택해지면서 아름다움에 대한 수요는 계속 늘어나고 있었고, 그 중에서 우리나라는 전 세계가 탐낼 정도의 큰 화장품 소비시장이다.

　화장품 시장에 뛰어들기 위해 태평양을 비롯해 화장품 업계에서 30년이나 근무했던 서충석 전무에게 스킨, 로션을 만들게 해서 테스트에 들어갔다. 그런데 막상 소비자들은 애경의 테스트 제품을 받으려고도 하지 않았다. 물어보니 화장품에 트리오가 들어갔을까봐 그렇다고 했다. 그래서 투웨이케익을 테스트해봤더니 이번에는 스파크를 빻아 넣었을 것 같다며 테스트 제품을 받지 않았다.

　상황이 이러니 클렌징류 외에는 희망이 없다는 의견이 회사 내에 지배적이었다. 그러나 내 생각은 달랐다. 모르면 병이지만 모른다는 사실을 아는 순간 고칠 방법도 생기듯이, 마케팅에서도 문제점을 정확하게 파악하면 해결책이 쉽게 나온다. 그래서 화장품 시장으로 진출하면서 아주 완벽하고 철저하게 애경의 이름을 감췄다.

'세제는 애경이 강하니까 애경을 끝까지 강조해라. 그러나 치약이나 화장품은 가능하면 최대한 작게 아니면 안 들어가는 것이 좋다.' 그렇게 큰 원칙을 정했다. 그래서 프랑스에서 마리 끌레르 브랜드를 빌려다가 제품의 겉에다 큼지막하게 쓰고, 애경은 뒤집어봐야 볼 수 있을 정도로 밑바닥에 조그맣게 그것도 영어로 썼다. 또 제품에 파리를 크게 쓰고, 주소도 프랑스 파리에 있는 마리 끌레르 본사 주소를 썼다. 그랬더니 화장품 첫해 매출이 애초에 세웠던 사업계획보다 무려 세 배나 높았다.

마리 끌레르가 성공하자 거래선에서는 자연스럽게 애경이 화장품을 잘 만드는 회사로 이미지가 구축됐다.

"오! 마리 끌레르가 애경에서 나왔어?"

"그럼요. 만드신 R&D 총괄 헤드가 30년 동안 태평양과 피어리스에 계셨던 분인데, 오죽 잘 만들었겠습니까. 화장품을 위해서 30년을 사신 분인데."

이런 식의 세일즈 토크로 소비자들의 신뢰를 쌓을 수 있었고, 아주 중요한 홍보 포인트가 됐다.

|1등 상품만이 살아남는다 : 구색 갖추기 제품은 걷어내라|

네 번째로 초점을 맞춘 것은 미투 제품을 비롯한 마구잡이 구색 갖추기 제품을 과감하게 걷어내는 것이었다.

'넘버원 또는 넘버투 제품만 살아남는다.'

이는 나의 철학이기도 하고, 유니레버나 P&G 등 유명 소비재 마케팅 회사의 주장이기도 하다. 'The First is the Best.' 즉, 고객은 첫 번째만을 기억하며, 따라서 넘버원 제품만이 살아남는다는 것은 마케팅에 몸담고 있는 사람이라면 언제나 기억하고 추구해야 할 금과옥조와 같은 명제다. 넘버투 제품은 넘버원 제품의 재고가 소진되었을 때 필요하다. 그 외의 구색 갖추기 제품들은 구색은 갖췄을지 모르지만, 그 구색 때문에 망하기 쉽다.

안되는 제품을 구색으로 갖추는 것은 유통파워가 막강해서 밀어낼 수 있는 힘을 가졌을 때도 별로 좋은 전략이 아니다. 한때 제일제당이 설탕 등에 끼워서 팔겠다고 생활용품을 만든 적이 있지만, 종국에는 시간만 실컷 낭비하고 크게 손해를 본 후 결국 일본 라이온 사에 팔고 말았다. 제일제당의 넘버원 제품인 설탕은 금방 나가지만, 아무리 유통파워를 이용해도 설탕 옆에다 가져다 놓기만 하면 된다는 그릇된 발상에서 출발했기 때문에 이런 제품은 사랑받지 못하는 것이다.

옥시의 물먹는 하마가 히트를 치자 시장이 온통 동물농장으로 변한 적이 있었다. 물먹는 암소, 젖소, 코뿔소…. 그래도 애경은 마케팅 좀 배웠다고 습기제로라는 제품을 내놨는데, 옥시 제품을 베끼기는 마찬가지였다. 그래서 습기제로는 물론 세탁세제인 팍스도 생산을 중단시키고, 미투 브랜드들을 고의적으로 죽이기 시작했다.

그렇게 구색 맞추기 상품을 제거하니까 재고가 간단해졌다. 재고로 남는다는 것은 '현금을 주고 제품을 만들어서 쌓아놓고 있다'는 말과 똑같다. 재고는 처분하지 않는 한 계속해서 장부상에 자산으로 나와 있으니 재산은 재산이나, 오히려 돈을 주고 버려야 하는 애물단지와 같은 재산이다.

그래서 이들을 털어내고 회전이 빠른 넘버원 또는 넘버투 제품만 남겨야, 고용도 창출하고, 원료를 공급하는 중소기업도 살린다. 재고가 간단해지면 생산 공정도 간단해지고, 창고도 간단해진다. 그렇게 필요 없는 제품군을 모두 없애자 몇 가지 성공하는 베스트셀러 아이템에만 집중할 수 있게 됐다.

안 나가는 제품을 밀려면 엄청나게 힘들지만 잘나가는 제품을 더 팔기는 굉장히 쉽다. 안 나가는 제품은 구구절절 설명을 해야 하는데 반해, 잘나가는 제품은 굳이 설명이 필요 없다. "텔레비전 광고 나오는 거요." "아하, 그거요." 이러면서 금방 판매가 이루어진다. 그런데 안 나갈수록 설명 시간은 길어지고, 사정해야 한다. 사정하다 보면 한두 번은 동정으로 봐줄지 모르지만, 나중에는 '아, 이 녀석 또 왔네' 이런 취급을 받는다.

|제품 포지셔닝에 적합한 모델을 쓰라|

다섯 번째로, 애경에서 진짜 손볼 곳이 있었는데 그것은 바로 모델이었다. 애경에는 '손에 순하다는 순샘'이라는 주방세제도 있었고, '찌든 때도 팍, 팍, 팍스!'라고 광고를 하는 독한 세탁세제도 있었다. 그런데 이 두 제품의 모델이 놀랍게도 같았다. 참 신기하기까지 했다. 마케팅을 배운 사람들이 어떻게 이런 짓을 하고 있을까 궁금해서 담당 부장을 불렀다.

"L부장, 하나만 물어보자. 어떻게 이미지가 다른 두 제품에 한 모델을 쓸 수가 있나?" 대답을 못하고 머뭇머뭇하기에 "L부장이 캐스팅하고 썼으면 대답을 해야지, 마케팅 부장이 대답을 못하면 어떡해?"라고 다그쳤다. 그랬더니 갑자기 목소리가 낮아지면서, 사실은 회장님이 쓰라고 해서 모델을 썼다는 것이다. 그제야 적자가 난 이유가 선명해졌다. "회장님께서 이 두 제품에 같은 모델을 쓰라고 지시하셨나?"

"물론 그렇게는 말씀 안 하셨죠. 그래도 세제니까 그냥 썼습니다."

그때까지 나는 스스로도 칭찬과 격려를 많이 받으면서 살아왔고, 다른 사람도 칭찬과 격려를 통해서 이끌어가는 스타일이었다. 그러다 보니 L부장을 혼내기도 그렇고 안 혼내자니 속이 답답해 미칠 지경이었다. 그래서 '안 되겠다. 이번에 제대로 가르쳐야겠다'고 생각하고 회장님 방으로 L부장을 데리고 갔다. 가서 내가 보고하는 내용을 순서까지 잘 들으라고 말하고는 회장님께 이야기를 시작했다.

"회장님, 모델을 캐스팅하는 데는 몇 가지 원칙이 있습니다. 첫째로, 모델은 반드시 모델 이미지가 제품의 컨셉과 브랜드 이미지에 잘 어울려야 합니다. 둘째로, 핵심 소비자가 좋아하는 사람이어야 하며, 무엇보다도 뽕을 맞을 가능성이 없어야 합니다. 만일 뽕을 맞으면 브랜드도 뽕을 맞아 바로 죽게 됩니다. 그리고 가능하면 모델의 미래 성장 가능성도 확보할 수 있으면 좋습니다."

다른 것 없다. 어떻게 보면 마케팅은 지극히 상식에서 출발한다. 그런데 그 상식을 내부의 적 때문에 제대로 펼치지 못하는 것이다. 알아서 기는 것도 일종의 내부의 적이다. L부장은 알아서 긴 것이다. 그럴수록 회사는 빨리 죽는다.

그랬더니 회장님이 웃으면서 "아니, 무슨 얘기를 하는데 장황설이 그렇게 길어요?"라고 물었다.

"결론을 말씀드리자면 여기 이 모델은 이제 못 씁니다. 이 두 제품에서 다 내립니다."

그랬더니 회장님이 드디어 이렇게 말했다. "그런데 왜 그동안 그런 얘기를 안 했어요?"

들어보니까 맞는 말인데, 여태껏 그러한 논리를 폈던 사람이 없었던 것이다. 마케팅 부장은 회장님께 잘 보이기 위해 "회장님, 이 사람은 여기에 쓰겠습니다. 저기에도 쓰겠습니다. 회장님 나중에 하나로 샴푸에도 쓸게요"라고 말했고, 회장님은 '오, 이놈 참 내 말 잘 듣는다'라고 생각은 했을 것이다. 하지만 진짜 마케팅을 아는 회장님이었다면 그 순간 '이놈 예스맨이구나'라고 생각을 하게 될 것이다. 그로 인한 수익성 악화는 누구의 책임인가?

그래서 그날 나는 'L부장은 마케팅에 계속 두면 회사에도 안 좋고, 본인에게도 안 좋겠다. 창의성이 필요 없는 타부서로 보내주는 것이 좋겠다'고 생각했다.

|고객의 가슴에 각인되는 한마디를 반복하라|

애경의 CMO로서 여섯 번째로 착수한 일은 소비자의 마음속을 파고드는 한마디의 단어로 브랜드명을 정하고, 이를 지겨울 정도로 지속적이고 반복적으로 커뮤니케이션하는 것이었다. 이는 CMO로서 오랜 경험을 바탕으로 저술한 『대한민국 일등상품 마케팅전략』에서 일등상품 마케팅 전략의 제5원칙인 '정확한 커뮤니케이션' 원칙인데, 정확하게 한마디로 포지셔닝된 단어를 반복적으로 커뮤니케이션하는 것이 가져오는 무서운 힘은 아무리 강조해도 지나치지 않다.

신제품 컨셉과 일치하는 커뮤니케이션 컨셉을 정해서 일관된 목소리로 소비자의 마음을 집요하게 반복적으로 공략한다면 소비자가 제품에 대해 어떤 인식을 갖게 될지는 불문가지다.

이러한 원칙하에 출시한 제품이 '여드름 전문 화장품 에이솔루션'과 '샴푸와 린스를 하나로, 하나로 샴푸'였다. 에이솔루션과 하나로 샴푸는 제품의 컨셉을 소비자의 마음에 정확히 각인시킬 수 있었던 기막힌 브랜드명이었는데, 이렇게 정확한 한마디로 포지셔닝된 상품을 지겨울 정도로 지속적이고도 반복적으로 커뮤니케이션함으로써 두 제품은 출시한 지 얼마 안 되어 시장을 석권하며 시장 점유율 1위를 차지할 수 있었다.

하나로 샴푸의 성공에는 경쟁사 제품도 한몫을 했다. '샴푸와 린스가 하나로, 랑데부 샴푸', '샴푸와 린스가 하나로, 투웨이 샴푸'라는 광고를 내보냈는데, 이렇게 '하나로'라는 말이 여기저기에 나오면서 결국 소비자들의 머릿속에는 하나로밖에 남지 않았다. 나중에는 이들도 카피가 타브랜드를 돕는다고 느끼고 '샴푸와 린스를 한 번에' '샴푸와 린스를 동시에'로 바꿨다. 그래도 소비자 마음속은 바뀌지 않았다. 결과적으로 경쟁 브랜드들이 우리 브랜드를 도와줬는데, 이 역시 컨셉을 명확히 전달하는 기가 막힌 브랜드 네임 덕분이었다.

|철학을 가진 사람들을 키우라|

모든 일이 계획대로 진행되자, 내 손으로 마케팅 직원을 뽑기 시작했다. 오염되지 않은 신입사원들을 뽑아서 정확히 가르쳐놓으니 이들이 구심점이 되어 배운 대로 정확히 실행해 나갔다. 오염되지 않은 사람들과 일하는 것은 가르치는 재미도 있기 때문에 나에게도 참으로 행복한 일이었다.

신입사원 때부터 매일 아침 원서로 교육을 시켰고, 일주일에 한 번은 마케팅 스쿨이라고 해서 주제를 정해 책을 몇 권씩 뗐다. 회사에 와서 마케팅 관련 서적 몇 권도 읽기 쉽지 않은데, 나는 처음부터 끝까지 교육을 시켰다. 그러자 이들이 나중에는 눈빛만 봐도 통할 정도로 나의 말을 금방금방 알아듣게 됐고, 애경은 마케팅 사관학교로 알려지기 시작했다.

애경 출신의 마케터는 외부에서 누구나 다 알아주었고 나갈 때도 좋은 대우를 받았는데, 이는 직원들이 회사에 대한 자부심을 굳건히 하는 계기가 됐다. 회사도 그와 같은 인재들 속에서 점점 성장하여 나오는 제품마다 단 한 개도 망하지 않고 성공하면서 점점 탄탄해져 600퍼센트에 불과하던 보너스도 1,000퍼센트까지 올랐다.

회사가 크고 오래됐다고 마케팅을 잘하는 것은 아니다. 마케팅은 무엇보다도 누군가가 지휘를 잘해야 한다. 지휘자가 중심을 제대로 잡으면 학벌도 성별도 나이도 필요 없다. 광고비를 내리고, 쓸데없는 제품을 죽이고, 신제품을 개발하고, 쓸데없는 비용을 다 깎아내리면 단기적으로 1, 2년은 바로 이익이 날 수 있다. 이러한 이익 역시 모티베이션을 위해서는 반드시 필요하다. 그러나 장기적으로 진짜 브랜드를 만들고 브랜드 자산을 키워나가는 작업을 안 하면 소비재는 바로 가라앉는다.

내가 있었던 애경도 마찬가지였다. 그 뼈대를 잡아줄 사람이 계속 있어야지 없으면 끝난다. 즉, 단기적으로 시급하게 해야 할 것이 있고, 지금 급하지는 않지만 멀리 봤을 때 아주 중요한 것이 있다. 굉장히 중요하지만 당장은 시급하지 않은 것처럼 보이는 일이 바로 뼈대를 잡아줄 사람을 키우는 일이다.

이렇게 교통정리만 했는데도 그해 적자를 모두 털고 다음해에는 수십억 흑자를 냈다. 내가 만든 것은 아무것도 없다. 그냥 다른 사람들이 손대지 않았던 것들을 건드리기만 했는데 놀라운 성과가 나타난 것이다.

쪼개고 또 쪼개면
핵심이 보인다

앞에서도 세그먼테이션에 관해 언급한 바 있지만, 여기서는 본격적으로 나의 성공 스토리를 들어 설명하겠다. 대표적인 성공 스토리가 바로 화장품과 이동통신이다. 먼저, 화장품부터 시작해보자.

애경으로 다시 돌아갔을 때의 이야기다. 돌아가서 화장품 시장에 진출했을 때, 세제 메이커 이미지가 강하다는 핸디캡을 극복하고 성공을 거둘 수 있었던 이유는 시장을 아주 좁게 파고 들어갔기 때문이다. '작게 먹고 들어가겠다. 그 작은 데서 아주 제대로 그리고 확실히 다 먹어버리 겠다'는 전략 때문에 화장품에서 어떤 브랜드도 실패하지 않았다.

화장품 시장에 뛰어들겠다고 결심하고 나서 보니 아주 빽빽한 포화 상태인데, 20대 이상 성인 여성의 피부 상태를 보고 돈을 찾아내 야 했다. 어떤 제품을 만들지 우선 소비자 조사를 해봤다. 한 장짜리 마켓 리서치 결과에서 다른 사람은 마케팅 리서치 자료를 봤지만 나는 돈을 봤다. 거기에 여드름으로 고생하는 사람 23퍼센트, 모공 때문에 고생하는 사람 25퍼센트, 민감성 피부인 사람 8퍼센트, 그리고 기타 의견으로 얼굴이 까매서 괴롭다는 사람들이 있었다.

여기서 시장을 보는 눈은 또 다르다. '모공 시장과 여드름 시장이 해볼 만하겠다' 싶었고, 실제로 시장이 있었다. 즉, 까만 얼굴과 기미 주근깨는 가릴 수는 있지만, 치료하기는 어렵다. 반면 모공은 수렴효과를 주면 되고, 여드름도 치료가 불가능한 것은 아니기 때문에 회사 R&D 부서에 테스트를 의뢰했다. 가능하다는 결론만 나오면 바로 진행하면 된다. 대답한 사람들한테만 팔면 된다. 대답 안 한 사람들을 빼도 25퍼센트라는 어마어마한 사람들이 남는다.

단, 효과가 있어야 되기 때문에 우리 아들에게 사용하도록 해봤다. 내가 의사결정을 해야 되는데, 확신을 가져야 '이거 된다'고 소비자한테 이야기를 할 것 아닌가. 당시 여드름이 생겼던 아들 재영이의 얼굴에 테스트를 하면 가장 확실하게 내 눈으로 효과를 확인할 수 있고, 따라서 분명한 확신을 가질 수 있었다. 이렇게 똑같은 컨슈머 리서치 자료를 갖다줘도 읽는 사람에 따라서는 행간을 읽어내는 사람이 있고, 그냥 흘려듣는 사람이 있다.

나는 첫 번째로 여드름 시장을 봤다. 당시 여드름 시장은 아무도 들어가지 않았다. '누가 아무도 들어간 적 없는 좁은 여드름 시장에 들어가냐'고 했지만, 그곳이 바로 블루오션이었다. 아주 좁은 시장에 들어가서 좁게 먹으면 혼자 독차지해버릴 수 있다. 하지만 실제로 좁은 것은 절대 아니었다. 여드름이 돋는 사춘기 청소년들은 해마다 생기기 때문에, 시장은 계속 존재한다.

'문제가 있으면 해결책도 있다'에서 '해결책[a solution]'을 따와서 그대로 브랜딩을 했다. a는 여드름[acne]의 이니셜이기도 했다. 그런데 약사법 규정에는 의약품이 아닌 일반제품에 여드름이라는 단어를 쓸 수가 없기 때문에, 여드름을 형상화하는 방법을 찾아야 했다. 그래서 생각해 낸 것이 멍게였다. 모델이 송혜교였는데, 당시 고2였던 송혜교의 그 귀여운 얼굴에 멍게 모양으로 여드름이 퐁퐁 뜨는 것이 얼마나 귀엽고 코믹하던지 혐오감을 조성하지 않으면서 메시지를 정확히 전달해 아주 멋지게 성공했다.

두 번째는 모공이라는 한 단어만 가지고 파고 들어갔다. 그때까지 모공이라는 용어를 안 쓴 것은 아니었다. '이 화장품은 수렴효과가 있어서 모공을 좁혀줄 뿐만 아니라, 모공 깊숙이 있는 노폐물까지 다 제거해 피부 트러블을 방지한다'고 이미 수많은 제품이 이야기했다. 즉, 아무도 안 들어간 시장이 아니었다는 말이다. 나는 다만 더욱 세밀하고 치밀하게 쪼개본 것뿐이었다. 브랜드 이름을 B&F라고 하니까 사람들이 또 IMF라서 안 된다고 했다. 하지만 나는 'B는 현재[Be]의 스킨 컨디션, F는 영원하라[Forever], B&F'라고 이름을 지었다.

스킨 로션을 만들어도 핵심 타깃에게 '모공', '여드름' 이렇게 철저하게 핵심 단어 하나로 들어가는 것, 그것이 바로 시장세분화[segmentation]다. 오죽했으면 가늘게 나눈다고 '가늘 세[細]'자를 쓸까. 하지만 말은 가늘게 나눈다면서 욕심은 대개 크게 갖는다. 마리 끌레르 또한 여대생만 타깃으로 해서 범위를 좁히니까, 오히려 미시족과 여고생들로 사용자층이 넓어졌다.

이렇게 해서 화장품 역시 하나도 실패하지 않았다. '화장은 할 때보다 지우는 것이 중요합니다, 포인트'는 애초부터 폰즈 화장품의 흐름을 타서 크게 성공했고, 그 다음에 마리 끌레르, 에이솔루션, B&F가 계속적으로 성공을 거두었다.

모두 그 세그먼테이션에서는 넘버원으로 독보적인 존재였다. 또 시장 사이즈가 크든 작든 그것은 상대적인 것으로, 100억이든 200억이든 그 시장에서는 1등이었다. 그러다 보니 당시 굉장히 빠른 속도로 한 3년 만에 거의 1,000억 시장을 이뤘다. '모공 전문 화장품', '여드름 전문 화장품', 이렇게 떼어놓고 이야기했을 때 거기에 크리에이티브가 있을 것이라고 생각한 사람은 없었지만, 내 눈에는 그것이 크리에이티브로 보였기 때문에 그야말로 강력한 추진력이 발휘됐고 현실화시킬 수 있었다.

그런데 내가 애경을 퇴사한 뒤 잡티에도 좋고, 모공에도 좋고, 여드름에도 좋다고 제품의 컨셉이 온통 흔들렸다. 아무리 제품이 우수해도 컨셉이 흔들리면 안 된다. 모공 화장품에 립스틱 제품이 나오고, 아이섀도가 나오는 것은 있어서는 안 될 일이다. 모공 화장품은 최소한 '숨 쉬는 투웨이케익'이 한계다. 그렇지 않으면 '모공'이라는 큰 단어를 잃어버린다. 그러면 컨셉이 없어지고, 결국 크리에이티브를 포기하게 된다. 이는 컨셉 없는 제품을 만든다는 뜻으로, '나는 제품이 아니니 여러분들은 나를 쓸 이유가 전혀 없다'고 마이크에 대고 부르짖는 것과 같다. 참으로 안타까운 상황이 됐다.

KTF의 '나'와 '드라마' 역시 세그먼테이션의 성공이었다. 당시 남녀노소 할 것 없이 전부 SKT의 'Speed 011'을 썼다. 특히, 일인당사용액ARPU이 가장 많은 비즈니스맨들이 모두 SKT를 썼는데, 이들은 회사에서 준 전화니까 번호를 바꿀 수도 없고, 어차피 회사에서 사용료를 대신 내주니까 별로 애착도 없이 썼다.

그래서 KTF는 대학생층, 여성층, 청소년층 등 다양한 세그먼테이션을 하기 시작했고, 대학생 브랜드인 '나', 여성 브랜드인 드라마, 청소년 브랜드인 비기가 나왔다. 비즈니스맨들을 포기하고 갈 수 없어서 메인 층을 뜻하는 메인Main이라는 비즈니스맨 타깃의 브랜드를 만들었지만, 있는지도 모를 정도로 실패했다.

비즈니스맨들을 타깃으로 'Speed 011'이라는 막강한 브랜드가 있었기 때문에 메인이라는 브랜드는 이미 미투였고, 미투가 성공하는 예는 거의 없다는 것을 다시 한 번 증명했다. 더구나 강한 선발주자가 있을 때 후발주자가 미투로 나와서 성공하는 것은 불가능하다. 몇 개는 먹히겠지만 성공은 못한다. 그 노력의 대가와 비교했을 때 안 하는 것만 못하다는 말이다.

그래서 블루오션 즉, 남이 터치하지 않은 시장으로 가기 위해 '나'를 대학생 브랜드로 리포지셔닝했다. 드라마는 여성 타깃으로 했는데, SKT에서 타깃이 같은 카라가 나왔다가 '1등 회사가 2등 회사 베끼기나 했다'는 소리만 듣고 들어갔다. 이것이 바로 세그먼테이션의 묘미다. 쪼개고 쪼개면 길이 보인다.

나는 KTF에 마케팅 전략 실장으로 가서 처음 대학생층에 관심을 가진 것은 아니었다. 이미 애경에서 마리 끌레르와 같은 대학생 제품을 출시시켰고, KTF로 옮겨서 이를 그대로 적용해 이동통신 분야에는 원래 없었던 대학생 브랜드로 리포지셔닝시킨 것이었다. 그때 실무자로 임명한 사람이 그 당시 대리였고 현재 KT의 스마트폰 담당인 황태선 팀장이다. 황태선 팀장과 함께 전국 대학으로 빠르게 확산시킨 것이 지금의 '모바일 퓨처리스트'였다. 대학 내 오피니언 리더를 토대로 새로운 세그먼트가 창출됐고 그 집단의 위력은 가히 가공할 만하다 하겠다. 즉, 이동통신에도 캠퍼스 마케팅의 중요성을 일깨운 좋은 사례다.

그래서 화장품 마케팅과 이동통신 마케팅이 관련이 없다고 말하는 사람은 마케팅을 배우지 않았거나, 배웠어도 설배우거나 잘 모르고 하는 말이다. 제품은 달라도 마케팅 전략과 원칙은 소비자를 대상으로 한다는 점에서 동일하다는 것을 다시 한 번 강조한다.

예를 들어, 똑같은 쇼폰을 팔았어도 나는 학교 앞에는 수십 종의 포스터 중 학생요금 포스터만 붙이라고 지시했다. 즉, 대학교 앞에는 가능하면 타깃 컨슈머가 중요하게 생각하는 커플요금제 포스터를 붙이고, 집단 상가에서는 '낮에는 음성통화가 공짜, 밤에는 쇼 요금이 공짜! 쇼 요금이 CDMA 요금보다 싸다'와 같은 일반적인 포스터를 붙이고, 주부들이 많은 대형 마트 같은 곳은 가족요금제를 광고하는 포스터를 붙이도록 지시했다.

즉, 한 회사의 포스터라도 시장별로 다르고, 소비자 동선 별로 각각 달라야 뭉쳐서 크게 하나를 이룬다. 컨슈머 리서치를 통해서 주부들이 백화점에서 사는 것이 추세라면, 백화점에는 주부들이 좋아하는 포스터, 주부들이 제일 많이 사는 제품의 포스터를 붙인다.

이처럼 세그먼테이션은 최대한 잘게 쪼개야 한다. 그래서 20대 브랜드는 말이 안 된다. 쪼개고 쪼개서 심지어 심리적인 측면, 행동양태별 측면으로까지 쪼개야 한다. 나이는 40대지만, 20대처럼 외향적이고 호기심이 많다면 바로 20대 성향이다. 즉, 굉장히 바깥활동^{outdoor activity}을 좋아하는 군으로 세그먼트를 쪼개야 된다.

앞에서도 얘기했듯이, 할리 데이비슨을 타는 사람들은 나이가 굉장히 다양하다. 그런데 이 그룹은 외향적이고, 바깥활동을 좋아하고, 폼 잡기 좋아하고, 소속되기 좋아하는 사람들로 나이와 상관없다. 이들을 호그^{HOG}라는 커뮤니티를 통해 자기들끼리 모이게 해주고, 스폰서 해주면서 자기 돈 들이고 올지라도 거기에 프라이드를 느끼게 해준 것이 할리 데이비슨의 성공요인 중 하나였다.

최근에 이장우브랜드마케팅그룹의 이장우 회장을 만나서 대화하다가 무척 놀란 적이 있다. 그는 1956년생 56세의 나이에 트위터에 5만2천여 명의 팔로워를 가지고 있었다. 대단한 소셜네트워킹 파워였다. 역시 나이는 수치에 불과하다. 즉, 나이와 상관없는 또 하나의 마켓 세그먼트를 이룬 것이다. 또한 누가 뭐래도 트위터 유저는 트위터 유저끼리 통할 수밖에 없다. 스마트폰 없이 트위터 같은 소셜네트워킹이 불가능하다고 한다면, 스마트폰의 전 국민 보급을 위해서 획기적인 타깃 마케팅 전략과 함께 남이 하지 않는 차별화된 전략적인 아이디어와 실행이 필요하다.

리더십은
영향력이다

나는 신입사원이 들어오면 굉장히 좋아한다. 앞에서도 얘기했듯이, 신입사원들은 아무런 오염도 되지 않은 백지상태이기 때문이다. 그래서 신입사원들에게 마케팅 기초부터 많은 교육을 시킨다. 학교에서 교수들에게 배운 마케팅 정의는 일단 머릿속에 넣어두게 하고, 처음부터 마케팅 정의를 다시 내려준다. 그 다음 프로모션의 정의, 신제품 개발 프로세스, 광고 브리프, 클라이언트 브리프, 광고 제작과정 등을 며칠에 걸쳐 상세히 교육한다.

나는 가장 '원칙적인 내용'과 흔들리지 않는 '불변의 법칙'을 알려준다. 예를 들어 『대한민국 일등상품 마케팅전략』에 나오는 '히트상품 7대 원칙'을 가르쳐 놓으면, 나중에 실무에서 자기 철학이 흔들릴 때 내게 배운 것을 생각해서 거기 적용하는 토대가 된다. 그러다 보니 나중에는 오히려 신입사원이 나를 가르치는 경우가 있다. "지난번 말씀하실 때는 이 원칙은 흔들리지 않는다고 했는데, 그럼 지금 말씀하신 것은 어떻게 되는 겁니까?"라고 하면서 질문을 한다. 즉, 원칙을 신입사원한테 전해주면 신입사원들은 왔다 갔다 하지 않고, 평생 진리처럼 지니고 간다. 그 뼈대 위에서 추가도 하고, 자기만의 유연성도 생기고, 거기에 알파까지 합쳐지면서 자신만의 가치를 만들어낸다. 가장 영향을 제대로, 확실히, 올바르게 줄 수 있는 사람들이 오염되지 않은 신입사원들이다.

반면, 중간관리자들은 리더십을 가장 필요로 한다. 리더십은 흔들리지 않고 의사결정을 내릴 수 있는 결단력, 자신감 같은 것들이 뭉쳐져서 나온다. 안 되는 것은 딱 잘라줘야 '아, 이거 안 되는구나' 하고 안다. 그렇지 않고 될 수도 있고 안 될 수도 있고, 이럴 수도 있고 저럴 수도 있고 이러면 '우리 보스는 참 착하구나' 하는 생각은 들지 모르지만 뒤돌아서서는 '뭐, 저렇게 어리석은 사람이 다 있어. 죽도 밥도 아니네'라고 판단한다. 그 다음에는 어떤 말도 안 먹힌다. 그래서 조직은 규칙대로 가야 한다. 리더가 모범을 보이고 거기에 의사결정을 단호하게 내려줌으로써 '예측 가능하다'고 느끼게 해줘야 한다. 상사가 예측 가능하면 그 사람이 잠시 자리를 비워도 그대로 갈 수 있다.

그래서 '저 사람 굉장히 카리스마가 있다'고 하면 '굉장히 독단이 강하다'는 의미도 포함되고, '권위authority가 있다'는 의미도 포함된다. 그러면 권위는 어디서 나올까? 나이가 많다고 나오는 것도 아니고, 중역이라는 타이틀에서 나오는 것도 아니다. 실력과 인격과 경험이 뭉쳐져

종합적으로 나타나기 때문에 믿음을 준다. 딱 잘라주면 설령 긴가민가 할지라도 '이 사람의 오랜 경험과 지식과 능력을 통해서 얻어낸 것이 한마디로 튀어나온 것이니까 맞을 것'이라는 생각이 들고, 실제로도 그것이 맞아야 된다. 그렇게 해서 사람들한테 영향을 준다.

그 사람의 영향을 받아서 '저 사람이 시키는 대로 했더니 일이 잘 되네'라고 인정하기 시작하면, 그때부터는 부하직원들도 '와, 정말 대단하다'고 하면서 따르게 된다. 그래서 어떤 상황에 부딪히면 그때 배운 것을 떠올리게 되고, 일정한 직위에 올랐을 때 '내 보스가 옛날에 왜 이렇게 가르쳤는지 내가 이 자리에 서보니 이제는 알겠네'라고 하면서 또 하나의 긍정적인 영향을 주게 된다.

리더십은 부부관계에도 적용된다. 내가 KTF에 처음 들어갔을 때 나는 그랜저 새 차를 받았는데, 아내는 내가 로슈에 다닐 때 타던 프린스 헌 차를 몰았다. 프린스를 타는 것과 그랜저 새 차를 타는 것은 느낌이 다르다.

그래서 아내한테 차를 사주면서 '그동안 거동 못하시는 어머니 오랫동안 모셨고, 홀로된 아버지 지금까지 모시고 있으니 내가 이번에 회사 옮기면서 탄 퇴직금으로 당신한테 선물을 하나 하려고 한다. 선물은 그랜저다. 나와 동급이다. 당신은 나보다 더 잘하면 잘했지 덜하지 않았기 때문에 진짜 마음은 체어맨을 사주고 싶지만, 그러면 사람들이 어색해하니 나하고 같은 차를 타면 어떻겠냐'라고 했다.

물론 감동시켜 주고 싶어서 한 말이었지만 솔직히 그것도 리더십이다. 그냥 차만 한 대 사줬으면 아마 크게 감동하지 않았을 것이다.

하지만 내가 그렇게 말함으로써 아내는 그 차로 많은 지인들을 태우고 다니면서 "이게 우리 남편이 효부상으로 사준 그랜저다"라고 자랑을 했다. 그러면 사람들은 남편이 선물로, 그것도 효부상으로 사줬다는 것을 무척 부러워했다. 아내는 똑같은 차를 타도 효부의 마음으로 타고, 또 물어봤을 때 자랑스럽게 효부상으로 남편이 사줬다고 이야기를 하고 다녔다. 그러니까 똑같이 그랜저를 선물해도 효과가 몇 배 크다.

이것도 어떻게 보면 가정의 또는 작은 단위의 리더십이다. 즉, 리더십의 요체는 같은 일을 해도 상대방에게 긍정적인 영향을 주고, 똑같은 행위를 해도 거기에 의미를 부여함으로써 사람을 기쁘게 만들고 더욱더 잘하겠다는 생각을 하게 만들고, 그 다음에 더 잘하면 이러한 보상이 더 따를 것이라는 느낌을 주는 것이다. 그것이 좋은 영향을 준다.

"여보, 퇴직금 타서 돈 쓸 곳도 없고 그래서 차 한 대 샀어, 써"라고 하면 '참내, 내가 언제 새 차 사달라고 했어'라며 오히려 아내한테 혼나기 십상이다. 그러면 안 된다. 고마워하지도 않고, 기쁨도 없다. 돈 많은 남편이 그까짓 차 한 대 샀다는데 뭐가 고마울 것이며 뭐가 기쁘겠는가.

그러나 돈은 많지 않아도 나 혼자 좋은 차를 타기 미안하니 힘들여 번 돈으로 당신한테 선물한다고 하면 그 애틋함은 아주 크다. 또 여자들은 월급을 다 자기가 관리하면서도 스스로는 죽어도 그런 차를 사게 되지 않는다는 것을 너무나 잘 안다. 그러니까 남편이 그런 타이밍에 인심을 쓰는 것은 리더십의 요체요, 작은 리더십의 발로다.

그래야 가정의 평화가 오랫동안 지속된다. 조그만 것은 용서가 된다. 믿음이 있으니까 늦게 들어오면 오히려 염려를 한다. 그런데 평상시 하는 행동도 덜렁덜렁 하고, 아내도 '어디 가서 허튼 짓이나 하고 왔겠지' 한다면 가정이 행복할 리 없다.

부하직원이나 가정에서만 영향을 주는 것이 아니다. 동료나 상사에게도 영향을 줄 수 있다. 애경 장영신 회장은 아랫사람한테 칭찬도 많이 했지만, 또 칭찬받기도 굉장히 좋아했다. 하지만 감히 그 회장님한테 칭찬하는 사람이 없었다. 나는 결재받으러 들어가면 "아이고, 회장님 오늘 옷이 아주 멋있습니다" 또는 "회장님, 오늘 날씬해지신 것 같습니다"라며 칭찬을 많이 해드렸다.

그러면 그 자체로도 웃게 된다. 감히 그룹 회장한테 '멋있다'거나 '날씬해진 것 같다'고 할 정도의 분위기가 되니까, 그 누구도 안 했기 때문에 훨씬 붙임성 있어서 그 사람이 더 예뻐 보인다.

"허튼 소리 말고 와서 앉으셔. 무슨 얘긴데?" 이러면서 라포르가 형성된다.

"회장님, 저 사실은 부탁이 있는데요."

"뭔데요?"

"저 박사공부 하고 싶은데요."

"박사? 무슨 박사요?"

"마케팅 박사요."

"마케팅 박산데 무슨 박사를 또 따요?"

"지금까지는 그랬는데 앞으로가 문제죠. 앞으로 제가 지식이 없고 애들한테 새로운 학문을 가르쳐주지 못하면 새로운 학문을 배우고 오는 애들이 어떻게 저를 따르겠습니까. 제가 공부하는 태도를 보일 때 직원들도 자동적으로 학습조직이 만들어지기 때문에 반드시 학위를 따야 됩니다. 그래야 대외적으로도 애경에는 마케팅 박사가 마케팅을 이끈다는 소문이 나서 애경 이름이 높아집니다.

그리고 제가 학교 다니는 동안 저와 만나는 여러 사람들이 모두 애경을 대단한 회사로 취급할 것입니다. 저렇게 교육열이 대단한 회사가 안 될 이유가 없다고 판단합니다. 저도 개인적으로 기분 좋습니다. 회장님께서 돈 대주고 시간 대주시는데 얼마나 저한테는 소중하겠습니까. 제가 충성을 다하겠습니다. 바쁘면 주말에도 나와서 일할 테니 일에 관해서는 걱정하지 마십시오."

이렇게 말하면 정말 믿음직스럽다. 회사의 체모를 세워주고, 자기계발을 해서 직원들 가르치고, 백년지계 세우고, 이익 많이 내고, 바쁘면 주말도 나와서 일하겠다는데 허락 안 할 이유가 없다. 이것이 아래에서 위로 발휘하는 리더십이다. 위에서 아래로 발휘하는 것만 리더십이 아니다. 가이드라인을 줄 수도 있고, 교통정리해서 "아닙니다, 이쪽으로 가셔야 됩니다"라고 긍정적인 방향으로 상사를 이끌 수도 있다. 나는 결국 회장님 허락을 받았고 밤낮으로 공부해 빠른 시간에 박사학위를 마칠 수 있었다.

우리가 착각하는 것이 있다. 윗사람들은 칭찬받거나 아부하는 것을 싫어한다고 생각한다. 『아부의 기술』이란 책이 있는데 제목은 그리 좋지 않지만, 거기에 일리 있는 이야기가 있다. 모든 사람들은 자기가 한 일에 대한 공과를 누구한테든 인정받고 싶어한다고 한다. 심리학자

매슬로^{Maslow}의 '욕구 5단계'에도 인정욕이 있는데, 어느 정도 성취한 사람들, 즉 일차적 욕구인 의식주가 해결된 사람들한테는 그 무엇보다도 인정욕구가 가장 크다.

신제품 개발에서 대성공을 하면 너도나도 자기가 거기에 참여했다고 하는 이유도 그 때문이다. 성공하기 전까지는 내가 다했어도 아무 말 안 하고 있다가 나중에 대성공을 거두면 그때는 너도나도 자기가 관여했다고 끼어든다. 그래서 이력서를 보면 죄다 그 제품 개발에 참여했다고 쓴다. 그게 바로 인정욕이다.

리더십이 강하고 능력 있는 사람은 자동적으로 다른 사람한테 긍정적인 영향을 준다. 그리고 역경을 딛고 성취해냈을 경우 여러 사람한테 긍정적인 영향을 많이 준다. 많은 사람들이 내가 박사학위를 받자 자극을 받고 학위를 땄다. 나는 정말 좋아하는 사람이나 키워야 될 사람, 능력 있는 사람들이 박사학위를 받도록 끊임없이 자극을 줬다. 공부 더 하라고 이야기하기가 사실 굉장히 미묘하지만, 그들이 약점을 가지고 있을 때는 그 약점을 보완해줘야 한다고 생각했다. 내가 처음 박사 공부 하라고 부추긴 내 친구 이장우 회장은 박사학위 과정을 세 개나 마친 3관왕 박사다. 무엇이든 해본 사람만이 그 맛을 안다.

그 외에도 내가 회장을 맡고 있는 사단법인 아시아태평양 마케팅포럼 사람들도 내 영향으로 박사과정에 있거나 박사학위를 딴 사람들이 많다. 이처럼 누군가가 하나의 좋은 모범사례를 만들어 놓으면 많은 사람들이 그를 벤치마킹하려고 한다. 나는 그런 부분에서 항상 앞서 나갔고 계속 앞서 가도록 노력 중이다. 지금은 전경련 최고경영자과정을 마친 뒤 계속해서 최고위과정만 KMA와튼스쿨을 포함해서 아홉 개를 마쳤다.

골프도 처음에는 배우려는 생각조차 안 했던 사람들이 내가 골프한다는 사실을 알고, 둘이 식사라도 하면서 마주 앉아 이야기를 하면 그 이튿날 여지없이 골프연습장에 등록한다. '저렇게 한 손으로도 87을 치는데, 두 손으로 못할 이유가 없다'는 자신감을 얻는 것이다.

또 KTF에서 직원들한테 사내강의를 할 때도, 지금은 목사님 안수를 받은 당시 김기열 경영지원 부문장과 함께 내가 점수가 가장 높았다고 한다. 직원들은 왜 내게 높은 점수를 주었을까? 나는 어디서 가장 많은 점수를 받았을까? 당시 담당이었던 이선주 팀장의 피드백을 보면 종합 코멘트에 '자기 삶의 진솔한 이야기를 해준 것이 감동적이었다. 그런 척박한 환경에서 악전고투하면서도 슬기를 발휘해서 극복하는 이야기를 들으며 저 상황에서 나 같은 사람은 해낼 수 있었을까 하는 생각에 반성하는 계기가 됐다. 다시 한 번 나 자신을 추스르게 됐다'라고 적혀 있었다고 한다. 좋은 영향을 받았다는 말이다. '저런 척박한 환경에서도 이루어내는데 나는 저분과 비교하면 너무너무 좋은데 내가 왜 중역이 못 될까. 왜 나는 중역을 하겠다고 생각조차 안 했을까'라는 생각을 하는 것 같았다.

지금 이 책을 쓰는 이유도 많은 사람들한테 좋은 영향을 주고 싶기 때문이다. 특히나 국가의 미래를 이끌어갈 젊은 후진들이 읽고, 감명 받고, 새롭게 재다짐을 하고, 커다란 용기를 얻어서 재도약하는 계기가 되기를 바라는 마음이 책을 쓰는 가장 큰 이유다. 그것이 사회에 대한 공헌이고, 리더십을 발휘하는 것이고, 긍정적인 영향을 주는 것이라고 나는 생각한다.

나의 취미는 누군가에게 영향을 주는 것이다. 내 강의가 잘 먹혀들어가고, 평가도 아주 좋게 나오는 이유도 내가 그냥 시간이나 때우는 것이 아니라 진심으로 영향을 주고 싶어하는 절실함으로 최선을 다하기 때문이라고 본다. 나는 사람들이 내 이야기를 듣고, 이해하고, 빨려들어가 영향을 받고 있는지 눈으로 확인하고 싶다. 나는 누군가에게 영향을 주어서 그 사람이 잘되기를 바란다. 그것도 좋은 영향을 말이다.

요즈음은 중국에서 중국 대륙 사람들을 대상으로 '마인드 혁신' 강의를 많이 한다. 특히나, 잘사는 방법에 대해서 구체적인 예를 들면서 설명한다. 참 재미있다. 인구가 13억 이상인 떠오르는 용 중국 안에서도 안휘성, 강서성, 산동성, 호남성, 하남성, 요녕성, 흑룡강성, 길림성 등등 갈 데가 너무 많다. 언어와 문화만 다를 뿐, 주는 감동은 오히려 더 좋은 것 같다. 아마도 전문 통역이 있어서 짧게 연설 식으로 해서 그런 것 같다. 강의에 임하는 자세는 중국을 사랑하고, 중국인을 사랑하는 마음으로 한다. 아주 좋은 체험을 하고 있다. 언젠가는 내가 중국에서 발휘하고 제공한 리더십과 값진 현장 체험기를 책으로 낼 것이다. 그것도 좋은 영향을 주기 위해서다.

일의 본질을 알아야
우선순위가 보인다

우리 어머니는 항상 일의 두미頭尾를 알아야 한다고 말씀하셨는데, 어떤 것이 먼저인지 일의 선후를 아는 것이 비즈니스에서는 매우 중요하다. 간절하게 성과를 내고 싶은데 하는 것마다 성과가 안 나는 사람들이 있다. 바로 우선순위를 몰라서 그렇다.

어떤 사람은 뭘 하는지 항상 바쁜데, 가만히 보면 다 쓸데없는 일들이다. 그래서 그 시간에 중요한 일은 하나도 못한다. 성과가 날 리 없다. 사실은 지금 하는 일을 놓아야 성과가 나는데, 사람들은 중요한 일을 하기보다 하던 일을 끝마치려고 한다. 그래서 우선순위란 어떻게 보면 지금 하는 쓸데없는 일을 과감히 그만두는 것이다.

솔직히 얘기하면 지금 하고 있는 일의 대부분은 성과와 관계없는, 안 해도 전혀 지장이 없는 일이다. 파일링filing이란 원래 '묶는다'는 뜻이지만, 파일링의 제1원칙은 '묶기'가 아니라 '버리기'다. "버리면 묶을 것이 없는데요?" 이렇게 묻는 사람도 있겠지만, 그래도 버리는 것이 바로 파일링이다. 지금은 파일링 교육이란 용어조차 어색하지만, 옛날에는 파일링 교육을 아주 많이 받았다.

처음 KTF에 갔을 때 이야기다. 직원들이 제일 많이 받은 교육이 '파일링 교육'과 '성희롱예방 교육'이었다. 그 두 가지 교육은 거의 전 직원이 다 받았다. 마케팅 전략가들이 마케팅 전략과정보다는, 파일링 교육과 성희롱예방 교육만 받았다는 사실에 놀랐었다. 사실 이거야말로 정말 우선순위에서 벗어나는 일이었다. 물론 파일링과 성희롱예방도 중요하지만, 마케팅 부서 직원들에게 가장 필요한 것은 무엇보다 '마케팅이란 무엇인가', '판촉이란 진짜 프로모션이 있고, 광의의 의미에서 촉진이 있고 등등' 그 정의^{definition}부터 아는 것이다.

예를 들어, 브랜드 광고의 본질은 무엇인가? 소비자 가슴속에 살아남아서 꿈틀거리게 만들고, 거기서 프라이드를 심어주면서 러브마크를 만들어야 한다. 그런데 중요한 것은 뒷전으로 밀려 있었다. 우선순위는 쉽게 말하면 '본질을 잘 깨닫고 있는가'이다. 이를테면, 브랜드 광고를 한다면 '광고 목적이 분명한가, 광고의 커뮤니케이션 대상이 분명한가, 왜 광고하는지 그 이유는 분명한가' 등을 확실히 해두면 광고는 좋게 나오게 되어 있다. 그런데 내가 왜 커뮤니케이션해야 되는지, 왜 광고를 해야 하는지 묻지 않고 광고를 만들면 엉터리 광고가 나온다.

KTF 수도권 마케팅 본부장 때였다. 안양에 새로 생긴 대리점이 잘한다고 해서 갔었다. 내가 가면 방해될까봐 멀찌감치 떨어져서 계속 지켜봤다. 새로 생긴 대리점은 노래방 기계를 갖다놓고 도우미들이 와서 노래 부르고 춤을 추면서 홍보를 하고 그리고 지나가는 주부들이 이를 보고 와서 흥에 겨워 춤추면서 흥얼거리니까, 사람들이 호기심에 계속 몰려들었다. 리플렛도 지나가는 사람한테 그냥 주지 않고, 춤을 춰가면서 나눠줬다.

한참 물끄러미 쳐다보다가 문득 이런 생각이 들었다. '판매기술이라는 게 따로 있겠나. 저게 기술이지.' 우선 사람들을 끌어모으고, 모인 사람들을 흥겹게 하고, 리플렛 하나를 나눠줘도 신나게 나눠주는 것이다. 그러면서 여기보다 더 싼 곳은 없다고 하면, 혹시 더 싼 곳이 있어도 손님들은 찾으러 갈 생각조차 안 하고 거기서 산다. 더 싼 곳이야 물론 있겠지만, 그곳의 열정이나 흥겨움에 매료되는 것이다. 그것이 모여서 전체적으로 열정이 꿈틀거리고 살아 움직이는 가게가 된다.

마치 '총각네 야채가게'처럼 막 소리 지르고 야단나서 손님들을 정신없게 만든다. 그러면 사면서도 제대로 샀는지 헷갈릴 정도로 정신없이 사가지고 간다. 신선도를 주장하지만 신선도를 누가 재는 것도 아니다. 신선도는 그냥 철학처럼 하는 말이고 비록 신선도가 떨어져도 거기는 북적거리게 되어 있다. 왜냐하면 흥겨움과 즐거움이 있기 때문이다. 즉, 우선순위는 바로 그런 본질, 팔아야겠다고 생각하면 팔 분위기를 만드는 것이다.

그래서 본질을 제대로 꿰뚫고 있는 사람들이 우선순위를 잘 아니까 일도 잘할 수밖에 없다. 드라마라는 브랜드를 광고하는 이유가 여성고객을 유치하기 위해서라면, 여성고객을 유치할 수 있는 유인책을 써야 한다. 여성고객이 광고의 대상^{objective}이라는 말이다. 그냥 무조건 예쁘거나 고급스럽게 만드는 것이 아니다.

또 '나'라는 서비스의 브랜드 이미지를 대학생 마인드 속에 심는 것이 목적이라면 목적에 맞는 광고를 해야지, 엉뚱하고 엽기적인 엔터테인먼트적인 광고로 웃게 만드는 것은 옳지 않다. 그래서 대학교풍으로 다시 재작했다.

애경에 다시 갔을 때 한스푼, 비트에 이어 팍스가 세 번째로 시장에 나왔다. '때가 쏘옥, 비트'와 '요만큼, 한스푼'이 비슷한 시기에 나오고, 팍스가 '찌든 때도 팍 팍, 팍스'라고 하면서 세 번째로 나왔는데, 이 것은 이미 출발 단계부터 본질을 꿰뚫지 못한 것이다.

1등과 2등만 살아남는 생활용품 시장에 3등으로 들어왔다면 컨셉을 달리하든지 차별화요소가 있어야 3등도 인정되는데, 그게 없으니 세 번째는 "나 죽겠소. 그 대신 돈 많이 쓰고 죽겠소" 하는 것과 똑같고, 정말로 돈만 왕창 쓰고 죽었다.

그래서 성과를 올리고 싶다면 기본으로 돌아가서 목적을 분명히 하고, 원칙을 바로 세우고, 해야 하는 이유를 명확히 해서 그에 따른 우선순위를 정리하고 실행에 옮겨야 한다.

인맥관리의 핵심은 신뢰다

조직에서 가장 중요한 것은 사람을 다루는 일인데 부하직원, 보스, 동료를 대하는 기술에는 미묘한 차이가 있다. 어떤 말투는 부하에게는 존경심을 받지만, 동료에게는 독약처럼 들려서 적을 만든다. 사장도 실제 자기가 주인인 사장과 전문경영인은 또 다른데, 각각의 경우에 용어의 선택과 태도를 달리해야지 천편일률적이어서는 안 된다.

동료와의 대화나 커뮤니케이션은 겸손이 아주 중요하다. 소위 튀는 동료나 잘난 동료는 원치 않는다. 그래서 동료와의 대화에서 가장 효과적인 방법은 겸손이다. 나는 부족하니까 많이 배우겠다고 하면 동료와의 관계는 굉장히 좋아진다.

이렇게 상황에 맞는 말과 행동으로 상대방에게 맞추는 사람이 리더십이 있는 사람이고, 조화를 잘 이루는 사람이다. 그래서 무슨 단어를 어떻게 꺼내서 대화하는지가 중요하다. 일방적인 말이나 수다 말고, 쌍방향 커뮤니케이션에서는 단어를 사용하거나 말을 하는 기술이 뛰어나야 한다. 그러면 아랫사람의 애로사항을 잘 알아주는 훌륭한 리더라고 인정받는다.

나는 부하직원들이 나의 말에 영향을 받아서 동기유발이 되고 힘을 낼 때 가장 즐거운데, 그들이 가장 중요하게 여기는 것은 현실이 아니라 미래다. 예를 들어서 "밖에 나가면 이보다 두세 배 더 받을 수 있는데 네 실력으로 무엇 때문에 바보같이 이 회사에 있니?"라고 하면 기분 좋을 것 같지만, 지금 현실이 어둡다는 말처럼 느껴져 기분 나쁘다.

반대로 "지금 급여는 너의 능력에 비하면 굉장히 적지만, 그다지 중요하지 않다. 돈은 네가 실력을 갖추면 자동적으로 따라오게 되어 있다"라고 이야기하면 미래에 대한 빛나는 희망으로 강하게 힘을 낼 수 있는 마음 자세가 된다.

내가 경험한 바에 의하면, 직원들의 실력이나 능력은 그 차이가 아주 미미하다. 다만 그들에게 어떻게 동기를 부여해주는가에 따라서 결과는 엄청나게 달라진다. 무엇보다 부하직원에게 가장 좋은 상사는 비전을 제시하고, 자신이 그 비전을 즐기고 있으며, 실제로 그대로 실현된다는 것을 보여주는 상사다. 부하직원은 나이는 어리지만 생각은 더 뛰어날 수 있으므로, 인격적으로 대하고 존중해줘야 좋은 피드백도 오고 부하직원도 육성된다.

직장 내 인간관계는 일을 원하는 대로 추진하기 위해 없어서는 안 될 중요한 요인이다. 특히 마케팅하는 사람들은 타부서 도움 없이 혼자 존재할 수 없기 때문에 사람을 대하는 일이 무엇보다도 중요하다. 제품을 구성하는 것은 마케터지만, R&D 없이는 물건을 만들 수 없고, 영업이 없으면 나가서 물건을 팔 수 없다. 따라서 어느 성공한 브랜드에 대해 자신이 주역이고 자기 혼자 했다고 주장하면, 회사 조직을 모르는 사람을 대상으로 거짓말하는 것이다.

그 중 영업부서와의 관계는 매우 중요하다. 내가 A제품의 브랜드 매니저라면 회사 내에서는 내가 담당하지 않는 B제품과 C제품의 브랜드 매니저와 선의의 경쟁자가 된다. 그럴 때 B제품이나 C제품보다 A제품이 왜 더 많이 팔릴지, 왜 더 많이 팔아야 하는지 설득해야 한다. 그러기 위해서는 B제품이나 C제품의 담당자보다 더 영업부의 귀를 쫑긋하게 할 설득논리를 가져야 한다.

그런데 브랜드 매니저들이 업무에 쫓기다 보면 영업부에 얼굴도 내비치지 않는다. 나는 시간만 되면 웃으면서 영업사원한테 가서 돈 중심으로 설득을 했다. "하나로 샴푸는 1톤 팔면 500만 원이 남는데, 트리오는 1톤 팔면 50만 원이 남습니다. 뭘 팔겠습니까?" 이렇게 말하면 영업부는 당연히 다음과 같이 대답한다.

"당연히 하나로 샴푸를 팔아야지."

"그겁니다, 바로!"

대리점한테도 똑같이 했다. 트리오는 한 트럭 팔면 50만 원 남는데, 하나로 샴푸는 한 트럭 팔면 500만 원 남는다. 그러면 창고 공간도 절약되고, 이거저거 따지면 모두 절약인데 어떤 것을 더 많이 팔아야 회사와 당신이 빨리 부자가 되겠냐고 했다. 게다가 본사에서 누가 마케팅을 하는지, 누가 전략을 짜는지 알지도 못하는데, 나는 현장에 가서 먼지 닦고 가고, 수시로 판매를 체크하고 돌아다녔으니 나에 대한 호의는 어쩌면 당연한 것이었다.

그러다 어느 순간 부장으로 특진이 되고 나니, 내가 신입사원일 때 나를 가르쳤던 선임 계장 또는 과장들이 진급에서 뒤쳐진 경우 나보다 직급이 낮아졌다. 내가 최대한 몸을 굽혀도 잘못하면 건방져 보일 수 있는 상황이었다. 그러다 보니 여기저기서 기기묘묘하게 내 험담을 하는 사람들이 많아졌다. 이제 어떻게 해야 하는가?

어쩌면 내 본래의 마케팅 업무보다 더 중요한 사안이었다. 나는 원칙이 분명하지 않으면 흔들릴 수 있는 상황에서 진심은 통한다는 사실을 다시 한 번 확인했다. 처음에 나를 비난하던 사람들도 내가 추구한 대로 맡겨두면 회사 일이 잘된다는 것을 인정했고, 나에 대해 강한 거부감을 보이던 사람들조차 점점 달라지기 시작했다.

인맥관리에도 분명히 우선순위가 있는데, 가까운 곳부터 챙겨야 한다. 제일 우선순위는 회사 내이고, 사외는 그래도 의무적이지는 않다. 정말 급하면서 중요한 것인지, 중요하지만 급하지 않은 것인지 우선순위를 정해야 되는데, 가끔 굉장히 중요하지만 급하지는 않은 것들이 딜레마다. 중요해도 지금 급하지 않다면 어떻게 할까? 그럴 때는 가까이 있는 것부터 해야 된다.

대개 문제는 자신이 데리고 있던 기사, 비서, 핵심측근이라고 생각했던 오른팔에게서 터진다. 결국 헌신이 없는 겉도는 인맥관리였기 때문이다. 헌신하는 마음이 없으니까 대우만 받았고, 대우만 받다 보니 대우가 끝나는 순간 관계도 같이 끝난다. 그리고 도움이 안 될 때는 그 사람을 초개같이 버리는 것이다.

1995년 11월 장영신 회장이 왜 외국계 회사에 가서 잘 있는 나를 다시 불렀을까, 나는 또 어떻게 간다고 그랬을까 몇 번을 생각해봤다. 그 이유는 바로 신뢰다. '내가 저 사람한테 베푼 게 있고, 저 사람은 분명히 자기 입으로 베풀어줘서 고맙고 반드시 보답하겠다고 했으니까 꼭 온다'라는 믿음이 있었다.

일할 때도 신뢰가 없다면 믿고 맡길 수가 없다. 누구나 한번쯤은 다른 사람을 의심해봤겠지만 의심하는 것처럼 피곤한 것도 없다. 의심이 들면 감시해야 되고, 감시하려면 누군가 붙여야 되니, 비용, 시간, 스트레스 면에서 이만저만 낭비가 아니다. 그 이야기를 뒤집으면 신뢰가 그만큼 비용을 절약해준다는 말이다.

나는 절대로 내 직원들을 의심하지 않는다. 그냥 맡긴다. 너무 맡기면 방임이 될 수 있으므로, 그때는 나만의 적절한 컨트롤 장치를 만들어 놓는다. 즉 '행동은 다 너희 마음대로 해라. 그러나 책임은 분명히 져라. 그리고 만약 문제가 생기면 거기에 대해서는 아주 엄중히 책임을 묻겠다'는 것을 미리 공표하고 위임을 한다. 그리고 가끔 내가 완전 방임하지 않고 체크하고 있음을 보여준다.

만일 직원들에게 '의심하고 있다'는 느낌을 주면 그것은 리더십에서 실패다. '상사가 나를 이상한 눈으로 본다' 또는 '우리 상사는 아무것도 모른다'는 느낌은 절대 주면 안 되고, '체크하고 있다'는 느낌을 줘야 한다. 그래서 '저 사람은 모든 업무지식을 다 갖고 있으니 내가 속일 수 없다'는 것을 일깨워주는 것이 아주 중요하다. 이것이 부하 인맥 관리의 핵심이다.

외부 인맥관리는 또 조금 다르다. 외부 인맥관리의 핵심은 희생과 봉사와 헌신적인 마음이다. 외부 인맥은 만들겠다고 마음먹어서 만들어지는 것이 아니라, 어떻게 보면 내가 그동안 살면서 어떠한 희생과 봉사, 그리고 상대방에 대한 배려를 했느냐에 따라서 신뢰가 형성되고 인맥이 두터워진다고 볼 수 있다. 하지만 무엇보다도 좋은 인맥은 내가 결정적으로 필요로 할 때 도움을 주는 인맥이다.

KTF로 옮길 때의 일이다. 나는 당시 민영화되기 전 KTF라는 공기업에 스카우트 제의를 받았기 때문에 무엇보다도 나에 대한 레퍼런스reference가 매우 중요했다. 레퍼런스는 일종의 참고인 진술인데, 주로 장점은 알고 있으니 단점을 말해달라고 요구한다. 다섯 명을 레퍼런스하는데 부하직원, 동료, 외부의 지인, 상사 그리고 친구 각 한 명씩 나의 단점까지도 잘 아는 사람들을 소개해달라고 했다. 그 사람들을 통해서 어떤 성격의 소유자인지, 현재 위치가 어떠하며, 그 회사에서는 어떤 위치인데 왜 나오려고 하는지까지 파악하려는 것이었다.

나는 외부인으로 전경련의 한영섭 부원장, 동료로 서충석 전무, 그리고 부하로 홍승주 부장을 소개했는데, 그들이 나에 대해 핵심부분을 제대로 묘사해주었다.

무엇보다도 서충석 전무는 내가 회사를 나가는 이유에 대해서 '이 사람은 큰물에서 놀 고기인데 그동안 너무 작은 물에서 놀았다. 그래서 큰물을 헤엄치고 싶어한다'고 표현을 했다고 전했다. 그 말이 당시 KTF 이용경 사장으로서는 기가 막히게 원하는 스펙이었다.

그 다음 한영섭 부원장는 '그 사람은 상사 없이도 일할 수 있고, 상사 없이도 리더십을 발휘할 수 있는 사람이다. 스스로 알아서 하는 사람이기 때문에 굳이 일을 시킬 필요가 없다'고 함으로써 리더십에 대해서 완벽한 사람임을 이야기해줬다.

홍승주 부장은 '카리스마 있고, 아량도 있고, 포용력도 있는 양수겸장이다. 때로는 엄하지만 때로는 친오빠 이상으로 아주 자애롭다. 그런 점이 모두가 그분을 따르게 만들었다'고 표현했다고 전했다. 결국 이용경 사장은 나에 대해 완전한 확신을 가지게 되었다.

그런데 아무것도 안 하면서 그들에게 그냥 그러한 인식을 심을 수는 없다. 그 배경에는 그 사람들을 위해서 내가 그동안 뭔가 헌신과 봉사를 했고, 또 좋은 면모를 보여줬기 때문에 그런 좋은 말들을 해준 것이다.

이렇게 인맥관리는 평상시 나타나는 것이 아니라 중요한 시기에 시의적절하게 효과가 나타나기 때문에, 인맥관리의 기초는 역시 헌신과 사랑과 봉사다. 많은 사람을 인맥관리 한다고 얕게 사귀는데, 이는 전화번호부 외우고 나서 친구 사귀었다고 말하는 것과 똑같다. 따라서 인맥관리는 무엇보다도 그 사람에게 강한 인상을 심어주면서 신뢰를 줘야 된다. 그리고 꾸준해야 한다. 그것이 어떻게 보면 가장 큰 핵이다.

핸드폰에 1,000명이 입력되어 있으면 그 사람은 인맥관리에 성공한 사람이라고 하고, 200명 이상이면 인맥관리에 신경을 쓰고 있는 사람이라고 한다. 나는 현재 대략 2,800명 정도이다. 그만큼 사람에 대해서는 확실하게 챙길 줄 알아야 된다. 그래서 가끔은 안부전화도 하고, 그 사람의 관심사를 물어봐주고, 관심을 가져주고, 표현해주고, 또 같이 동병상련하고 있음을 보여줄 때 그 사람은 아주 중요한 인맥이 된다.

인맥이 얼마나 두터운가는 애경사哀慶事에 닥쳤을 때 사실상 다 알 수 있다. 얼마나 많은 사람이 위로하는가를 보면 그 사람이 얼마나 잘 살아왔는지 알 수 있는 것이다.

인맥관리도 어느 정도는 타고나는 부분이 있고, 새로운 사람을 만나는 일에 공포를 갖고 있는 사람도 있지만, 나는 세상에 어느 것도 타고나는 것은 없다고 생각한다. 인맥관리를 하는 데 있어서 개인의 성격도 중요하지만, 후천적인 연습을 통해서 습득되는 것이 더 중요하다. 그래서 웅변학원이 필요하고, 또 줄반장이라도 꼭 해서 어려서부터 리더십을 길러줘야 한다.

나만 해도 전경련 최고경영자 과정, 전경련 글로벌 비즈니스 과정, 연세대학교 정보통신 과정, 서울대학교 정보통신 과정, 서울대 AMP과정, 산학정産學政, 고대 언론정보 과정, 서울법대 최고위 과정, KMA와튼스쿨까지 아홉 개나 수료했다. 아홉 개에 50명씩만 해도 450명인데, 무엇을 하든 일부를 제외하고 거의 간부의 위치에 안 서본 적이 없다.

하지만 인맥관리가 중요하다고 해서 마구잡이로 들이대는 것은 곤란하다. 저 사람이 중요한 사람이니까 내 인맥으로 만들겠다고 억지로 접근하면 '나를 언제 봤다고 나한테 전화를 하지? 무슨 의도지?' 바로 이런 거부반응이 나온다. 그래서 내 인맥관리 방법은 어느 장소에 가더라도 거기서 최선을 다하는 것이다.

사실 주변에 사람이 많으면 조금 지치기도 한다. 많은 날이 계속 약속이다. 어떻게 보면 다 거절하고 그만두면 된다. 의무적인 일은 아무것도 없고, 안 하면 돈도 절약된다. 그런데도 하는 이유는 요소요소에 두루 중요한 사람들이 있는데, 철저한 헌신을 바탕으로 하지 않으면 인맥관리는 되지 않기 때문이다. 그래서 모든 인맥관리에서는 결국 헌신과 신뢰 같은 요소들이 가장 중요하다.

반복하고, 반복하고, 또 반복하라

필란23이라는 화장품의 광고 카피는 '23가지의 천연성분, 23일의 효능, 23세의 피부로'이다. 만일 이것을 이 방법 써서 이야기하고, 저 방법 써서 이야기하면 소비자들은 어떤 것도 기억하지 못한다. 지금과 같은 광고의 홍수 속에서는 머리가 굉장히 좋은 사람도, 최소한 광고 수백 편은 봤을 광고회사 직원도 어제 본 광고를 기억나는 대로 말하라고 하면 두세 개도 기억하지 못한다.

반대로 중요한 메시지 하나를 계속 반복하면 소비자들의 머릿속에 자동적으로 박히게 된다. 즉, 같은 '톤앤매너tone & manner'로 일관되게 반복하는 것이 커뮤니케이션 원칙이라는 말이다. 톤앤매너는 약간 달라도 하이마트 광고처럼 전체적인 그림이 같으면 된다. 그러면 같은 광고라는 사실을 안다. 세계적인 소비재 업체인 P&G의 마케팅 원칙은

3C로 요약할 수 있는데, 바로 일관성Consistency, 일관성, 일관성이다. 이렇게 P&G가 일관성을 중요하게 여기는 이유는, 소비자들에게 일관되게 이미지를 구축해 놓은 상태에서는 쉽게 흔들리지 않기 때문이다. 일관된 이미지가 심어져 있기 때문에 쉽게 옮겨가지도 않는다. 그래서 소비자한테 일관된 목소리로 커뮤니케이션해서, 일관된 이미지를 심어나가야 한다.

내가 로슈에 있을 때 대한민국에서 만든 사리돈 광고를 3년 동안 글로벌 마켓 50개 나라에서 틀었다. 똑같은 배우에 똑같은 광고를 더빙만 달리해서 무려 3년을 글로벌로 집중하니까 시장이 엄청나게 커질 수밖에 없다. 그것이 글로벌 기업이 시장을 석권하는 이유다.

브랜드는 유리그릇과 같다. 한번 금이 가거나 상처가 난 후 다시 붙이려면 엄청난 노력과 힘이 든다. 그래서 깨지지 않도록 소중히 관리를 해야 한다. 따라서 리포지셔닝은 망가졌을 때가 아니라 망가지기 전에 해야 한다. 한번 이미지가 망가지면 소비자들은 안 산다. 럭스 비누, 아이보리 비누, 코카콜라가 모두 100년 이상 간 이유가 바로 일관성을 지켰기 때문이었다.

일관성은 P&G의 마케팅 원칙이기도 하지만, 우리 삶에서도 중요한 요소다. 우리 삶 역시 예측 가능해야 된다. 고집은 완강하지만 소신은 뚜렷하고, 깨끗하고 투명하면서도 구김살이 없는 사람이라면 시종일관 같은 모습으로 보여야 한다. '나는 뒤끝 없다'고 하면서 뒤끝 있는 사람들이 많다. 뒤끝이 없는 것처럼 비쳐지고 싶을 뿐 뒤끝이 많다는 말이다. 그것이 바로 일관성이다.

리더일수록 더욱 일관성이 있어야 한다. '지난번에 사장님께서 이런 상황에서 이렇게 말씀하셨는데, 지난번하고 똑같은 상황이다. 그러니까 사장님이 안 계셔도 똑같이 행동하면 될 거야.' 이렇게 되면 예측 따라 처리한다. 반대로 지난번에 이렇게 해서 혼났는데 똑같은 행동으로 이번에는 칭찬을 들으면, 일 안 하고 시킬 때까지 기다렸다가 사장이 시키면 그때 하는 수밖에 없다.

리더십이란 효율을 높이고 효과를 내는 것인데, 안 하고 있으면 효율도 효과도 날 리 없다. 예측 가능한 리더십을 가진 사람은 바로 일관성 있는 사람이다. 그 예측에 의해서 부하직원이 알아서 일하기 때문에, 리더 위치에서 일관성이 없으면 자살행위다.

그래서 리더는 실력이 없어서는 안 된다. 지식이 없어도 리더 자리에 앉아서 잘 시키기만 하면 된다고 하지만, 지식이 없으면 절대로 잘 시킬 수가 없다. 그런 사람들은 '옛날에는 알아야 면장을 했지만, 요새는 면장을 시키면 알게 된다'고 한다. 그러나 실무 마케팅 필드에서는 모르고 할 수 있는 일은 아무것도 없다.

일관성은 상식에 근거한다. 내가 습관적으로 해오던 것이 일반화됐고, 그래서 원칙으로 정하고 모두가 수용했다면 그대로 가면 된다. 그 다음부터 일관성을 지키지 않는 것은 그 사람 잘못이다.

리더만 일관성을 지킬 의무가 있는 것은 아니다. 부하직원도 상사에게 영향을 미칠 수 있다. 이처럼 상사를 잘 경영하고자 한다면 manage your boss 일관성이 필요하고, 누구든 책임을 맡은 위치에서 오락가락 일관성이 없으면 조직을 망친다.

$\mathcal{K}$now thoroughly

가장 본질적인 것이
가장 크리에이티브하다

GE 잭 웰치의 'GE 타운미팅'이나, 한국전기초자의 서두칠 사장이 취했던 경영혁신 과정들처럼 혁신적인 기업이 취한 혁신적인 아이디어라고 하는 것들을 가만히 보라. 이것들이 정말 우리가 이야기하는 엄청난 혁신이었는가? 그렇지 않았다. 안 하고 있었거나 방치했던, 지극히 상식적이고 당연히 해야 할 것들을 했을 뿐이다. 그것이 각 부문, 각 현장에서 모아져 잭 웰치의 GE를 이루고, 망해가는 한국전기초자에서 그야말로 엄청난 흑자의 한국전기초자로 거듭난 것이다. 거기서 그들이 한 것은 그저 당연히 해야 할 일들을 한 것이었다. 그래서 크리에이티브란 독특한 것 또는 다른 사람이 전혀 건드리지 않은 것이 아니며, 멀리 있는 대단히 혁신적인 아이디어도 아니다.

GE에서 있었던 일화다. 현장에서 평생 인간기계처럼 일해온 까만 피부색의 공원이 현재의 제품 조립라인에 약간만 변화를 주면 효율이 아주 높고 효과가 뛰어날 것이라고 제안했지만, 아무도 받아주지 않았다. 오히려 작업반장은 화를 내며 '너의 일은 제안을 하는 것이 아니라, 저기 가서 기계를 돌리는 것'이라고 말할 뿐이었다. 그렇게 현장을 무시했으나 나중에 타운미팅을 통해 의견이 제안되고, 그것이 하나의 기폭제가 되어 각 현장에서 보석 같은 아이디어들이 수없이 모아져 수익성 있는 기업이 됐다.

이처럼 크리에이티브란 어떻게 보면 이미 주변에 있는 것들인데, 다만 교통정리를 못해서 발휘하지 못한다고 보면 맞을 것이다.

'두통에 게보린.' '치조골이 흔들리면 인사돌.' 이 얼마나 지루한 메시지인가. 그러나 이들이야말로 진정으로 본질에 충실한 크리에이티브 아이디어였고, 본질에 접근했기 때문에 1등 브랜드가 됐다. 제품이 가지고 있는 핵심가치key benefit 그 자체가 더도 말고 딱 하나만 크리에이티브로 나타나면 성공이다. 즉, 크리에이티브는 본질에 충실하다고 보면 대부분 맞을 것이다.

성공한 브랜드는 그 이유가 아주 간단하다. 마케팅에서 두 개의 핵심을 제대로 잡았기 때문이다. 그것은 바로 시장에서 1등이 되기 위해 필요한 것들이기도 하다. 첫째는 소비자의 인식consumer perception을 선점하는 것이고, 둘째는 경쟁사의 큰 약점을 찾아내어 차별화된 경쟁우위를 확보하는 것이다. 그 이상도 그 이하도 없다. 지금까지 마케팅을 하면서 가장 중점을 두었던 것이 이 두 가지다. 성공한 브랜드는 이 둘을 다 잡았다.

어디서 무엇을 하건
차별화를 고민하라

하나로 샴푸가 출시될 때 이미 투웨이 샴푸가 제일 먼저 나왔고, 6개월 뒤에 랑데부 샴푸가 나왔다. 하나로 샴푸는 세 번째였다. 제일 먼저 나온 것보다 1년 뒤에 나왔기 때문에 제품의 컨셉 자체로는 차별화 요소가 없었다. 그러면 차별화 포인트가 없으니까 그냥 미투 제품으로 포지셔닝할 것인가? 아니면 무엇으로 차별화를 할 것인가?

바로 이 두 제품의 광고를 송두리째 나에게 유리하게 이용하는 것이 나의 차별화 전략이었다. 제품을 그들과 다르게 만들거나, 그들과 다르게 포지셔닝하거나, 또는 다르게 세일즈 토크하는 것이 아니라 이들 제품을 내 것으로 하는 전략의 차별화였다. 그러다 보니 규모가 크다. 그때 내가 과장이었는데 어떻게 그 어린 나이에 그런 생각을 할 수 있었는지 모르지만, 저들이 헛공사를 하고 있다는 느낌이 왔다.

앞에서도 얘기한 것처럼, '샴푸와 린스가 하나로, 랑데부 샴푸', '샴푸와 린스가 하나로, 투웨이 샴푸'라고 광고했기 때문에, 내가 '샴푸와 린스가 하나로, 하나로 샴푸'라고 하면 이 두 개가 다 내 것이 될 수밖에 없다.

다만, 그들이 먼저 시장^{market place}에 들어가서 안타까웠지만, 먼저 들어갔어도 내가 뒤에 나와서 그들을 다 내 것으로 만들었으니까, 먼저 들어갔든 나중에 들어갔든 소비자 마인드에는 이미 내가 먼저 들어간 것이 된다.

시장에 누가 먼저 진입했는지보다 소비자 마인드에 누가 먼저 진입했는지가 더 중요한데, 하나로 샴푸는 시장에는 3등으로 진입했지만 소비자 마인드 속에는 1등으로 진입했기 때문에 결국 1등이 됐다. 이것이 바로 시장의 정의가 달라져야 된다고 하는 이유다. 시장은 소비자 마음이지 장터^{market place}가 아니다.

그래서 무엇이든지 반드시 차별화가 필요하다. 마케팅뿐만 아니라, 모든 회사의 경영전략이 다 차별화 전략이다. 특히 마케팅에서 제품으로 국한해서 이야기한다면 제품이 경쟁사와 비교해 분명히 우월적 지위를 가진 다른 모습이어야 한다. 즉, 경쟁우위를 확보한 상태에서 이루어진 차별화가 진정한 차별화다. 그렇기 때문에 우위를 확보하지 않은 차별화는 미투에 불과하다.

그렇다면 제품의 품질이 대부분 평준화된 상태에서는 어떻게 차별화해야 할까? 바로 컨셉으로 해야 한다. 같은 카테고리 내의 제품이라도 실행 아이디어와 메시지를 차별화할 수 있다. 그래서 차별화할 수 있는 범위는 아주 넓다.

다만, 절대로 비슷한 제품명, 모양, 가격과 유통채널로 미투 제품을 만들어서는 안 된다. 미투 제품이 성공한 경우는 지구상에 없다. 하나 있다면 먼저 나왔던 제품들이 우연히 다 죽고 혼자만 남은 경우다. 그러나 그런 일은 있을 수도 없고, 기대해서도 안 된다. 그렇기 때문에 마케팅에서 대원칙은 절대적 차별화다.

사람도 누구나 차별화 욕구가 있다. 바로 인정 욕구다. 누구나 다 아는 것이라면 차별화도 안 되고, 인정도 의미가 없다. 다 아는데 알아준다는 것이 무슨 의미가 있겠는가. 모르기 때문에 '나는 너희들과 다르다'고 인정받고 싶은 것이다.

산악대장 허영호 씨가 무엇 때문에 고생해서 그 높은 산에 올라갈까. 떼돈을 버는 것도 아니고, 건강을 위해서는 더욱더 아니다. 그 내면을 보면 결국 인정과 차별화 두 단어 때문이다. 매슬로의 '욕구 5단계' 중 가장 마지막 단계는 영적 욕구이기는 하지만, 어떻게 보면 실제로 우리가 생활하는 데 있어서 가장 최고의 단계는 인정 욕구라고 생각한다.

왜 다들 부자가 되려고 할까? 100억이나 천억이나 1조나 개인으로 봐서는 큰 의미가 없다. 1조 있다고 200년 사는 것도 아니고, 또 10억 가졌다고 5년만 살다 가는 것도 아닌데 사람들은 돈을 모아서 무엇을 얻고 싶은 것인가 본다면 결국은 인정이고, 다른 사람과의 차별화다.

개인도 마찬가지다. 예를 들면 직원을 채용할 때 다들 공통적인 질문을 써서 인터뷰를 한다. "그 회사 그만두고 왜 우리 회사에 지원합니까?" "우리 회사에 오면 어떤 전략을 펼치시겠습니까?" 모두 공통적인 질문이다. 그 질문 가지고 뭘 어쩌자는 말인가.

그 공통적인 질문에서 나를 차별화하는 방법은 대답을 다르게 하면 된다. 공통적인 대답은 "열심히 하겠습니다"이다. 조금 다르게 해보겠다고 "분골쇄신하겠습니다" 혹은 "목숨 바쳐 일하겠습니다"라고 하는 사람도 있지만, 강도 차이일 뿐 오히려 잘못하면 무식해 보인다.

회사 일 하는데 왜 목숨을 바치는가. 살려고 입사했으면서 목숨 바치겠다고 하는 것은 거짓말이다. 최선을 다하겠다고 하지만 무엇이 최선인가. 괜히 머리 나쁜 사람이 최선을 다했다가는 대형사고만 친다. 즉, 의미 없는 대답이라는 말이다.

"지금까지 이 회사는 이렇게 해왔지만, 그래서는 안 됩니다. 이유는 이렇습니다. 앞으로는 이렇게 가야 바로 경쟁사를 이길 수 있습니다." 이렇게 문제점problem과 대안solution을 제시해야 한다. 그러면 앞서 인터뷰했던 사람들 중 그렇게 이야기하는 사람은 없었을 테니 차별화가 된다. 사장이라면 누구를 선호하겠는가. 문제 제기하고 대안 제시하고 "내가 주인공이니 걱정 마십시오. 내가 해내겠습니다"라고 말하는 사람의 손을 당연히 들어주게 되어 있다. 그 또한 차별화 전략이다. 앞서 인터뷰한 사람들 사이에서 나를 두드러지게 만드는 방법은 오로지 그것이다. 또 실제로 입사해서도 그래야 한다.

즉, 차별화는 경영전략도 차별화해야 되고, 제품도 차별화해야 되고, 사람 관계도 차별화해야 되고, 모든 것을 다 차별화해야 한다. 어떻게 차별화할 것인가는 상황에 따라 다르지만 반드시 경쟁우위를 확보한 상태에서 차별화해야 한다. 여기서 경쟁우위란 철저하게 소비자 입장에서 우위를 확보해야 한다. 내가 그 제품이나 서비스를 이용한다고 생각하면 소비자 입장이 된다.

우리나라 소비자들은 샴푸를 집으면 바로 코에다 갖다 대기 때문에, 코에 갖다 대는 그 순간의 향이 아주 중요하다. 즉, 머리 감는 동안의 향도 중요하지만, 더 중요한 것은 구매의사결정을 하는 순간인 코에다 갖다 대는 때^{MOT}의 향이다. 제품이 마음에 안 들면 아예 코에 갖다 대지도 않기 때문에, 코에 갖다 댄 것은 만일 이 샴푸의 향이 마음에 들면 사겠다는 뜻이다. 그렇다면 포커스를 두어야 될 곳은 코에 갖다 대는 순간의 향으로, 이것은 품질보다 더 중요하다. 막상 샴푸를 쓸 때는 '눈코 뜰 새 없기 때문에' 향을 생각할 겨를이 없다. 게다가 나중에 스프레이나 젤처럼 스타일링 제품을 사용할 때는 이들의 향이 남기 때문에, 샴푸 향이 독하면 스프레이 향과 섞여서 오히려 머리에 이상한 향이 남는다.

그러나 소비자 조사를 하면 '아름다운 향이 머리에 오래 남았으면 좋겠다'고 말한다. 그러면 소비자 의견을 그대로 따라서 향기가 오래가도록 휘발성이 없는 향을 쓴다. 원가도 물론 훨씬 비싸지만 그렇게 만들고 난 후 스타일링 제품과 섞이면 결국 전혀 다른 향이 남아 오히려 안 넣는 것만 못하다.

즉, 소비자 입장이 된다는 것은 소비자가 불러주는 대로 그에 응답한다는 뜻이 절대 아니다. 실제 소비자의 입장이 되어 내가 머리를 감는 상황 속에 들어가서 생각해야 된다. 소비자의 대답보다 소비자의 실제 상황이 더 중요하다는 말이다. 진정으로 소비자 입장에서 생각한다는 말은 모든 소비자가 머리에 좋은 향이 오래 남았으면 좋겠다고 한다고 향을 보강하는 의사결정을 하는 것이 아니라, 샴푸를 구매할 때 코에 갖다 대는 향이 품질보다 더 중요하다는 사실을 인지하는 것이다.

또 전략의 차별화도 있다. 한때 블루오션이라는 말이 대유행이었는데 『블루오션 전략』의 저자인 김위찬 교수가 말한 블루오션이란 줄일 것 줄이고reduce, 늘릴 것 늘리고increase, 제거할 것 제거하고eliminate, 보강할 것 보강하는enhance 것으로 지극히 당연한 이야기다. 이 내용을 전체 키워드 하나로 묶어서 이야기하면 결국 '차별화'다.

그 책에서 인용한 사우스웨스트 항공은 다른 비행기를 타면 일반적으로 나오는 기내식과 커피를 없앴다. 불필요한 것을 제거한 것이다. 제거할 것을 제거하면서도 한 단어로 귀착된 것은 결국 차별화다. 다른 항공사와 차별화가 됐다. 가격도 다른 항공사는 비싼데 사우스웨스트 항공은 싸기 때문에 차별화가 됐다. CEO도 아주 독특하다. 재미난 옷을 입고 춤도 추고, 어린이 승객에게 다가가서 웃기기도 한다.

그리고 입소문으로 차별화를 잘하고 있다고 알린다. 그러니까 사람들이 더 밀려온다. 싼 맛에 타는 것이 아니라, 차별화된 맛에 탄다. 빵 안 먹고, 커피 안 마시고, 값이 싸서 타는 것 같지만, 돈 때문이 아니라 가치를 산다는 말이다.

가격은 경쟁사도 내리면 된다. 거기에 사우스웨스트 항공은 '값이 싸면서도 재미있다'라는 포지셔닝이 따라붙었다. 이렇게 엔터테인먼트 요소가 들어감으로써 재미있는 회사로 포지셔닝됐다.

"지금부터 담배를 피울 수 있는 곳을 알려드리겠습니다. 딱 한 군데 있는데 비행기 날개 위입니다. 거기서 상영하는 영화는 「바람과 함께 사라지다」입니다." 그러면 사람들이 까르르 웃는다. 그런 재미 요소 때문에 차별화가 빛난다.

우리나라 저가항공도 사람들이 값이 싸서 탈 것 같지만, 그게 전부라고 생각하면 그 항공사는 망한다. 편리하고, 재미있고, 그러면서도 가격은 비싸지 않다는 가치를 팔아야 한다. 서비스가 주는 메시지가 다음과 같으면 아무도 타지 않는다. '가격은 싸지만 비행기가 힘이 부족해 가끔 사람이 한 명씩 죽습니다. 더 싸게 모셔서 그 위험을 감수하도록 하겠습니다.' 두서너 번만 비행기가 추락해서 사람이 죽으면 아무도 안 탄다.

그 대신 가격이 싸다고 해서, '그럼 죽을 만하네요'라고 하겠는가. 기분 나빠서 안 탄다. 또 그 비행기를 타러 가는 사람들을 보면서 이렇게 생각한다. '아, 돈 없는 사람들이군. 불쌍하다. 돈 1~2만 원 때문에 저거 타네.' 이렇게 포지셔닝해서도 안 된다.

결국 전략가가 없으면 성공하기 어렵다. 그래서 마케팅은 돌멩이를 팔아야 한다면 진짜 돌멩이일망정 다이아몬드처럼 아주 빛나게 가치를 덧입혀 고객가치를 높이는 것이다. 이렇듯 STP|시장세분화, 타깃팅, 포지셔닝|의 모든 요소들이 결국은 차별화Differentiation를 위한 것이다.

생활 속에서 자신을 돋보이게 하는 것도 차별화다. 나는 쇼핑할 때도 무심코 흘러가지 않고, 어떻게 디스플레이를 해놨고, 어떤 컬러로 매치시켜 놨는지를 항상 주의 깊게 본다. 그리고 내 옷과 타이를 어디에 어떻게 매치시키면 될지 생각한다. 또 지나가는 사람들도 그냥 안 본다. '저 사람 컬러 잘못 맞췄다' 혹은 '저런 매치는 참 보기 좋다' 이러면서 내가 옷을 입을 때 응용하기도 한다.

나는 혼자 상상을 해본다. 내가 연단에 서 있으면 청중들이 나를 어떤 모습으로 볼지 먼저 내 모습을 머릿속에 그린다. 옷을 그냥 대충 걸치는 것이 아니라 내가 지금 서 있다고 할 때 어떤 모습으로 보일까 생각하는 것이다. 심지어 타이를 매지 않았을 때의 내 모습까지도 그려 본다. 직원들을 대상으로 사내강의를 할 때처럼 캐주얼하게 입을 때는 어떤 재킷을 입고 시작할지, 조금 덥다는 핑계로 옷을 벗었을 때 내가 서 있는 모습이 어때야 할지까지 다 상상을 한다.

또 볼펜처럼 금방 빼면 예를 들 수 있고, 벨트처럼 금방 가리키면서 이야기할 수 있는 내 몸에 붙어 있는 예를 들기 편한 것까지 신경을 쓴다. '어디 가서 설명하려면 오늘은 몽블랑 벨트를 매자. 지갑과 볼펜도 몽블랑으로 챙기자.' 그러면 그 또한 미리 계획을 세우고 준비를 해 놓는다. 내 스스로 중요하게 생각하는 3P 즉 계획planning, 준비preparation, 연습practice이 항상 갖춰져 있어야 하기 때문이다.

생각도 차별화할 수 있다. 어려운 일에 부딪혔을 때 어떤 자세를 가지고 차별화하는 것이 좋을까? '긍정'과 '적극성'과 '진실함'이다. 우선은 현실을 인정해야 한다. 그래야 본질에서 출발할 수 있다. '아, 이게 현실이구나! 그럼 이 현실을 어떻게 타개할까?' 이렇게 생각해야 해결책이 나오는데, 현실 자체를 부정하면 좋은 아이디어가 나올 수 없다.

그래서 나는 손을 하나 잃고도 손을 잃지 않은 것처럼 지낼 수 있었다. 손을 잃었지만, 이것은 단지 하나의 현상이다. 내가 만일 '나는 손이 없어서 안 된다'고 생각했다면 손에만 집착하겠지만, 아무것도 아니라고 생각하면 손은 이미 이야깃거리가 아니다. 그래서 오히려 의지가 강한 사람, 집념이 강한 사람, 노력하는 사람, 성실한 사람, 인내심이 강한 사람으로 보인다. 사람들은 겉으로 나타나는 현상으로 판단하기 때문이다.

똑같이 골프를 해도 내가 한 손으로 치면 사람들은 자기들한테 비춰봤을 때 도저히 저렇게 칠 수가 없을 것 같으니까 감동을 한다. 막상 익숙해지면 별것 아닌데 사람들은 상상을 하기 때문인지 대단한 것으로 생각한다. 그래서 긍정은 내 약점마저도 커다란 장점으로 승화시키는 차별화 요인이 된다.

긍정적으로 생각하는 데 있어서 제일 중요한 것은 자기 자신이다. 자기 자신을 이기지 못하면 그 누구도 이길 수 없다. 매일매일이 나 자신과의 싸움이다. 그래서 부정적인 생각을 항상 긍정적인 생각으로 바꿔놓는 것이 중요하다. 얼마나 다른 사람보다 긍정적으로 생각하는가에 따라 빠르게 성공할 수 있는지 결정된다.

적극성도 마찬가지다. 적극성이 보기에 따라서는 자신을 힘들게 할 수 있다. 나의 적극성으로 인해 나보다 덜 적극적인 사람들이 피해를 보는 경우가 많았기 때문에, 힘든 일도 많이 겪었다. 사람들은 적극적인 사람들에게 '아휴, 저 사람 굉장히 적극적이고 열심히 하네'라고 이야기하지 않는다. 반대로 '엄청 잘난 척하네'라고 단정 짓는다. 적극적이지 않은 사람은 귀찮고 괴롭기 때문이다. 이순신 장군도 그런 적극성과 문제해결 능력을 가지고 있었기 때문에 주변에 적이 많았다. 그러나 적극적인 사람들은 바로 그 적극적인 성격 때문에 결국은 이겨나간다. 적극적이지 않은 사람한테는 아무것도 돌아오지 않는다.

모든 일이 종국에는 적극적이고 긍정적인 사람한테 간다. 포기하지 않고 적극적이었기 때문에 '아, 이 사람은 해내겠다'는 믿음이 간다. 거기서 신뢰가 싹튼다. 신뢰가 오래가면 의리가 형성된다. 그리고 의리가 오래가면 무너지지 않는 관계가 형성된다. 그러면 거의 평생을 함께하는 사람이 된다.

진실함도 강한 차별화 요소다. 기업에서 부정직한 사람들은 결코 오래가지 못한다. 나는 그것을 수없이 많이 봐왔다. 나이가 많건 적건, 머리가 진짜 기가 막히게 좋건 아니건, 본질적으로 진실하지 않은 사람들은 금방 떨어져나간다. 정말 단 한번도 예외가 없다.

나는 직원들이 최고의 능력을 갖출 수 있도록 항상 노력해왔다. 애경에서 신윤창 대리라는 브랜드 매니저가 있었다. 어느 날 올리라고 한 기획안이 며칠이 지나도 도무지 올라오지 않아서 신 대리를 불렀다.

"기획안 올리라고 한 지가 언젠데 왜 이렇게 늦지?"

"네, 차장님이 이틀째 점검하고 있습니다."

"올리라고 했으면 바로 올려야지 왜 그걸 밑에서 점검하나? 그러면 내가 고칠 시간을 이틀이나 손해 보지 않나?"

"그래도 차장님이 결재하셔야 하지 않습니까?"

"알았네. 내려가고 차장 올라오라고 하게."

신 대리가 나가고 차장이 들어왔다.

"그 기획안 어떻게 된 거지? 설명해보게."

"그 기획은 신 대리가 다 했는데요."

"그래도 자네가 도장 찍지 않나."

"그간 신 대리가 완벽하게 했다고 해서 그냥 도장만 찍었습니다."

"솔직해서 좋네. 내일부터 도장 찍지 말게."

"네, 알겠습니다."

그 뒤부터 도장을 못 찍게 했다. 찍어야 될 이유가 전혀 없었다. 차장이 하는 일이 결재하는 일밖에 없어서 괜히 업무 진행속도만 늦고, 거기다 설명을 하려니까 더 시간이 소요됐다. 차장도 불필요하게 시간 낭비, 나도 보고가 늦어져 업무지시를 못 내리니까 시간 낭비, 담당은 결재를 기다리느라 이틀 동안 시간 낭비, 즉 세 명이 다 피해를 봤다. 더 큰 것은 회사가 피해를 봤다는 사실이다. 그럴 이유가 전혀 없었다.

"이제부터 신 대리 자네가 팀장이네. 나한테 직접 보고하게."

이렇게 해서 신윤창 대리를 당시 대리에서 최초로 대리 팀장을 시켰다. 그것도 이튿날 바로 시켜버렸다. 그렇게 하니까 매 건마다 이틀이 절약되어 업무 진행속도가 굉장히 빨라졌다.

그 일은 그러자 신윤창 팀장에게 굉장한 모티베이션이 되었다. 그룹 최초로 대리 팀장이 된 데다, 차장 결재를 거치지 않고 이사한테 바로 가서 머리 맞대고 상의하고 또 업무지시를 받으니까 "이사님이 하나도 안 고치고 사인해주셨어"라고 자랑할 정도로 프라이드도 높아졌다. 게다가 자신이 부하직원도 거느리고 일을 할 수 있는 위치가 되니까 반 미쳐서 일을 했고, 혼자 집중적으로 고민을 하니까 아이디어도 많이 나왔다. 그리고 곧바로 과장 팀장으로 진급도 했다.

그가 맡았던 브랜드 중 에이솔루션은 여드름 화장품인데 약사법 상 광고에서 여드름이라는 용어를 쓸 수가 없었다. 여드름 화장품이라 고 해놓고 여드름이라는 용어를 못 쓰니까 괴로워서 밤늦게 포장마차 에 들렀는데, 그때 마침 멍게가 안주로 나왔다. 멍게를 보는 순간 여드 름처럼 생겼으니까 그것을 여드름으로 형상화하자는 기가 막힌 아이 디어를 냈다. 그래서 바로 여드름으로 형상화했다.

어떤 사람들은 차장도 나름대로 이틀 동안 고민했는데 갑자기 "도장 찍지 마"라고 하면 얼마나 속상할까 생각할 수도 있다. 그래서 이 틀이 더 걸리건, 도장만 찍건 그냥 그대로 간다. 그러나 나는 업무는 업 무대로 효율적으로 처리하면서도, 차장 또한 제대로 인정하고 있음을 보여줌으로써 가슴 아프게 하지 않았다.

그 차장한테는 자기 일에 집중하라고 말했다. 차장은 당시 B&F 를 담당하고 있었는데, 나는 이렇게 그를 격려했다. "그거 보게. 자네 시 간이 얼마나 절약됐나. 그러니까 B&F가 이렇게 발 빠르게 진행되지 않나." 그래서 에이솔루션과 B&F 두 제품이 똑같이 1998년에 론칭을 했다. 그뿐 아니라 2080치약도 같은 해에 론칭해서, 에이솔루션, B&F, 2080치약이 한해에 동시에 시장에 나왔다.

즉, 결재가 바로바로 올라오니까 나도 빨리빨리 업무지시를 할 수가 있고, 거기에 따라 업무도 신속하게 진행될 수 있었다. 만일, 층층 이 결재에, 결재에, 결재가 겹치면 어디서 문제가 터졌는지도 모르고, 어디서 반대했는지도 모른다. 그래서 결재 라인이 복잡한 것은 전혀 도 움이 안 된다. 오히려 시간만 죽이는 격이다.

나는 의사결정을 정확하고, 빠르고, 자신감 있고, 과감하게 한다. 문제를 파악한 후 이게 옳다 싶으면, 오래 고민하지 않고 바로 행동에 옮긴다. 그리고 내가 스스로 한 결정이기 때문에 강한 책임의식을 갖는다.

나는 부하직원이 한 일을 두고, 어느 누구한테도 '얘가 했소'라고 이야기한 적이 없다. 밑에 직원들이 잘못한 적도 없지만, 혹시 잘못했더라도 '내가 잘못했다'고 했다. 내가 최종이라고 생각했기 때문에 그렇게 말할 수도 없었고, 핑계를 대봤자 내 얼굴에 침 뱉기였다. 또 내가 일을 시키고 그들은 그 업무지시를 따랐기 때문에 직원들이 바로 내 수족이고, 바로 나 자신인데 일이 잘못됐다고 '내 팔이 그랬는데요, 내 다리가 그랬는데요'라고 할 수는 없지 않은가.

그렇게 가르쳐놓으니 직원들이 회사를 옮길 때도 전혀 문제가 없었다. 내가 애경을 나온 뒤로도 거의 3년 정도는 전부 마케팅 사관학교 출신으로 대접받았다. 내 밑에서 배웠다고 하면 전부 다 합격했다. 어디 가서 레퍼런스 할 때도 내 이름을 대고 '이분한테 물어보면 저에 대해 잘 안다'고 하면 틀림없었다. 그만큼 인정을 받았다.

입사면접이라고 해봐야 고작 20분 정도인데 그동안 어떻게 그 사람의 실력과 캐릭터를 알 것이며, 더구나 어떤 성공 스토리를 가지고 있는지 20분 내에 어떻게 체크하겠는가. 불가능하다. 그러니까 굵직굵직한 레퍼런스 즉 어디서, 누구 밑에서 정통한 마케팅을 배웠는지가 당락을 좌우하는 것이다.

이런 경우가 한두 번이 아니다. 애경에서 최서영도 그랬다. 어느

해 신입사원 면접에서 서울대 소비자학과 졸업생 한 명이 들어왔는데, 애경산업의 마케팅을 두고 아주 거침없이 비판을 하는 것이 하여튼 하고 싶은 말은 다 한 것 같았다. 나는 그 직원을 일단 뽑았다. 면접에서 그렇게 해놓고 얼마나 잘하나 한번 보자는 생각이었다. 그리고 일을 줘봤다. 그런데 진짜로 일을 잘했다. '이 녀석 진짜 자기 말대로 하네' 싶어서 계속 일을 줬는데 내 가슴을 아주 자기 가슴에 넣고 다녔다.

하루는 불러서 이렇게 말했다. "왜 한 단어가 필요하냐면 여러 단어를 쓰기는 힘들지만, 한 단어 잡기는 쉽다. 그런데 대부분의 회사가 여러 단어를 심으려다 보니까 한 단어 심는 회사가 튀게 된다. 그 한 단어를 제대로 심으면 인더스트리 대표가 된다. 자, 한 단어 포지셔닝에 대해서 지금 내가 이야기한 것을 중심으로 써보게."

나는 딱 지금 이 정도만 해준다. 더도 말고 덜도 말고 한 2~3분을 얘기해주면 이 직원은 두 장을 써왔다. 읽어보면 내가 쓴 것 같았다. 깜짝 놀라서 어떤 때는 '이상하다. 이거 내가 썼나' 싶을 정도로 그냥 나의 생각을 다 읽었다.

그래서 그 다음부터는 중요한 일들은 다 최서영을 시켰다. 다른 직원들은 말귀를 못 알아듣는데, 이 직원은 자꾸 시키니까 연습이 돼서 내가 말하는 것을 무슨 의미인지 금방 알아들었다. 그러니까 가까이 두고 더욱더 일을 시켰다.

내가 한번은 로슈에서 면접 볼 때 이야기를 해줬다. 연봉 협상에서 내가 원하는 연봉을 제시하자 깜짝 놀라기에 '그 액수를 줄 수 없다면 좀 더 값싼 직원을 찾아보시오. 나는 비싼 사람이오'라고 했다니까,

그것을 기억하고는 자신도 다른 회사에 인터뷰할 때 똑같이 써먹었고 결국 합격했다. 이 정도로 무엇인가를 일러주면 그대로 했다. 그러다 보니까 무서울 정도로 굉장히 빠르게 성장할 수밖에 없었다.

이렇게 나는 직원들을 키우는 데 있어서 수없이 많이 나 자신을 테스트해봤고, 또 수없이 많은 성공 스토리를 가지고 있기 때문에 어떻게 하면 직원들을 빠르게 성장시킬 수 있는지 너무나 잘 안다.

그렇게 사람을 키워서 어느 순간 큰 나무로 성장해 있는 모습을 보는 것은 정말 커다란 쾌감이다. 안 해본 사람은 잘 모르겠지만, 나는 여러 번 겪었기 때문에 그 쾌감이 보통이 아니라는 것을 안다. '그까짓 것 직원들 키우는 게 뭐 쾌감인가' 이렇게 생각할 수도 있지만 그렇지 않다. 리더의 위치에 있으면 그 재미가 아주 크다.

내가 그 당시 애경에서 최초로 대리를 팀장으로 임명했던 그 신윤창 대리는 지금 세라젬에서 다시 함께 일하고 있다. 지금은 대리가 아니라 마케팅전략 상무이자 세라젬 화장품 중국법인의 총경리로 중국에서 동사장(회장)인 나와 함께 근무하고 있다. 놀랍지 않은가. 신윤창 상무가 나와 다시 합류한 과정을 보면, 내가 얼마나 직원을 지속적으로 소중히 여겨왔는지 잘 알 수 있다.

2006년, 내가 KTF 대전 본부장을 하고 있을 때였다. 내가 쓴 책 『대한민국 일등상품 마케팅전략』을 읽고 깊이 감명을 받은 어떤 분이 대전까지 나를 찾아왔다. 그분은 당시 LG생명과학의 대표이사를 맡고 있던 분이었다. 그분이 내게 세 가지를 요청했다. 첫째는 나와 똑같은 아바타 같은 스몰 조서환을 한 명 추천해달라는 것이었고, 둘째는 LG

생명과학 전 직원을 대상으로 강의를 통한 마케팅 교육을 해달라는 것이었으며, 셋째는 자문위원을 맡아달라는 것이었다.

나는 세 가지 요청을 모두 흔쾌히 수락했고 모두 다 실행했다. 그 중 첫 번째가 가장 어려운 일이었겠지만, 나는 바로 그 자리에서 신윤창 상무를 추천했다. 신 상무는 애경을 그만두고 당시 미니골드라는 브랜드로 알려진 주얼리 회사에서 마케팅 부장으로 근무하고 있었다. LG 생명과학은 전문의약품만을 취급하는 제약회사로서 소비재 마케팅 출신이 적응하기 쉬운 곳이 아니었지만, 신 상무는 역시 기대를 저버리지 않고 1년도 안 돼서 마케팅전략팀장으로서 사장으로부터 크게 인정을 받게 되었다.

그리고 나서 몇 년 뒤 내가 KT를 떠나 세라젬 그룹 이환성 회장의 제의로 자리를 세라젬으로 옮기게 됐을 때, 대한민국에서 내가 아는 수많은 마케터 중에 가장 먼저 생각났던 사람이 신윤창 상무였다. 나는 즉각 전화를 했고, 신 상무 역시 주저 없이 내게로 다시 돌아왔다. 그리고 나의 판단은 정확해서 지금 신 상무는 내가 CEO로 있는 세라젬 헬스앤뷰티 화장품 회사에서 일인다역을 맡으며 회사의 성공에 핵심적인 역할을 하고 있다.

며칠 전 신 상무와 저녁 식사 자리에서 내가 함께 일하자고 했을 때 주저 없이 내게로 달려왔던 신 상무의 마음에 대해 듣고 다시 한 번 나를 돌아보게 되었다. "저는 세라젬이 어떤 회사인지 전혀 몰랐습니다. 다만 사장님이 가시는 곳이라서 따라나섰고, 만에 하나 잘못된다 해도 사장님께서 저를 버리지 않고 이끌어주실 거라 믿었습니다".

10여 년 전부터 직원 한 명 한 명을 소중히 여긴 결과, 그때의 대리는 당시 마리 끌레르, 에이솔루션의 성공으로만 그치지 않고, 떠오르는 용, 이미 G2가 된 중국 대륙에 와서 나와 함께 또 하나의 새로운 도전을 하고 있다. 직원을 보석처럼 키운 덕분에 내가 다시 그들의 덕을 보게 된 셈이다.

타깃을 좁힐수록
시장은 넓어진다

앞에서 세그먼테이션은 최대한 잘게 쪼개라고 했는데, 그렇게 세분화하면 결국 아주 구체적이고 분명한 타깃이 나타난다. 이러한 타깃팅의 대표적인 성공 사례가 바로 마리 끌레르와 에이솔루션을 들 수 있다.

마리 끌레르를 론칭할 때는 대학생들한테만 사라고 했다. 어느 누구도 대학생 화장품이라고 하고 마케팅하지 않았기 때문에 대학생을 타깃으로 했다. 가장 풋풋하고 아름다운 때인 대학생들만 쓰라고 자꾸 주장한 것이다. 그 결과 실제로 가장 많이 산 계층은 누구일까? 바로 여고생들이다. 45퍼센트가 여고생들, 35퍼센트가 30대 초반의 미시족, 나머지 25퍼센트가 대학생들이었다. 정작 대학생들보다 여고생과 미시족들이 더 많이 샀다는 말이다. 대학생들을 타깃으로 했기 때문에 여고생과 미시족을 공략하는 데 성공할 수 있었다.

즉, 대학생들만 쓰라고 함으로써 사실은 그들을 선망하는 사람들과 옛날이 그리운 미시족들이 쓰게 될 것이라는 사실을 이미 예측했던 것이다. 대학생 화장품이라고 해서 일일이 신분 확인해서 파는 것도 아니고, 대학생도 아니면서 대학생 화장품 쓴다고 누가 흉보는 것도 아니니까 타깃 소비자의 범주가 자동적으로 넓어진다. 타깃을 만일 '20대 여성'으로 했다면 불분명해서 특징이 없어졌을 것이다. 성인 여성이라고 하면 특징은 더욱 없다. 그래서 타깃팅은 가장 좁게 하는 것이 중요하다. 좁으면 좁을수록 범주boundary를 더 넓힐 수 있다.

에이솔루션 같은 제품은 이미 제품 개발 단계부터 아주 명약관화하게 타깃이 나왔다. 에이솔루션은 20대든, 30대든, 40대든, 틴에이저든 상관없이 여드름 난 사람들이 타깃이었다. 그러면 타깃이 없을까? 그렇지 않다. 10대 후반에서 20대 초반까지 여드름이 가장 많이 나는 층만 타깃으로 했다. 30대도, 10대 초반도 염두에 두지 말고, 20대 초반에만 포커스를 두고 광고를 만들면 양쪽을 다 공략할 수 있다.

이것이 흔들려서 30대나 틴에이저를 염두에 두고 고등학생이나 중학생 타깃으로 만들어놓으면 너무 아이들 제품 같아서 안 살 수 있다. 그래서 타깃은 좁으면 좁을수록 좋고 또 세분된 시장에서 명확한 포지셔닝과 함께 타깃이 어울리도록 해야 된다.

타깃팅은 나이만 가지고 하는 것이 아니다. 행동 양태별로 나눌 수도 있다. 립톤티의 타깃은 젠틀맨이다. 즉, 급한 사람이 아니라 차 한 모금 마시고 잔을 천천히 내려놓고, 사인해주고 천천히 또 한 모금 마시는 서두르지 않는 사람들이다. 립톤티는 기본적으로 우러나야 하기 때문에, 우러날 때까지 천천히 기다릴 수 있는 시간과 여유가 있는 사람들이 타깃일 수밖에 없다.

　반대로 포장지를 뚝 자르고 저어서 바로 마시는 커피믹스의 타깃은 행동 양태가 급한 사람들로, 이는 나이와는 상관이 없다. 세계적인 기업 네슬레가 우리나라의 동서식품을 못 잡는 이유가 바로 유난히 급한 한국인의 성격 때문이다. 우리나라는 커피고 설탕이고 크림이고 다 섞여서 바로 마실 수 있는 제품이 잘된다. 그래서 동서커피 중 일회용이 85퍼센트를 차지한다. 다른 나라는 믹스라는 컨셉이 우리나라만큼 잘 먹히지 않는데, 우리나라에서는 일회용이 유난히 많이 팔린다.

　즉, 20대라도 천천히 음미하는 것을 좋아하는 차분한 성격은 립톤티의 타깃이고, 반대로 40대라도 20대처럼 아주 활동적이고 빠른 것을 좋아하면 커피믹스의 타깃일 수 있다. 이처럼 개인적 성향에 따라, 사회 활동에 따라 나누는 경우를 싸이코그래픽이라고 하는데, 그것이 원래 정상적인 타깃층의 구분이다.

　또 사회 계층별로도 나눌 수 있다. 럭스 비누와 비놀리아 비누는 똑같은 비누지만 타깃층이 다르다. 내가 프로덕트 매니저를 할 때 럭스 비누와 비놀리아 비누 둘 다 똑같이 마켓셰어가 12퍼센트로 공동 1등이었지만 타깃은 전혀 달랐다. 비놀리아 비누가 아줌마들을 타깃으로 한 반면, 럭스 비누는 젊고 고급스러움을 지향하는 럭셔리한 이미지의 사람들을 타깃으로 했다. 그래서 모델도 배우 이혜숙을 써서 '제 아름다움의 비결은 럭스예요. 세계 미인들만 쓰는 비누 럭스'라는 카피로 '세계 미인들만 쓰는 비누'로 포지셔닝했다.

이렇게 비놀리아나 럭스나 똑같은 비누지만 하나는 딱딱하니까 목욕탕 가져가는 비누로, 다른 하나는 무르고 고급스러운 비누로 집에서 세수만 하면서 아껴 썼다. 또 오이 비누 같은 제품은 특별히 보습이 필요한 사람들이 타깃이었다. 그래서 똑같은 카테고리의 비슷한 제품이라도 타깃에 따라서 또 무엇을 지향하느냐에 따라서 다르다.

최고급 전문가용 카메라를 텔레비전에서 광고를 하면 효과가 있을까? 텔레비전 광고를 하면 100퍼센트 돈 낭비다. 고급 카메라는 카메라 애호가 또는 사진 찍기 좋아하는 사람들한테 다이렉트 메일을 보내서 핵심 타깃에게만 팔아야 한다. 그렇게 하면 그들에게 아주 디테일한 정보를 보여주기 때문에 '나를 전문가로 인정해준다', '나에게 특별한 혜택을 제공한다'고 생각한다.

그래서 신제품을 만들 때 누가 이 제품을 살까 생각해야 한다. 프리미엄 타깃인지, 매스마켓 타깃인지, 저가 타깃인지 등 아주 좁고 구체적으로 타깃을 정해야 한다. 여기에 성공 여부가 달려 있다.

타깃팅을 너무 넓게 하거나 잘못하면 엉뚱한 데 가서 다리 긁는 것이나 마찬가지다. 아무리 긁어봐야 소용이 없다. 티파니가 실패했던 이유가 바로 타깃팅에 실패했기 때문인데 그 결과는 아주 뼈아프다. 최고급 보석 브랜드로 럭셔리 그 자체였던 티파니 매장은, 가끔 귀한 손님이 한 번씩 와서 아주 비싼 제품들을 사가지고 갈 뿐 평소에는 항상 한가했다. 그러자 티파니에서 아이디어를 냈는데, 티파니 매장에서 중저가 제품을 하나 끼워서 팔면 브랜드 이미지를 타고 엄청나게 판매될 것이라고 생각하고, 기존 제품보다 훨씬 저렴한 제품을 팔기 시작했다.

천만 원짜리 제품 한 개 팔면 120만 원짜리 열 개를 판 효과가 있는데, 1,200만 원짜리 제품을 사려는 고객이 와서 보니까 매장은 바글바글하고 온통 120만 원짜리 제품을 사가는 손님밖에 없으니 1,200만 원짜리 고객은 기분이 나쁠 수밖에 없다. 그동안 VIP로 특별대우를 받으면서 매장에 들르면 입구에 나타날 때부터 반갑게 인사를 받았는데, 이제는 구물구물 떼 지어 몰려오는 손님들과 별반 다를 바 없이 취급을 당하니 기분 나빠서 다시는 안 간다. 또 중저가 제품을 사러 오는 손님들도 티파니의 명성이 들어가지 않은 일반 제품이라 누가 알아주지도 않고, 어중이떠중이 다 사니 별로 고급스럽다는 생각도 안 든다. 그러니까 망하고 말았다.

루이비통 같은 명품은 짝퉁도 아주 정성껏 만든다. 그래서 짝퉁도 수십만 원대다. 제대로 된 가죽에 손품도 제대로 들어가야 진품 흉내를 낼 수 있기 때문이다. 그러다 보니 이게 진품인지 짝퉁인지 알기 어렵기 때문에, 사람들은 '이 사람은 지금 돈벌이나 옷차림으로 봐서 틀림없이 진품을 들고 다닐 것'이라고, 그 사람의 사회적 지위 같은 것을 보고 판단해버린다.

그래서 자기 지위에 맞지 않는 제품을 사용하면 알아주지 않기 때문에 손해다. 그럴싸한 사회적 지위에 있다면 명품은 사회적 지위 social status를 나타내는 심볼마크다. 100원이면 살 수 있는 볼펜을 이그제큐티브 레벨은 26만 원이나 주고 몽블랑 볼펜을 산다. 그래서 중학생이 몽블랑 볼펜을 쓰면 아빠 볼펜을 빌려왔다는 것을 금방 안다. 남의 옷처럼 안 어울린다는 말이다. 그것이 바로 제대로 된 타깃팅이다.

결과를 예측하는
훈련을 하라

마케터에게는 보는 순간 경험상 '이거 된다. 또는 안된다'를 내다보는 동물적 감각이 필요하다. 그것을 예측하지 못하는 것은 죄다. 그래서 지식 knowledge, 직관intuition, 그리고 사물을 꿰뚫어보는 통찰력insight이 필요하며, 그 감각은 오랜 경험과 독서, 선배들과의 대화 등을 통해 얻어진다.

이런 지식, 경험, 통찰력 등이 없으면 아이디어만 기가 막히게 낸다. 2002년 6월에 육면체 수박이 나왔다. 이 육면체를 냉장고에 넣으면 딱 맞게 들어가니 주부들에게는 희소식이지만, 가격이 82달러, 우리 돈으로 8만 원이었다. 돈 쓸 데가 지독하게 없는 사람들은 사서 먹겠지만, 82달러에 수박을 사먹을 수 있는 사람은 그리 많지 않다.

즉, 제품 아이디어는 좋지만 원가가 가격보다 높아서는 안 되고, 가격이 가치보다 높아서는 안 된다. 그렇지 않으면 기업은 망할 수밖에 없다. 천 원짜리를 백 원에 팔면 소비자는 만족하겠지만 기업은 망하니까 조직은 생존할 수 없다.

지식만 가지고 안 되는 것이 굉장히 많다. 다국적 기업이 우리나라에 와서 영어 잘한다고 잘난 척은 무척 하지만, 실제로 성과를 못 내는 이유가 있다. 바로 통찰력이 없기 때문이다.

'이 향이 좋습니까?'라고 물었을 때, 예를 들어 5점 만점에 3.5 정도 나온 테스트 결과가 있다고 하자. 외국인들은 '이 향은 굉장히 독하다. 이 향은 굉장히 마일드하다'라고 구체적이고 솔직하게 표현하지만, 우리나라 사람들은 그렇게 안 한다.

이때 수용 가능한 수준이 3.5라고 한다면 3.5가 나온 테스트 결과를 보고 "Go!" 해야 될까 "No!" 해야 될까? 통상 '1-아주 나쁘다, 2-나쁘다, 3-그저 그렇다, 4-좋다, 5-아주 좋다'라고 한다면 3.5는 '그저 그렇다'와 '좋다'의 가운데. 우리나라 사람들은 '아주 나쁘다'와 '아주 좋다'를 표현하지 않고 대부분 '그저 그렇다'로 이야기한다. 따라서 3.5가 나왔다면 사실은 그대로 진행해서는 안 된다. 엄격히 얘기하면 '나쁘다'는 뜻이다.

그런데 외국 회사에 다니는 사람들, 외국에서 공부한 사람들, 혹은 외국인들은 그것을 '보통이다so so'로 여긴다. 좋은 것보다 조금 나쁘지만 보통보다 조금 더 좋으니까 이것을 다 '괜찮다'로 표현한다. 그러면 안 된다. 좋다는 결과가 아니라는 말이다.

향기를 맡아보라고 해서 맡아봤는데 자기 마음에 안 들면 사람들은 눈치를 본다. 나쁘다고 하고 싶은데 나쁘다고 안 하고, '쯧, 그저 그래요'라고 말한다. '쯧, 그저 그래요'라고 하면 그 사람의 표정을 보고 그 행간을 읽어서 '나쁘다'에 점수를 줘야 한다. '쯧' 소리 한 번 내고 '그저 그래요'라고 했다면 나쁘다는 말이다. 어떻게 보면 '아주 나쁘다'일 수도 있다. 그러니까 이런 행간을 읽는 것이 아주 중요하다.

통찰력은 편견과 이해타산 없는 투명한^{transparency} 마음에서 나온다. 그래서 마케팅에서는 있는 사실을 그대로 받아들이는 깨끗한 마음 ^{clear mind}이 중요하다. 사람은 누구나 사물을 꿰뚫어보는 눈들을 갖고 있는데, 그것이 이해타산 같은 다른 요인 때문에 일단 흐릿해지면 통찰력이 안 나온다.

투명하게 봤다면 A인데, A를 B로 만들고 싶은 마음이 앞서거나, A가 싫어서 거부하거나 상처를 입히고 싶은 마음이 들면 제대로 보이지 않는다. 또 거기에 나의 이해타산이 끼어들면 더욱 더 A를 A로 볼 수가 없다. 언제나 깨끗하고 투명한 마음을 갖기는 어렵지만, 성공하고 싶다면 반드시 투명한 마음을 가져야 한다.

또 통찰력을 가지려면 작은 성공 스토리를 수시로 가져야 한다. 아주 부분적이고 사소한 성공이라도 그 영향은 무척 크다. 내가 나 자신을 직접 테스트해봤기 때문이다. 내가 진두지휘하면서 '이렇게 했을 때 분명히 이렇게 될 거야'라고 결과를 예측해보고, 그 예측대로 되어가면 그것처럼 재미있고 강력한 것이 없다.

One Word Positioning
하나의 컨셉을
한 단어로 포지셔닝하라

모든 성공한 브랜드는 가장 적합한 한 단어를 만들어내고, 그것을 끊임없이 고객의 마인드에 심어놓은 결과다. 포지셔닝은 한마디로 말하면 자리 잡기다. 고급인가, 저급인가, 중급인가. 루이비통 같은 고가인가, 미샤처럼 저가인가. 이렇게 어디에 자리 잡을 것인가를 결정하는 것이다. 그리고 어디에 자리 잡느냐 그 기준에 따라서 마케팅 방향은 굉장히 달라진다.

소비자의 모든 욕구^{needs}를 다 채우는 것은 불가능하다. 어떤 사람은 그린 후레쉬 향을 좋아하고 어떤 사람은 달콤한^{sweety} 향을 좋아하는데, 달콤한 향을 좋아하는 사람한테는 후레쉬한 향이 필요가 없다. 내가 그린 후레쉬 향의 제품을 만들었다면, 그린 후레쉬 향을 좋아하는 사람들만 모여서 사게 하면 된다. 그래서 포스트잇처럼 기능이 강조된

288   CHAPTER 03

제품^{functional}은 시장점유율이 100퍼센트가 될 수가 있지만, 생활용품은 절대 마켓셰어가 100퍼센트가 될 수 없다.

그래서 소비자한테 '여기에 이런 상품이 있습니다. 필요한 사람들 모이십시오'라고 하려면 어떤 제품이나 상품이 여기저기에 다 좋다고 얘기해서는 안 된다. 그렇게 하고 싶은 마음은 이해하지만 절대 그래서는 안 된다. 키 포지션은 반드시 한 단어로 되어야 하고, 나머지는 기본가치로 들어가야 한다.

나는 2080치약의 CMO였지만 부광약품에서 나온 시린메드를 쓴다. 아내가 이가 시려서 시린메드 치약을 쓰는데, 내가 같이 써도 나쁘지 않을 것 같아서다. 그러니까 내가 시린메드를 선택하는 필요^{problem}는 딱 한 가지다. 바로 '시린 이' 때문이다. 미백이나 충치는 크게 상관없다. 세균 닦는 치약도 있지만, 내 입에 세균이 자란다는 말만 들어도 기분 나쁘다. 구취 제거는 양치의 제1목적이니까 어떤 치약을 써도 마찬가지다. 다만 추가 가치^{added benefit}로 시린 것을 방지해주니까 이 추가 가치를 사는 것이다. 즉, 구취 제거 같은 기본 가치^{functional value} 외에 추가 가치 하나만 강조하면 된다.

예를 들어 '에이솔루션 스킨 로션을 쓰면 피부가 당기지 않습니다. 피부에 수분을 공급합니다'라는 말은 굳이 할 필요가 없다. 반면에 '에이솔루션은 여드름에 효과적으로 작용하는 화장품입니다'라고 표현해도, 소비자들은 다 '에이솔루션은 여드름 화장품'이라는 연상을 한다. 그렇기 때문에 굳이 많은 설명이 필요 없다.

쇼^{Show} 하면 영상전화다. 그렇지만 정말 큰 추가 가치는 글로벌

로밍폰으로 바꾸지 않고 지금 쓰던 것 그대로 가지고 나가서 외국에서 쓰면 된다는 것이었다. 그리고 쇼는 초고속대용량HSDPA이라서 문자나 음악을 전송할 때 정말 빠르다. 영상이냐, 글로벌 로밍이냐, 빠른 전송이냐. 무엇으로 한 단어를 포지셔닝할 것인가, 그 하나가 반드시 있어야 한다.

이처럼 소비자에게 전달하고자 하는 첫 번째 이미지 또는 효용 가치는 한 단어로 표현하는 것이 제일 좋다. 우리는 광고 홍수 속에 살고 있는데 소비자들은 그것을 다 기억할 의무가 없기 때문이다.

마케팅은 바로 그러한 차별화 요소를 찾아내는 기술이다. 여드름 화장품, 목욕탕용 막비누, 세계 미인만 쓰는 고급 비누 등 다른 제품이 갖지 아니한 그 제품만의 고유의 특징을 찾아내야만 한다.

한 단어 포지셔닝은 광고에서도 여지없이 적용된다. MBC뉴스 하나만 해도 십 몇 개의 광고가 나온다. 그 많은 텔레비전 프로그램 중에서 MBC뉴스데스크, 그 MBC뉴스데스크의 많은 광고 중 한 치약 브랜드인데, 그 브랜드가 표방하는 효익이 여러 개라면 하나도 기억하지 못한다. 또 소비자는 기억해줘야 할 의무도, 책임도, 이유도 없다. 그럼에도 치주염, 치은염, 충치 제거, 구취 제거, 미백 효과, 세균 박멸 등 여섯 가지 좋은 효과가 있다고 광고하면 그것은 자기 혼자 이야기고 소비자는 전혀 관심이 없다.

그런데 우리는 새로운 브랜드일수록 유명한 모델을 선택하고, 모델의 지명도가 높으면 높을수록 본전을 뽑아야 하니까 15초 광고에 13초까지 모델의 모습을 보여주고, 제품은 겨우 2초밖에 보여줄 시간이 없다. 그러다 보면 모델은 더욱 뜨는데 실질적으로 브랜드는 몇 년이 지나도 소비자의 마음속에 들어갈 수가 없다.

신제품은 세상에 나와본 적이 없다. 그래서 그 이름이 소비자에게 전혀 알려지지 않았기 때문에 신제품이 나오면 광고에서는 당연히 제품이 주인공이 되어야 한다. 그렇다면 마케팅 공부를 하지 않았어도 상식적으로 그 브랜드를 많이 보여주거나 불러주어야 대중한테 어필할 수 있다.

소비자들은 새로운 제품을 웬만해서는 기억하지 못한다. 혁신 제품이거나 시장에서 불요불급不要不急한 제품이 아니면, 더구나 미투 제품이라면 어차피 시장에 그와 비슷한 제품이 많기 때문에 그 브랜드를 집을 리 없다. 이것이 수많은 브랜드들이 유명모델을 쓰고도 모델과 함께 없어져 버리는 이유다. 바로 원칙이 없기 때문이다.

제품의 이미지를 심기 위한 광고인지, 정보 제공을 위한 광고인지 목적을 분명히 해야 하는데, 무턱대고 유명모델만 쓰다 보니 정보 제공도 못하고, 이미지도 제대로 심어놓지 못한다. 광고의 목적이 무엇인지 원칙을 세우는 것이 가장 중요하고, 그 원칙은 상식에서 출발하면 충분하다. 나는 15초 내내 제품 이야기만 해도 모자란다고 본다. 소비자가 지겨울 정도로 브랜드를 인지시키는 것이 광고의 역할이다.

하이마트는 시종일관 가장 중요한 속성인 딱 한 가지를 한 단어로 제대로 포지셔닝했다. '전자제품 살 때는 하이마트로 가요!' 그것으로 끝이다. 한 문장으로 끝난다. 그런데 그것이 계속 반복되기 때문에 전자제품을 살 때는 하이마트에 가야 할 것 같은 착각에 빠지기까지 한다.

인더스트리를 대표할 수 있는 딱 한마디만 내리 몇 년을 광고하면 그 제품은 성공을 안 하려야 안 할 수가 없다. 왜냐하면 그것이 필요한 사람들이 모이기 때문이다. 그것이 바로 한 단어 포지셔닝이 위대한 이유다.

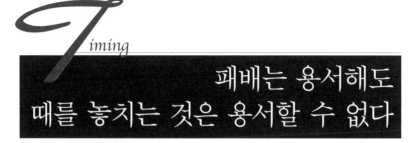

패배는 용서해도
때를 놓치는 것은 용서할 수 없다

하나로 샴푸는 애경에서 제대로 대박이 난 제품이었는데, 제품이 나오기까지는 우여곡절이 많았다.

썬실크, 비놀리아, 럭스 모두 다국적 브랜드인 유니레버 제품이었다. 그런데 로컬 브랜드인 하나로 샴푸를 만들겠다고 하니까 다국적 브랜드를 심으려고 했던 합작사 유니레버 담당자들의 엄청난 반대에 부딪혔다. 그래서 나는 네덜란드인 부장, 프랑스인 상무, 영국인 부사장을 건너뛰고, 외국인 상사들과 등져가면서, 장영신 회장한테 직접 기안을 올렸다. 그때 여러 번에 걸쳐 설득해서 어렵게 허락을 받아냈다.

"회장님, 결론은 유니레버한테 먹히거나 팔리거나 둘 중 하나입니다." 회장님께는 섬뜩한 이야기로 들리기를 바랐다. 아무도 그런 소리를 한 사람이 없었으니, 회장님은 깜짝 놀라서 무슨 뜻이냐고 반문했다.

"다국적 기업의 생리가 있습니다. 결국에는 로컬 기업과 조인벤처 해서 그 다음에는 흡수통합을 해버리거나 자기 브랜드를 키워서 아예 로컬 브랜드를 고사시켜 버립니다. 우리들은 올드 패션 제품 트리오 하나밖에 없는데, 만일 헤어진다고 가정했을 때 무슨 브랜드가 남습니까."

거기에서 회장님 눈이 휘둥그레지기 시작했다. 어린 과장 녀석이 이런 데까지 신경을 쓰고 있었다는 사실, 회사의 먼 미래를 걱정하고 있다는 사실이 기특했는지 하나로 샴푸를 적극 지지하기 시작했다. 유니레버의 마케터들에게도 전 세계에 이런 나이스한 브랜드는 없다고 강하게 밀어붙였기 때문에 결국 제품 개발은 허락을 받았지만 광고비는 지원받을 수 없었다.

광고비가 없으면 제품은 죽는데 경쟁사가 24억을 쓸 때, 우리는 광고비로 7억을 쳤다. 경쟁사는 이미 투웨이가 1년 전, 랑데부가 6개월 전에 제품이 나왔으니 7억은 턱없이 부족한 돈이었다. 나는 다시 회장에게 하루도 거르지 않고 아침마다 올라갔다. 외국인들의 의도가 너무 뻔했기 때문이었다.

새벽만 되면 올라가서 광고비를 달라고 했다. 열한 번째쯤 됐을 때, 당시 목동아파트를 분양받아 놓았었는데 만일 하나로 샴푸가 성공 못하면 목동아파트를 팔아서 대겠다고 했다. 그랬더니 그때 사인을 해주던 장영신 회장 눈에서 '우리 회사에 필요한 사람은 바로 너 같은 사람이야'라는 마음을 아주 분명히 읽을 수 있었다. 사실 나는 내 앞날에 대해서는 걱정한 적이 없다. 목동아파트를 팔 생각도 없었다. 자신이 있었기 때문이다.

경쟁사들이 모두 '샴푸와 린스가 하나로, 랑데부 샴푸', '샴푸와 린스가 하나로, 투웨이 샴푸'라고 광고를 하는데, 우리가 하나로 샴푸를 내놓고 성공하지 못하면 바보라고 제품을 내기 전부터 생각하고 있었다. 그런데 왜 21억이나 필요했느냐 하면 나에게 좋은 아이디어가 있었기 때문이다. 바로 남들과 다르게 샘플을 나눠주기 위해서였다.

그때 다른 회사들은 모두 비닐봉지에 든 10그램짜리 샘플을 나눠줬다. 하지만 물 묻은 손으로 찢으려면 잘 찢기지도 않고, 입으로 찢으면 입에 샴푸가 들어가니 고약스러웠다. 게다가 보관할 수도 없으니 한 번 쓰고 버리면 그뿐 제품의 효능을 인정받기도 어렵고, 무슨 브랜드인지 확인하는 것은 더욱더 어려웠다. 그래서 아이디어를 낸 것이 작은 병을 별도로 제작해 40그램을 담는 것이었다. 40그램이면 겉에 묻는 것 5그램 정도 빼고 5그램씩 일곱 번은 쓸 수 있으니 제품을 인정받을 수도 있고, 병이 조그맣고 예쁘니까 앙증맞아서 다 쓰고 나서도 버리지 않았다.

그때는 야외에서 설거지할 일도 많고 캠핑 가도 취사가 허락이 됐던 시절이라, 거기에 트리오나 순샘을 담거나 심지어 경쟁사 브랜드 랑데부를 담아도 이미 병은 하나로이기 때문에 자동적으로 하나로 광고가 될 수밖에 없었다. 그런 의도로 40그램짜리를 뿌리겠다고 하니까, '왜 다른 곳은 다 10그램 주는데 당신만 40그램 주겠다고 그러냐'며 내부적으로 다시 반대에 부딪혔다. 그때도 강한 자신감으로 사람들을 설득했다.

가격도 10퍼센트 올렸다. '늦게 나왔지만 원료 아끼지 않고 제대로 품질을 높였다. 그러니 자신 있게 40그램짜리 샘플을 준다'는 것을 보여주기 위해서였다. 사실 품질이야 거기서 거기겠지만 심리적인 측면에서 소비자들로부터 우위를 점해야 했기 때문이다. '샴푸하고 린스하고 합쳤는데 과연 린스 따로 쓴 효과가 있을까? 그런데 하나로 샴푸는 양은 같은데 가격은 더 높네. 뭘 더 넣었나?' 이런 생각으로 소비자가 집어가게 만든 것이다. 그렇게 마지막 필드 세일즈까지 매달려서 제품을 내놓으니 정말 하늘도 도와줬다.

결과는 이익은 두 배 더 냈고, 매출은 세 배 더 올렸다. 당시 나에게는 성공에 대한 확신이 너무 강했다. 통상 1등으로 가려면 2~3년은 걸리는데, 하나로 샴푸는 6개월 만에 시장을 다 휩쓸어서 제로에서 1등 브랜드로 완전 굳히기를 해버렸다.

제품이 나온 뒤, 퇴근해서 그리고 주말마다 아내와 함께 대리점과 슈퍼마켓을 돌아다녔다. 샴푸 진열 매대에서 하나로 샴푸가 안쪽에 있으면 바깥으로 꺼내놓고, 지저분하면 걸레 가지고 다니면서 먼지도 닦아주며 돌아다녔다. 의도적으로 한 행동은 아니었는데 주말에 부부가 나와서 먼지 닦고 다니더라고 소문이 나기 시작했고, 그 사실이 장영신 회장 귀에까지 들어갔다. 그 사람 손이 불편하더라는 것까지 회장님이 알게 됐다. 한두 군데 그랬다면 그냥 넘어갔을 텐데 서울 시내 여러 군데서 그랬다고 하니 소문은 금방 퍼졌다.

나는 단지 새끼 같은 내 제품이 예쁘고 사랑스러워서 먼지 닦고 돌아다녔을 뿐 소문이 나리라고는 전혀 생각도 못했지만, 그 행동은 내가 특진하는 데 중요한 요인이 됐다. 과장으로 두기는 아깝다고 그해 애경그룹 최초로 차장을 건너뛰고 부장 업무를 취급하게 된 것이다.

전쟁에서 승리를 못한 장수는 용서받아도 타이밍을 놓친 장수는 용서받지 못한다고 한다. 전쟁에 질 수는 있다. CJ의 3분의 1밖에 안 되는 인력, LG의 2분의 1밖에 안 되는 자금, 모든 것이 부족하다고 지는 수밖에 없을까? 경쟁사는 광고비 21억씩 가져다가 펑펑 쓰는데 우리는 7억밖에 없다면 어떻게 할까? 지는 것이다. 하지만 그래도 방법은 있다. 경쟁사를 활용하면 된다. 그러면 그들의 광고비도 내 것으로 만들 수 있다.

하나로 샴푸는 세 번째로 시장에 나왔음에도 불구하고 경쟁 제품이 모두 '샴푸와 린스가 하나로!'라고 광고를 해준 덕분에, 우리는 광고를 3분의 1밖에 안 하고도 3분의 3 이상의 효과를 봤다. 그보다 더 성공적인 전략은 없었다. 그래서 정말 대박은 자기만 잘해서는 안 되고, 어떤 전략을 펼치건 주위의 모든 조건들을 활용하고, 또 그들이 절묘하게 도와줘야 한다는 사실을 다시 한 번 깨닫게 된 계기였다.

프로근성으로
무장하라

2008년 봄 KTF 부사장 시절 이야기다. 현대·기아차그룹 인력개발실에서 전화가 왔다. 강의의뢰 차 찾아오겠다는 것이다. 강의를 의뢰하면서 직접 담당 부장이 찾아오겠다는 것부터 약간 다른 회사들과는 달랐다. 정몽구 회장을 제외하고 전 현대·기아차그룹 부회장들을 포함한 임원들을 대상으로 하는 강의 의뢰였다. 제목은 글로벌 브랜딩 관련인데, 쇼 브랜드 탄생 과정과 함께 어떻게 하면 글로벌로 최고의 자동차 브랜드를 만들 수 있는지 브랜드 이미지 빌딩 관련해서 강의해달라는 것이었다.

그런데 부장은 몇 가지 조건을 내걸었다. 강사료는 얼마든지 줄 테니 강의 오기 전에 강남 지역에 퍼져 있는 외국 자동차의 전시매장을 반드시 몇 군데 들러오라는 것이었다. 그리고 현대·기아차와 비교해 미스터리 쇼퍼로 다니면서 문제점과 개선할 점으로 느낀 바를 첨언으로 얘기해주고, 객관적인 소비자 입장에서 솔직하게 무엇을 어떻게 할지 제언도 해달라고 했다. 역시 프로근성을 지닌 일류회사답다고 생각했다.

그런데 미스터리 쇼퍼를 하면서 BMW, 포르쉐, 벤츠 등을 포함해 다섯 개 정도의 외국 자동차 매장에 가서 느낀 것은 '큰일 났다'였다. 계속 이렇게 가면 국내시장이 크게 위협받겠다고 할 정도로 외국 자동차 회사의 점장과 점원들은 철저한 서비스정신과 프로정신을 보여주었다. 반면에, 국내 자동차 매장은 누가 왜 왔는지조차 모르고 멀뚱멀뚱했다. 차 안 파냐고 묻자 그제야 무슨 차 사겠냐고 물었다.

나는 과장 시절부터 전무 때까지 한두 번만 빼고 거의 현대차만 탔기에 본래 국산차에 대한 호감도 많았다. 하지만 비교를 안 할 때는 몰랐는데 현장 판매원들의 태도는 정말 프로정신에서 차이가 엄청났다. 내 이름과 전화번호를 남기자 사후에도 계속 문자로 정보를 제공해주는 등 끈질김도 있었다. 외국 자동차 회사 직원들은 본인들이 진정 프로라고 생각하고 자부심을 가지고 일하는 것 같았다. 판매원의 복장과 매너부터 깨끗하고 세련됐으며, 실내의 인테리어와 장식들도 프로처럼 보였다. 세계 자동차 시장을 지배하는 이유가 있다고 생각했다. 철저히 시스템과 매뉴얼로 움직이고 있었던 것이다. 프로정신이 있어야 성과가 난다는 사실을 새삼 일깨워주었다.

그래서 현대·기아차그룹에 가서 강의할 때, 임원들에게 자기 매장이 아닌 경쟁사 매장을 직접 가서 보고 간판부터 시작해서 모든 것을 처음부터 다시 교육하라고 강력히 제언했다. 아니면 국내시장도 다 빼앗긴다고 경각심을 줬다.

그 뒤, 내가 회사 사장으로 자리를 옮길 때 현대 에쿠스를 사기 위해 다시 매장을 찾아갔을 때는 엄청난 변화가 있었다. 역시 최고는 다르다는 생각을 했다. 현대차 매장은 서비스에서부터 완전히 달라져 있었다. 현대차 임원들은 프로였다. 바로 액션에 들어간 것이었다.

언젠가 BMW코리아의 김효준 사장이 아시아태평양 마케팅포럼에 강의하러 와서, 현대차 주가가 5만 원 정도 할 때 현대차 주식을 사서 놔두면 20만 원은 간다고 말한 적이 있다. 지금 20만 원이 넘는다. 마치 프로정신으로 변화하면 잘살게 된다는 것을 입증하고 있는 듯했다.

어느 회사든 프로정신만 있으면 세계 어디로 가든 1등 한다. 사람도 마찬가지다. 한 군데서 성공한 사람은 다른 데 가서도 성공한다. 그 이유는 생각보다 간단하다. 몸에 베인 프로근성 때문이다. 프로는 성공법칙을 알고 매사에 엄한 잣대를 들이대기 때문에 실수를 많이 하지 않는다. 실수해도 바로 정정하고 바르게 간다. 동일한 실수를 줄이기 때문이다. 글로벌로 가는 지름길은 프로정신으로 사는 것이다.